国陶瓷贸易

主 编◎韩 静 刘冰峰

副主编◎邵云锋 吴志婷 王姝姝

江西高校出版社

JIANGXI UNIVERSITIES AND COLLEGES PRESS

图书在版编目（ＣＩＰ）数据

中国陶瓷贸易/韩静，刘冰峰主编．--南昌：江西高校出版社，2022.9（2024.9 重印）

ISBN 978－7－5762－3296－7

Ⅰ．①中…　Ⅱ．①韩…　②刘…　Ⅲ．①陶瓷工业—对外贸易—中国—教材　Ⅳ．①F752.658.7

中国版本图书馆 CIP 数据核字（2022）第 162356 号

出 版 发 行	江西高校出版社
社　　　址	江西省南昌市洪都北大道 96 号
总编室电话	（0791）88504319
销 售 电 话	（0791）88522516
网　　　址	www.juacp.com
印　　　刷	固安兰星球彩色印刷有限公司
经　　　销	全国新华书店
开　　　本	700 mm×1000 mm　1/16
印　　　张	18.75
字　　　数	285 千字
版　　　次	2022 年 9 月第 1 版
	2024 年 9 月第 3 次印刷
书　　　号	ISBN 978－7－5762－3296－7
定　　　价	68.00 元

赣版权登字 -07 -2022 -1064

前言

陶器是石器时代的产物，世界广大地区都有陶器的文化遗址，然而并非所有产陶区都能生产瓷器。陶器向瓷器的转变需要经过漫长而复杂的技术演变，而中国是世界上第一个完成这些技术演变的国家，因此也拥有了悠久的陶瓷外销历史。

早在汉代，中国就开辟了海、陆两条线路的对外贸易，横贯亚、非、欧三大洲。到了唐中后期，瓷器开始作为大宗商品出口到东亚、西亚、东南亚、东非等地区，成为四方交口称誉之佳品，这是中国最早的外销瓷。至北宋时期，瓷器制造就形成了一定的规模，在对外贸易的推动下，瓷器产量迅速增长。至明代中后期，外销瓷的品种、规模和质量达到高峰。中国古代瓷器远销世界各地，是中国瓷器烧制工艺的不断提升、海外需求和文化交流的不断延伸、海外交通的不断拓展等一系列因素共同促成的。中国陶瓷贸易的历史向我们展示了古代人民主动开拓海外市场的历史过程。

中国陶瓷贸易不仅是中外文化交流的产物，更是中外经济发展的产物。随着中国制瓷技艺的外传和其他国家陶瓷产业的兴起，中国陶瓷一路披荆斩棘,艰难前行;面对越来越复杂的国际经贸环境,我们亟须对中国陶瓷贸易的数据和观点进行更新,从而更真实、科学、全面地反映中国陶瓷贸易领域发生的变化。因此,本书在内化国际贸易知识的同时,又外观国内外经贸环境,引领学习者深入思考中国陶瓷贸易的发展趋势和前景。

全书各章编写分工如下:韩静负责第一章、第二章、第十二章、第十三章、第十四章、第十五章、第十六章,王姝姝负责第三章、第四章,邵云锋负责第五章、第六章、第七章、第八章,吴志婷负责第九章、第十章、第十一章,刘冰峰负责统筹书稿。

在本书的编写过程中,我们参阅了大量国内外的相关著作、教材及报刊资料,在此特向这些著作及资料的原作者、提供者表示衷心的感谢!本书不仅适合作为高等院校经济管理类专业本科教育的教材,还可以作为涉外经济贸易企业及有关管理部门管理人员的学习与参考读物。

由于编写者的水平有限,书中难免存在一些不足和错漏之处,敬请有关专家与读者批评指正。

目 录
CONTENTS

第一篇　中国古代陶瓷贸易

中国瓷器历史悠久。从北宋开始,瓷器制造就形成了一定的规模,在接下来的一千年里,它继续扩张。明代中后期,在大量海外瓷器贸易的推动下,瓷器产量迅速增长,瓷器品种、规模和质量达到高峰,从而为中国外销瓷的进一步发展奠定了坚实的基础。中国古代外销瓷的一系列演变向我们展示了中国古代人民主动开拓海外市场的历史过程。外销瓷不仅是中外文化交流的产物,更是中外经济发展的产物。而中国古代瓷器能够远销世界各地,是中国瓷器烧制工艺的不断提升、海外需求和文化交流的不断延伸、海外交通的不断拓展等一系列因素共同促成的。

第一章　唐、五代中国陶瓷的外销

【案例导入】

世界二十大沉船事件之十一："黑石号"沉船之谜

1998年,德国打捞公司在印尼勿里洞岛海域一块黑色大礁岩附近发现了一艘唐代沉船,名为"Batu Hitam",中文意译为"黑石号"。船只的结构为阿拉伯商船,装载着经由东南亚运往西亚、北非的中国货物,仅中国瓷器就达到67000多件。此次打捞出水的文物包括长沙窑、越窑、邢窑、巩县窑瓷器,还包括金银器和铜镜;其中3件完好无损的唐代青花瓷盘尤为引人注目。因为出水的长沙窑瓷碗上带有唐代宝历二年(826年)铭文,结合其他器物考证,沉船的年代被确认为9世纪上半叶。

"黑石号"沉船打捞文物揭秘

沃特法原先只是德国一家水泥厂的老板,他听厂里印尼工人提到婆罗洲和苏门答腊之间的岛屿水域沉没有古代珍宝,1996年,他带着潜水装备与印尼工人赶往传说沉有宝藏的水域。1997年沃特法发现了明代"鹰潭号"(音译)沉船,1998年又发现了"马热尼号"(音译)沉船,并于同年在勿里洞岛外海一块黑色大礁岩附近发现了一艘沉船,将其命名为"Batu Hitam",中文意译为"黑石号"。对"黑石号"的打捞始于1998年9月,至1999年6月基本完成,从2000年开始对打捞文物进行整理。

"黑石号"宝藏落户狮城

2002年,国内文物界获悉了"黑石号"的简况,立即高度关注。南京博物院张浦生先生曾感叹:"黑石号"是个罕见的宝库,其中的宝藏内涵丰富,数量庞大,保存完整。从2002年开始,国内的扬州博物馆、上海博物馆、湖南博物馆等文博单位提出了购买意向,但沃特法开价4000万美金,并提出宝藏必须整体购买,另外根据合约,探海公司拍卖宝藏所得必须与印尼政府分享,分配方案未达成一致,使宝藏未被推出拍卖。

新加坡"圣淘沙"机构（Sentosa Leisure）先购买了被打捞文物的数年展览权，随后筹资购得这批贵重文物，被打捞文物于2005年分批完整落户狮城（新加坡的别称），系酒店业已故富商邱德拔的后人捐出巨款，协助圣淘沙休闲集团筹资以3000余万美金购入。虽然这批重要文物未能被中国国内购藏，但最终落户于华人文化圈的新加坡仍属幸事。

"黑石号"船只结构之谜

根据李艾华文引述的陈玉秀（曾参与打捞工作）介绍，"黑石号"船体保存完整，沉船底部破损的大洞推测为触礁所致，沉没的海床结构为黏土而非岩石，满载的船只激起海底黏土并被掩埋形成保护层，船上运载的大部分陶瓷储存在广东烧造的大堆中，大堆中多装运长沙窑瓷器和铅条、香料。"黑石号"被打捞后，研究者很关心这艘古船来自何地，属何种结构。

《中华人民共和国文物保护法》第五条规定：中华人民共和国境内地下、内水和领海中遗存的一切文物，属于国家所有。但对于境外打捞中国珍宝的情况却没有涉及。"黑石号"运送货物基本来自中国，以陶瓷器为主，起始港口无疑位于中国。据多家媒体报道，"黑石号"船体保存基本完整，采用绳索缝合捆扎船体，从结构看是一艘印度或阿拉伯造的单桅缝合帆船。这种船体结构是典型的阿拉伯缝合船，制作船体时不使用铁钉。

打捞文物萃珍

据李艾华文介绍，"黑石号"打捞文物陶瓷制品多达67000多件，其中98%是中国陶瓷。比较奇特的文物包括10件金器，金器之精美可媲美1970年西安何家村唐代窖藏出土金银器。其中的八棱胡人伎乐金杯高10厘米，比何家村出土的2件八棱胡人金杯尺寸还略大些。另有24件银器、18枚银铤和30件铜镜，银铤单件重达2公斤。其他零星文物可能为船上乘员的个人物品，其中包括2件玻璃瓶、1件漆盘（残）、象牙制游戏器具（似为游艺用的双陆）和砚、墨（残）。长沙窑瓷约56500件，器型以碗为主，其次为执壶。其他器型包括杯、盘、盂、盒、罐、熏炉、油灯和少量肖生瓷塑。有件瓷碗带有"宝历二年七月十六日"铭文，碗心图案接近阿拉伯"安拉"，宝历二年为唐敬宗年号（826年）。有的碗中写有"茶盏子"，明确标清了瓷碗的茶具用途，有的瓷碗写有"湖南道草市石诸孟子有名樊家记"，带有广告语言性质，说明产品来自长沙窑。这些瓷碗上大量描绘有花叶、莲蓬、飞鸟、摩羯鱼纹，这些新发现的长沙窑产品大大丰富了长沙窑瓷的内涵和艺术装饰,也为确立长沙窑瓷的外销瓷器窑场地位提供了证据。带有阿拉伯风情的图案和装饰,说明唐代长沙窑为了适应西亚市场需求而调整了自己的产品特色。打捞瓷器还包括 200 件浙江出产的越窑青瓷、350 件北方白瓷、200 件北方白釉绿彩陶瓷和 700 余件广东地方窑口烧造的粗糙青瓷。

"黑石号"沉船陶瓷考证

"黑石号"上的谜团很多,以白釉绿彩瓷为例,打捞出水的白釉绿彩陶瓷器与河南巩县(今巩义市)及河北烧造的同类产品风格近似,但"黑石号"打捞出高达 1 米的西亚风格长柄高足壶,造型修长而奇特,在国内同样造型的产品从未发现过,同船打捞出一件白釉绿彩的龙头形器与之尺寸匹配,似为壶盖。另外,这批白釉绿彩瓷中有两件碗盘在底足中央分别刻有"盈"字和"进奉"字样。"盈"字款瓷器以往曾发现过多批,在河北省内丘县城关邢窑遗址曾发现过 20 余件刻"盈"字款的碗底标本,在西安大明宫遗址也出土过这类刻款碗底。在河北易县唐咸通五年(864 年)孙少矩墓出土过"盈"字款白瓷注子;在唐长安西明寺、青龙寺等地出土过"盈"字款白瓷器。这些国内出土和传世的"盈"字款瓷器均为白瓷,均刻款识于器物底部,时代为唐代中晚期,研究界普遍认为它们为河北邢窑产品,为皇家大盈库所烧造。西安收藏家张国柱藏有一件唐代邢窑白瓷碗残件,碗底残存有刻款"大盈"二字,采集自西安某建筑工地,验证了"盈"字款确为皇家大盈库瓷器。"黑石号"出水白釉绿彩瓷盘带有"盈"字和"进奉"刻款,说明它们与邢窑有密切关系,值得深入探究。"黑石号"沉船出水的大量金银器和"盈"字款、进奉款白釉绿彩瓷,似乎都在揭示这条阿拉伯商船的不平常之处:它很可能搭载了外交使节或兼有外交使命,返航途中携带了作为国礼的皇家大盈库所拨器具。

"黑石号"沉船打捞瓷器包括唐青花盘、邢窑碟、白釉绿彩及越窑瓷和长沙窑瓷。最名贵的是 3 件唐青花瓷盘,是迄今发现的中国最早、最完整的青花瓷。但值得探讨的是,这 3 件青花瓷盘被考证为河南巩县窑产品,纹样与扬州发现的唐青花执壶、碗、枕等残件近似。从放大图片看,釉面剥蚀处青花绘画的线条均不存在。北方清代民国青花瓷有一种釉上青花的工艺,是以钴料混合釉料在釉上绘画,烧造时钴料烧融在釉层中,"黑石号"出水的青花瓷是否也用混合釉料绘制,有待进一步探讨。

2003 年以来,河南省文物考古研究所与中国文物研究所在河南巩义市黄冶窑址进行了新的发掘工作,出土产品中有白釉绿彩瓷和唐青花执壶残片,通过考古发掘解决了唐青花的产地问题。今后将"黑石号"上出水的器物与河南黄冶窑及河北邢窑产品做深入比较研究,将有助于解决"黑石号"部分陶瓷器物产地不明的疑问。

(资料来源:探索网,2015 年 12 月 17 日,https://www.tansuo.in/135.html,有删改)

【学习目标】

通过本章学习,可以:

1. 了解唐、五代陶瓷发展概况。

2. 理解唐、五代对外开放政策、进出口管理机构、对外贸易地理方向以及主要通商口岸。

3. 掌握唐、五代陶瓷外销的规模、主要方式、商品结构、主要市场及主要路线。

第一节　社会经济概述

唐朝的经济,较之秦、汉,有过之而无不及。论其疆土,唐朝极盛时,北逾大漠,南统安南,东北视汉稍狭,而西境较汉犹广。那时的四夷君长联合尊唐太宗为"天可汗",诸番将、帅死亡者,必由唐王朝下诏册立其后嗣,这俨然是当时的一个联邦,而唐为宗主。

在商业方面,汉代对商人采取一种裁抑政策,唐代则颇具放任主义。故在汉武帝时,盐、铁由官家专营,不许商卖,而唐初则不仅准许商营,而且全不收税。可以说,汉代的经济政策,尤其是汉武帝时期,常偏重于压抑高层经济,而对低层的则忽略了;唐代的经济政策,尤其是唐太宗时期,则重视培植底层经济,而对高层的则较为宽松与自由。因此唐代社会富足,亦比汉代发达。

商业的发达,必定会带来手工业的发达。据文献记载,唐代曾征调很多"番匠"从事各种器物的制造,并有官方设置的"将作监""少府监"等。同时私营的手工业作坊也蓬勃兴起,如纸坊、酒坊、染坊、毯坊等民营作坊犹如雨后春笋般涌现。此外,还出现了行会组织,以维护私营手工业者的利益。各种著名的手工艺品如瓷器、漆器、刺绣、染织、冶铸、金银加工等,均在过去的基础上有所提高,并有所创新和发展。发端于唐代的秘色瓷,正是当时官方重视手工艺发展的成果。根据冯先铭先生的陶瓷考古调查和发掘的统计,这一时期的陶瓷手工业作坊和窑场都比前代有所增加,遗址分布于现今南方八省区和北方五省区。可见,唐代陶瓷手工业生产在全国已相当普及。

窑炉的进一步完善也是这一时期陶瓷业得以发展的重要因素之一。魏晋南北朝时,盛行在南方的龙窑发明了分段烧成的技法,这不仅使龙窑能成功地烧熟窑炉中各部位的坯胎,而且使窑炉延长窑身成为可能,促使我国东南一带的青瓷技术迅速普及。窑场分布江南各地,极大地带动了其他器用生产技术的提高与发展,迫使木器、漆器和青铜器等技术不得不放弃其传统的餐食器市场而改变发展方向。另一项技术革新就是匣钵的发明,匣钵技术得到普及推广,带动了装烧技术的推广,促进了装烧技术的进一步发展。匣钵叠烧的功能使龙窑窑身提高,窑门的开设也成为可能。窑工能在宽敞的窑腔内直腰操作,并从窑侧的门洞出入,降低了窑工们的劳动强度,同时还有利于建立量产体制,使陶瓷技术得到更广泛的普及。

中唐时代,出现了著名的"茶圣"陆羽及其《茶经》,瓷器是当时盛茶的主要器具。陆羽在其《茶经》中说:"碗,越州上,鼎州次,婺州次,岳州次,寿州、洪州次。或者以邢处越州上,殊为不然。若邢瓷类银,越瓷类玉,邢不如越一也;若邢瓷类雪,则越瓷类冰,邢不如越二也;邢瓷白而茶色丹,越瓷青而茶色绿,邢不如越三也。"他是以盛茶为标准来点评当时的瓷器。从唐代诗人的作品中我们也能看到当时的瓷器与茶的关系,如晚唐诗人陆龟蒙《秘色越器》诗云:"九秋风露越窑开,夺得千峰翠色来。好向中宵盛沆瀣,共嵇中散斗遗杯。"孟郊在其《凭周况先辈于朝贤乞茶》中写道:"蒙茗玉花尽,越瓯荷叶空。"施肩吾在其《蜀茗词》中形容说:"越碗初盛蜀茗新,薄烟轻处搅来匀。"唐代饮茶之风的盛行,促进了茶具的发展,也促进了制瓷工艺的改进、瓷制器皿品质的提高。在唐代诗人的诗句中,我们看到的大都是有关南方越窑青瓷的描述,他们都是从饮茶的角度来写的。

1992年至1993年,中国社会科学院考古研究所在唐东都洛阳履道坊白居易故居进行考古发掘,在唐代文化层出土的瓷器多达800余件,包括壶、罐、盆、澄滤器、碗、盂、盘、杯、茶托、茶盏、茶碾槽、盒和砚等13种。从文献及各地唐代生活遗址、墓葬和窑址出土的资料来看,日用器皿是瓷器生产的大宗项目,尤其以各种不同尺寸的碗类制品出现最多。以今湖南长沙窑出土的碗类产品为例,"茶埦"铭和"茶埦"铭圆形敛口碗占长沙窑碗类产品的81%,"岳麓寺茶埦"圆形敞口碗占长沙窑碗类产品的17%。从以上出土的瓷器来看,茶具占了其中的相当部分,因此,茶文化的兴起,从某种程度来讲,也推动了当时陶瓷业生产的发展。

高度发达的社会经济和唐朝统治者实施的开放政策强烈地吸引着世界各民族和国家的人们。根据《唐六典》记载,唐王朝曾与300多个国家和地区保持着友好交往。都城长安成为外商云集的地方,也是商品荟萃的中心。长安城内设有专门管理和接待外国宾客和少数民族使节的机构,如鸿胪寺、典客署、礼宾院等。外来文化的融入,极大地丰富了大唐文化的内涵,使唐代的陶瓷出现了许多新品种,如长沙铜官窑的釉下彩瓷器、巩县窑的唐青花瓷等就是为了迎合海外市场的需要而生产的。

第二节　唐、五代的外贸管理体系

一、对外开放政策

建立于公元618年的唐朝,在历史上有过显赫的威名,作为当时世界头号强国而载入史册。它在中国经济史上的重大措施之一,就是作为强者信心的表现而采取了对外开放政策。唐政府曾下诏:"其岭南(包括广州和交州)、福建(泉州)及扬州蕃客,宜委节度观察使常加存问,除舶脚收市进奉外,任其来往通流,自为交易,不得重加率税。"(《全唐文》卷七十五《太和八年疾愈德音》)

唐代冶金、船舶、丝织、陶瓷等手工业的发展,为对外贸易提供了物质基础。冶金和船舶制造是密切相关的。船体联结、铁锚、铁链等,均与金属有关,故冶金手工业的发展,也促进了船舶制造业的发展。我国的造船历史很长,汉代的渤海、琅琊、闽越、南海、合浦、交趾、日南等郡(编者注:琅琊西汉时为郡,东汉时称琅琊国),向来都是制造海船的州郡,但所造属近洋海船。公元5世纪,中国高僧法显从狮子国(今斯里兰卡)经南洋返国所搭乘的海船,能够载客200来人,已是非常先进了。到了唐代,全国造船业主要集中在南方十二州,仅在扬州就有10个船场。唐大历至贞元年间(766—804年),已有载重量超过万石、名谓"苍舶"的海船出现,在大舶参天、万舶争先的印度洋航线上已有中国船舶最大之说。

政治上、军事上的胜利是唐代能够实行对外开放政策的首要条件,也是实行这一政策的保证。唐初要发展对外关系,首先要解除突厥的侵略威胁,以保证古代西域商道的畅通。626年唐太宗即位,立即着手开展反击突厥侵略的准备工作。贞观三年(629年),唐太宗命令李靖、李勣等率重兵十万余,六路出击,拉开了反击突厥战争的序幕。经过艰苦斗争,唐军先后歼灭了东、西突厥的势力。至此,今新疆南、北两道全部打通,唐朝的政治力量也越过葱岭(今帕米尔高原)到达中亚。唐朝在中亚的管辖范围包括巴尔喀什湖以东、以南地区,并设有中央派出机构——安西都护府,下辖20个都督府,4个在葱岭以东,16个在葱岭以西。贞观十七年(643年),拜占庭国王君士坦斯二世派遣使节来中国,要求建立政治经济和文化关系。

在打通西路交通的同时,唐政府也加强与朝鲜半岛的关系。668年,唐和新罗划界,在平壤建置了安东都护府,下辖9个都督府。

日本也与唐朝关系密切。正处于封建化初期的日本,向唐朝学习各种先进的事物,仅开元四年(716年)日本派遣来唐的使船,一次即达557人。

此外,唐朝在北疆建立了安北都护府;在南疆建立了安南都护府,管辖交州地区。

二、进出口管理机构

唐政府除了设有专门管理接待外国宾客和少数民族使节的机构,如鸿胪寺、典客署、礼宾院等,还设立了管理边境贸易事务的"互市监",对陆上贸易进行监管。同时,中央和地方官府还采取一些变通的措施,鼓励外籍商人在边境地区进行民间自由贸易。

此外,为适应海上贸易的发展,唐政府在沿海主要港口设立了专门管理海上贸易的"市舶司"等机构。市舶制度始于唐代,是对外贸易管理方式的创新之举。市舶司历经唐、宋、元、明四代,相沿1000余年,历史之久在世界上绝无仅有。

市舶司负责人称为"市舶使",又称押番舶使或监舶使,由地方官或转运使兼任,当时广州的市舶使即由岭南节度使兼任。市舶使的主要职责是管理海外贸易事务,如检查、放行出港外国商船和管理本国开往国外的商船,贯彻朝廷对外贸易的鼓励政策。但作为"怀柔远人"的一种手段,市舶司设立的目的并不在于通过市舶管理增加舶税收入,而在于宣扬国威、扩大政治影响。市舶使除掌管海外贸易事务外,还负责涉外事务,故又称"结好使"。唐代市舶使的设置为我国古代市舶制度的建立奠定了基础,也为当时的海上陶瓷贸易提供了良好的保障。

三、对外贸易地理方向

中外交通航线在唐、五代时期也有了进一步的扩展,唐贞元间宰相贾耽在《皇华四达记》中就具体描述了唐通四裔的 7 条国际路线,其中陆路 5 条,海路 2条。

陆路有从营州(今辽西一带)入安东道;自夏州(今陕西省靖边县)通大同云中道;自中受降城入回鹘道;自安西入西域道;自交州通天竺道。

海路则有交广和楚扬南北两线,交广线主要是对南洋和印度洋国家开展贸易,楚扬则以沟通朝鲜、日本为主。两条海上航线中又以交广线为重点,途经东南亚各国、马来半岛到达波斯湾各国,再到埃及、地中海沿岸,货运的比重最大。其中的"广州通海夷道"以广州为起点,贯穿南海、印度洋、波斯湾和东非海岸的90 多个国家,是唐朝最重要的海外贸易线,也是世界上最长的远洋航线。

安史之乱严重破坏了唐代的社会经济生活,丝绸古道也因怛罗斯一战唐军退出中亚而阻隔。《全唐文》卷 464 中对当时丝路东段有"道路梗绝,往来不通"的记载,诗人杜甫在《有感五首》中也有诗句为证:"乘槎断消息,无处觅张骞。"到了唐代后期,我国西部党项族逐渐发展起来并建立西夏王朝,使得丝绸古道东段时战时和。国力上的削弱,使唐王朝失去了对西域地区的实际控制,严重影响丝绸古道上贸易的开展。但是,海疆是清平的,当时海上也没有能和唐相抗衡的国家,发展海上贸易逐渐成为唐代的主要贸易方向。大历五年(770年),到广州贸易的大小番舶,多达 4000 余艘,货物吞吐量 20 余万吨。

四、主要通商口岸

唐朝建都于关中的长安,经济仰赖于东南,最大的进出口贸易港又远在数千公里之外的广州,东西疆域、南北辖地之广,为当时世界上幅员最辽阔的国家。因此,国内水陆交通十分发达,陆路一般以 15 公里设一驿站,每驿有驿长。据唐代史料记载,陆路驿站有 1297 所,水上驿站有 260 所。驿站设于各交通线上,对官私商货的运输、转运起着重要作用,也促进了对外贸易的发展。

唐代对外贸易的海港有广州、交州(今越南)、扬州、明州(今浙江宁波)、泉州、潮州、楚州(今江苏淮安)等,主要分布在南方。

广东地区港口较多,有广州港、雷州港、潮州港等,其中广州港是中国最大的港口。阿拉伯旅行家苏莱曼在《苏莱曼东游记》中称唐时中国船特别大,波斯湾风浪险恶,只有中国船才能航行无阻。当时印度人、波斯人纷纷来广州。广州的外侨区称"番坊"(在今光塔路一带)是外商聚集之地,设有"番长"。外国人在此地定居、经商,最多的时候达十多万人。

除广州外,唐代的扬州,位于南北大冲,综海陆之要,百货所集,富甲天下,也是全国南北货物的集散地和对外贸易的重要港口。自 702 年日本第 8 次遣唐使改取南岛航线、南路航线起,扬州便成为 8 世纪初至中叶日本遣唐使的登陆地与归程启航地之一。同时,扬州还是唐通往西亚的主要港口。8 世纪后期,阿拉伯、波斯和昆仑、占婆等国的商人已能循近海航线,由波斯湾、马六甲海峡、北部湾沿海,直接驶向长江口到达扬州。他们以扬州为商业据点,经营珠宝和香料,再从扬州贩回中国的陶瓷、铜器和其他手工业品,其中就包括越窑青瓷和长沙窑瓷器。

五代时期,吴越钱氏政权对明州港非常重视。后梁开平三年(909 年)五月,为发展海外贸易,钱镠在明州出海口设置了望海县。由此,港口建置进一步完善,明州成为吴越对外贸易的主要口岸。

潮州位于广州东北,辖境为今平远县、梅县区、普宁市、惠来县、丰顺县等以东地区,因"广州通海夷道"贸易的发展逐渐兴盛,南海和大食番商时常来此交易。

楚州因地近扬州、徐州、海州和通州而日渐繁荣,城内设有新罗坊,专供朝鲜商人居住,也住有日本商人。日本商人从九州南下,经种子岛、屋久岛和奄美大岛而西渡东海入楚州。

第三节　唐、五代陶瓷的外销

一、唐、五代时期陶瓷外销的规模

到了唐代,因为陶与瓷的分野,瓷器制作开始成熟,真正的瓷器时代来临。当时的瓷器质白坚硬或半透明,煅烧温度在1000℃以上。当时的瓷器生产不仅面向国内市场,而且大量输出国外。由于陆路运输瓷器难、破损率高,因此唐代初期瓷器出口数量很少。晚唐以后,造船业的发展以及航海技术的提高,为我国瓷器的大量输出创造了新的条件,瓷器逐渐成为我国重要的出口商品。这一时期海上瓷器贸易已经形成一次贸易达数万乃至数十万件的规模,被视为中国瓷器外销的第一个高峰。

宋代朱彧《萍洲可谈》记载:"舶船深阔各数十丈,商人分占贮货,人得数尺许,下以贮物,夜卧其上……大小相套,无少隙地。"由此可见,陶瓷产品交易状况之盛。

851年编撰的《中国印度见闻录》(20世纪30年代,刘半农父女译为《苏莱曼东游记》),记载了旅行家苏莱曼对精美的中国瓷器的赞誉:"中国人持有白色黏土制作的碗,它像玻璃一样美丽,可以看见里面所盛的液体。"由于这样的瓷碗是苏莱曼在港口见到的,说明该碗是用于出口的。

11世纪著名的波斯历史学家贝伊哈齐(Bayhaqi,995—1077)记述:哈里发哈伦·拉希德在位期间(786—809),暴虐的呼罗珊总督阿里·本·爱薛极尽搜刮聚敛之能事,他向巴格达的哈里发贡献了数量空前的金银、丝绸、珍宝和瓷器。在他贡献的多种多样的瓷器中,既有2000件精美的日用瓷器,也有哈里发宫廷从来没有见过的20件(一说200件)"中国天子御用的瓷器,如碗、杯、盏"。这条材料说明,在八九世纪之交的巴格达已有了数量可观的中国瓷器。

此外,世界各地挖掘出土的各类唐五代时期的瓷片也印证了当时陶瓷贸易之盛况。

二、唐、五代时期陶瓷外销的主要方式

1. 朝贡式贸易向商品式贸易转变

唐代早期外销瓷主要是青瓷和白瓷,不仅数量少,造型及装饰也是中国传

统风格,与国内所见日常用器无异。唐代的强盛、开放和包容,吸引了很多国家派遣唐使来华,他们带来了大量本国出产的珍珠、玛瑙、水晶、玻璃器、金银器、香料等奇珍异宝,来换取中国的丝绸、瓷器和茶叶。作为回礼,质量上乘的白瓷和青瓷往往被当作赏赐品赠送给外国使节。可见,此时国家政府间的陶瓷贸易多属于朝贡式贸易,规模较小,并不以获取差价为主要目的。

唐代中期后,陶瓷贸易中只有一小部分是政府对外国的赠予,大部分是民间贸易,外销瓷数量增加,种类增多,销售范围扩大,产品质量快速提升。其中,尤以长沙窑为甚。目前,海外遗址和沉船遗迹中发现的长沙窑瓷器标本遍及西亚和北非,说明这一瓷区是千年前当之无愧的"世界工厂"。不同于中规中矩的邢窑瓷器和越窑青瓷,作为民窑代表的长沙窑走上了另一条创新之路。长沙窑瓷器国内鲜有耳闻,但在印度尼西亚、埃及、伊朗等地区都有发现,这证实了长沙窑是专为出口而生产的。为了适应国外市场、提高外销瓷的竞争力,长沙窑在器型、装饰上大胆创新,主动吸收借鉴外国文化因素,将广大伊斯兰国家和佛教国家人民熟悉的、喜闻乐见的装饰元素融入产品中。同时,长沙窑还注重市场差异性,针对不同地区生产不同的产品,如销往东亚、东南亚的瓷器上多佛教装饰和棕榈、菠萝、椰子等热带植物水果图案,而销往西亚国家的瓷器多胡人形象和伊斯兰教内容。这种市场导向的生产模式反映了唐后期商品经济的发展和人们商业意识的增强。

2. 定制产品和订单生产的出现

唐、五代时期陶瓷的外销不仅有中国商人直接带货出国销售的,还有外国商人卸货后在港口购买瓷器回国的,甚至有外国商人亲赴窑场,提供自己所需产品的图案纹样和生产要求,最后由工匠进行加工制作的。这种方式类似当今义乌发展外贸的主要方式——"来样加工,订单生产,特殊定制"。这样做既能降低因中间商的存在而产生的额外费用,又可以充分按照顾客的要求进行生产,还实现了瓷器"生产—销售"环节的畅通,保证了产品的专卖性和稀缺性,并且降低了滞销的风险,可以说是多赢的做法。这种贸易模式是我国陶瓷对外贸易史上的一大创举,对后世影响深远。

3. 转口贸易

由于当时的远洋航行主要是靠信风,从中国到巴格达一个往返大约需要两年时间,这对于一个商人来说时间太长了。因此,当时大部分商船实际上并不是航行全程的。换言之,阿拉伯的商船并不直航到中国,中国的商船也少有到达波斯湾的。当时的海上贸易模式是一种以枢纽港口为中心的转口贸易。

三、唐、五代时期陶瓷外销的商品结构

从产品种类来看,唐代越窑青瓷、邢窑白瓷、唐三彩是早期销往海外的主要陶瓷品种。晚唐、五代时期,湖南长沙窑为适应外销需要迅速崛起,北方定窑也随着邢窑的衰弱而逐渐兴起。国外考古资料证实,越窑青瓷、定窑白瓷及长沙窑瓷器是晚唐五代时期我国瓷器外销的主要品种。

1. 越窑青瓷

越窑青瓷是浙东古代劳动人民的一项伟大发明,其烧造历史悠久、品种繁多、质地精良,集绘画、雕塑艺术于一身,再加上器皿上刻印窑名、人名、地名,文人著书介绍,诗人写诗讴歌,在较长时间里一直受到人们的称颂,誉满天下。唐代文学家陆龟蒙用"夺得千峰翠色来"形容越瓷的釉色,使其成为脍炙人口的佳句。唐、五代时,越窑青瓷是全国众多瓷窑中影响最大、知名度最高的贸易商品之一。这些因素都有力地促使中外商贾把越窑青瓷作为对外贸易商品的首选。由于唐代对外交往频繁,越窑青瓷的造型和装饰图案受到很多外来文化影响。

海外考古资料显示,越窑青瓷从海路大批量外销,在晚唐至五代吴越时进入鼎盛时期。其贸易范围遍及亚非各国的沿海重要港口与城市,包括中世纪的都城、交通枢纽、港口、贸易集散地与宗教寺院等,东起日本、韩国,东南至泰国、马来西亚、印度尼西亚、菲律宾,南至印度、巴基斯坦、斯里兰卡,西至伊朗、伊拉克、阿曼,最远达非洲埃及、苏丹、肯尼亚、坦桑尼亚,形成一个横跨亚非的庞大国际贸易网络。

2. 唐代白瓷

唐代销往海外的白瓷,主要为邢窑白瓷与定窑白瓷。邢窑白瓷与越窑青瓷在唐初期较早被运往海外,"南青北白"的局面也就此形成。邢窑白瓷的主要器型有碗、盘、杯、盒等,纹饰图案较少,风格典雅朴素。据考古发现证明,在很多中国古代港口的遗址中都能找到邢窑白瓷,如在扬州就出土过很多邢窑白瓷,以碗、盏、壶等为主;在日本奈良、东京古遗址以及埃及等多个海外国家古代遗址也都出土过大量邢窑白瓷,可见邢窑白瓷在海外市场十分畅销。这种情况一直持续到晚唐五代时期,曲阳定窑受邢窑影响迅速发展并逐步取代邢窑。由于国外研究者难以区分唐代邢、定两窑的器物,因此将邢窑白瓷和定窑白瓷统称为唐代白瓷。在唐代,除邢窑和定窑生产并出口白瓷外,巩县窑也生产并出口白瓷。

目前发现唐代白瓷的国外遗址主要有伊拉克萨马拉遗址、巴基斯坦布拉·米纳巴遗址、伊朗内沙布尔遗址、斯里兰卡马纳尔县满泰地区的古港遗址、印度科罗曼德海岸的阿里卡梅杜遗址、埃及福斯塔特遗址等。此外,日本的京都、奈良,以及菲律宾、印度尼西亚、坦桑尼亚等地也出土有唐代白瓷。

3.长沙窑瓷器

长沙窑,又称望城窑、铜官窑、瓦渣坪窑,是唐宋时期南方瓷窑。长沙窑所产瓷器的典型特征是把青、黄、白等各色颜料直接覆在瓷胎上,再用一层透明釉覆盖,釉下彩绘瓷由此诞生。与越窑青瓷和邢窑白瓷不同,长沙窑在造型和装饰方面以进口国的需要和爱好作为烧制的基础,大胆运用了褐绿彩绘以增加瓷器装饰性和色彩效果,彩绘椰林、葡萄以及一些鸟雀等明显具有东南亚、西亚风格的图案,其主要是为了适应外销需求。从1998年印尼海域打捞的沉船"黑石号"出水的67000件瓷器中可以发现,其中绝大部分为长沙窑瓷器,很多有阿拉伯风格图案,很有可能是专门为外销而生产的。

目前世界上出土长沙窑瓷器的国家有日本、朝鲜、印度尼西亚、伊朗、泰国、菲律宾、斯里兰卡、巴基斯坦、阿曼、沙特阿拉伯、伊拉克、肯尼亚、坦桑尼亚等。其中以日本和伊朗出土物最为丰富,在数量上甚至超过了越窑青瓷。

4.唐三彩和唐青花

举世闻名的唐三彩在对外贸易发达的唐朝深受各国人民的喜爱。就目前所知,世界上发现唐三彩的国家和地区遍及欧、亚、非三大洲:乌兹别克斯坦撒马尔罕,伊朗内沙布尔、萨韦,叙利亚拉卡、阿勒颇,伊拉克萨马拉,苏丹埃扎堡,埃及福斯塔特,印度尼西亚苏门答腊、爪哇,朝鲜庆州等古文化遗址都曾出土过大量唐三彩残片;世界各国博物馆也都保存有相当精美完整的唐三彩。唐三彩的外销主要依靠陆路交通,即由丝绸之路运到中亚和西亚各国。我们今日看到的唐三彩载物骆驼俑便十分形象地再了当时唐三彩外销的情况。此外,唐三彩也有一部分通过水路运往朝鲜、日本和东南亚、东非各国。

唐三彩在唐代不仅成为世界各地人们争相拥有的珍贵物品,同时,受其影响,世界上许多国家曾先后仿制过三彩器,其中最成功的有日本奈良三彩、朝鲜新罗三彩以及埃及三彩。

　　巩县窑是当时生产并出口唐三彩的重要窑口,其在唐初便已开始烧制白釉蓝彩器和三彩制品。随着国内外销售市场的发展和需求量的猛增,至中唐时期,巩县窑的出口规模迅速上升,贸易活动日益兴旺,新品种不断涌现。应运而生的唐青花便是作为一种新的名贵瓷器品种外销于中东地区。

四、唐、五代时期陶瓷外销的主要市场

　　唐、五代时期,中国陶瓷器已作为贸易品输出到世界各国,因此近代以来,在亚非不少国家的古文化遗址中,都曾发现过唐、五代陶瓷器。

　　1. 朝鲜和日本

　　朝鲜紧邻我国东北,自古与我们交往频繁。在唐代,朝鲜不断派遣唐使团、留学生和僧人到长安学习中国文化和佛法,特别是新罗统一朝鲜半岛后,两国交往更加密切。朝鲜庆州附近朝阳洞出土了一件完整的唐三彩三足鍑,其造型、彩斑与我国扬州出土的相似。海州龙媒岛出土了长沙窑贴花人物褐斑壶三件,其中两件分别用褐彩在壶柄上书写"卞家小口天下第一"和"郑家小口天下有名"等具有广告性质的铭文。国内长沙窑遗址也出土过许多带有铭文的器物,但未见类似文字,故上述瓷器可以说是专为出口烧造的。

　　日本与我国是一衣带水的邻邦。汉魏以来,两国官方和民间往来不绝。在唐代,为了学习中华文化,日本19次派遣唐使前来中国。8世纪后,遣唐使团中还有学习工艺的技师、工匠。他们学会了某些陶瓷技术,并将精美的陶瓷器物带回国。晚唐五代,唐船和新罗商船来往于中日两国从事贸易活动,中国陶瓷渡海大量输往日本。日本出土的唐代陶瓷器主要有三彩陶器、邢窑和定窑白瓷、越窑青瓷和长沙窑彩绘瓷器。奈良出土的唐三彩有印花长方小枕残片、壶残片及绞胎枕残片,福冈出土的有贴花长颈瓶残片、枕碎片等。越窑青瓷已在日本近50处遗址中被发现,福冈、奈良、京都等地都有发现,出土数量比三彩及白瓷多,器型有三足鍑、盒子、碗、灯碗、唾壶、砚台等,以碗类居多。从烧造技法上来看,这些出土器物多属余姚附近的越窑系青瓷产品。长沙窑瓷器在奈良、京都和九州的博多湾、久留米、唐津及冲绳岛等地的港口、寺庙、居住遗址和古墓中都有发现,器型有碗、碟、水注、枕、盘和唾壶等,特别是在冲绳还出土过两件完整的褐绿彩绘纹碗。邢窑和定窑白瓷在奈良、京都、福冈等地都有出土,器型有碗、盒、碟、砚台等,以碗类居多,均为唇口、玉璧底,具有典型唐代北方风格。

2. 东南亚

东南亚诸国在中国古代统称南洋。早在秦汉时期,东南亚就与我国发生了密切的政治和经济关系。由于地处东西交通咽喉,东南亚诸国既是国际贸易转运、集散的中心,又是中国陶瓷外销的主要地区。五代时,据文献记载,泉州地区"陶瓷铜铁,泛于蕃国"。

菲律宾群岛出土中国瓷器的数量,为东南亚地区之最。属于唐、五代的陶瓷,目前发现的虽较少,但分布范围相当广泛。在北部的巴布延群岛、伊罗哥与冯牙丝兰海岸、马尼拉及其附近地区,中西部的民都洛岛、宿务岛,南部的卡加延苏禄岛与和乐岛等沿海航路上,均曾发现我国晚唐、五代瓷器。出土器物有邢窑白瓷钵,越窑青瓷钵、壶、水注,长沙窑彩绘钵和贴印纹水注。

马来西亚发现不少我国唐、五代青瓷。柔佛河流域古遗址中发现不少唐越窑青瓷残片,彭亨州的瓜拉立卑附近金矿发现唐四耳青瓷樽,哥打丁宜也发现了唐代瓷片。此外,新加坡国家博物馆收藏有柔佛出土的数千件瓷片,以越窑青瓷为主。砂拉越地区也发掘出八九世纪的中国越窑青瓷。

印度尼西亚的爪哇、苏门答腊、苏拉威西、加里曼丹及其他岛屿,都发现过唐五代陶瓷制品,有长沙窑的釉下彩绘钵和黄釉贴花印纹水注及青釉执壶,越窑青瓷碗、壶、水注,邢窑和定窑白瓷碗以及唐三彩。

3. 南亚

印度洋是东西方海上航行必经之地,处于东西文化交流的枢纽地带。9世纪时,唐代商船经常在这一带停泊,从事贸易,或转往大食帝国。交通和贸易的发达,使中国陶瓷不断输入南亚各国。

印度科罗曼德海岸的阿里卡梅杜古遗址,是中世纪的重要贸易港,曾出土9到10世纪的越窑青瓷碟残片。印度迈索尔的博物馆还藏有晚唐、五代的越窑系青瓷和长沙窑瓷器。

斯里兰卡的德地卡玛遗址也发现了大量中国陶瓷,最早的是10世纪前后的越窑青瓷碗残片。

巴基斯坦卡拉奇东南的斑波尔,是中世纪繁荣的贸易港口,出土过晚唐、五代越窑水注,长沙窑黄褐釉下绿彩花草纹碗残片。在布拉米·纳巴遗址发掘出唐末、五代至宋初的中国陶瓷,其中有唐越窑青瓷和邢窑、定窑白瓷碗残片,还有长沙窑彩绘碗。

4.西亚

伊朗,汉称安息,唐称波斯,与我国有2000多年贸易往来和文化交流历史。早在西汉,善于经商的波斯人就通过丝绸之路与我国进行贸易。8至9世纪,海上贸易日益兴盛,许多波斯人、阿拉伯人到达我国沿海港口广州、泉州、扬州、明州和都城长安,有的长期居住在我国经营"波斯胡店"。中国商船也经常到达波斯湾各港口。10世纪,阿拉伯旅行家马苏迪在《黄金草原》一书中写道:唐代中国海船不仅直航阿曼和波斯湾的西拉夫和巴林岛,而且开进了幼发拉底河河口,停靠奥巴拉港和巴士拉港。由此可见,当时中国与波斯湾周边地区和阿拉伯半岛国家已直接通航。

阿拉伯旅行家苏莱曼在他的游记中就赞美中国瓷器道:"中国人能用陶土做成用品,透明如玻璃,里面加了酒,从外面可以看到。"伊朗各地的陶瓷考古证明了上述历史事实。伊朗古代著名海港西拉夫发掘到大量中国陶瓷片,最早的是晚唐、五代的越窑青瓷和邢窑、定窑白瓷以及大量的长沙窑瓷器。东部古城内沙布尔遗址发现了晚唐五代越窑系青瓷碗、长沙窑彩绘盘和壶,以及邢窑白瓷壶的残片。中部赖伊遗址出土了唐五代越窑系青瓷碗、长沙窑彩绘盘的残片。此外,伊朗波斯湾沿岸的比比加顿、东南部的沙斯、南部的库吉斯坦等地都发现过长沙窑瓷器。就出土情况看,伊朗出土的唐五代陶瓷以长沙窑为多。

在伊拉克,位于巴格达北、底格里斯河畔的萨马拉遗址,发现了大批唐三彩碗和盘、绿釉壶和黄釉壶的碎片以及白瓷和青瓷残片等。多数研究报告认为,此处发现的青瓷碎片与浙江余姚上林湖发现的完全相同。巴格达的阿拉伯博物馆就收藏有萨马拉遗址出土的唐、五代越瓷器。

阿曼位于阿拉伯半岛东南部,扼波斯湾通往印度洋的门户。中国唐代商船曾到达这里。1980年起,阿曼苏哈尔古城堡遗址陆续出土了许多中国瓷器残片,其中有唐五代越窑青瓷和定窑白瓷。

5.非洲

埃及是世界文明古国,紧靠地中海和红海,地处亚、非、欧三大洲交通要冲,很早就与中国有经济文化交往。埃及是非洲发现中国古瓷最多的地方,而在埃及又首推开罗南郊的福斯塔特古城遗址。它曾是9至12世纪一个非常繁荣的城市,13世纪法蒂玛王朝时被毁为一片废墟。1912年、1964年和1966年古城遗址中陆续发掘出相当多的陶瓷残片。日本陶瓷学者小山富士夫、三上次男等对这些陶瓷片进行了分类整理,在六七十万片中检出中国陶瓷 12000 多片,最早的有唐、五代越窑青瓷,邢窑和定窑白瓷以及唐三彩等。唐、五代瓷片中,尤以越瓷数量最多。器型有碗、盘、盆、唾盂、执壶、杯等,以碗为主。这些瓷片釉色莹润,有浅黄、灰绿和深黄色,底部无釉,留有支烧痕迹,以素面瓷为主,但也有较多的刻画鹦鹉、莲花等动物、花草的碗、杯、盆。装饰手法有刻花、划花和透雕。这些都是唐五代越窑青瓷的基本特征,且质量相当高。日本学者认为其精美程度远远超过日本所出土的。

红海沿岸苏丹境内的阿伊扎布遗址,在 10 世纪是一个中转港。来自中国的陶瓷器在这个港口卸货后,再转运到埃及和其他地方。在这个遗址中,散播着许多中国陶瓷,其中有晚唐、五代的越窑青瓷片。

非洲东海岸的肯尼亚,在拉穆群岛、梅林迪海岸及蒙巴萨等地都发现过中国瓷器。在曼达岛的曼达城伊斯兰遗址出土了 9 至 10 世纪越窑青瓷和北方白瓷。

五、唐、五代时期陶瓷外销的主要路线

1. 陆路运输

陆上丝绸之路的主要交通工具是骆驼,走的是内陆戈壁、沙漠、高原和山地,路途遥远,气候干燥,道路崎岖,日温差较大。陆上丝绸之路自汉代起就因运销中国的丝织品而闻名,到了唐代前期,瓷器也加入销售行列,但数量不多。这是因为陶瓷是易破碎的商品,器面光滑、体积较大、质量较重、装运极不方便,用骆驼运输成本很高。《万历野获编》记载,为了防止瓷器在运输过程中因碰撞、摔落而破损,人们想了许多办法。如先用稻草包装瓷器,并在其间塞进少数沙土及豆、麦种子,洒上水促使豆、麦种子在沙土中生根发芽,让豆、麦根系将器面固定,防止瓷器间发生碰撞和绑绳断裂。可见,唐时中国商人为了把瓷器通过陆上丝绸之路运往国际市场可谓煞费苦心。但是骆驼运力有限,运输速度又极其缓慢,路上安全性得不到保证,加上唐时瓷器主要产地浙江远离丝绸之路起点——唐都长安,用这种方法运送中国瓷器对于满足西亚、中亚诸国对瓷器的需求可谓杯水车薪。

2. 海路运输

海上丝绸之路贸易运用船舶运输瓷器,具备运程安全、震动小、运量巨大、受季节限制较小、速度相对快捷、航线沿途可以销售等优点。越窑"秘色瓷"贸

易船所到之地,无不受到当地人的热烈欢迎,各类产品也被抢购一空,贸易国当地人甚至视越窑"秘色瓷"为奢侈生活用品。据日本《关市令》太政官符条载:"应禁遏使越关私买唐物事。"《日本三代实录》对唐"秘色瓷"买卖更有"禁王臣家使及管内吏民私以贵值竞买他物"的记载。出口商进行大规模"秘色瓷"输出,既可解决越窑窑场主难以在国内高价销售"秘色瓷"之苦,又能满足国外人们希望提高生活质量之期盼,同时,商人们可通过"物物互换"的方式为自己获取高额利润。唐代后期海上丝绸之路兴起是中国与亚、非国家商人的共同愿望。

窑口的兴盛往往和交通的便利是联系在一起的,如越窑的兴旺有很多种因素,其中之一就是临近明州和扬州。唐、五代时期我国瓷器的出口主要有两条航线,一条是以广州为主要出发港口,经过东南亚各国,绕马来半岛到达西亚各国、地中海沿岸各国和地区以及埃及;另一条是从明州东至新罗(朝鲜半岛)和日本。

唐贞元间宰相贾耽记载的广州通海夷道就是以广州为起点,贯穿南海、印度洋、波斯湾和东非海岸的90多个国家,是唐朝最重要的海外贸易线和世界上最长的远洋航线。在这条东西洋航线所及之处,均有唐瓷碎片标本的发现。把从国外出土唐代陶瓷的地点和广州港连成一线,恰好就是一条从广州港出发,途经马六甲海峡,绕过印度东、西海岸,到达伊朗和伊拉克的航线。

另一条海上交通贸易航线主要是从明州港出发,有三个方向:

向东北:从明州、扬州出发,经黑山岛至今韩国全罗南道灵岩。

向东:从扬州启航出长江口或由明州出海东渡,直跨东海至日本南部奄美大岛,然后转向北航,经屋久岛、种子岛,再从萨摩(鹿儿岛)海岸北上至博多、筑紫,经濑户内海到达京畿难波三津浦(今大阪市三津寺町)。

向南可分为两条航线。

一条航线是:从明州港出发南下,穿过台湾海峡,向东南到达菲律宾群岛,沿吕宋岛、民都洛岛、宿务岛、棉兰老岛、苏禄群岛西海岸南下,经加里曼丹岛西北海岸至爪哇、苏门答腊岛。越马六甲海峡,穿过尼科巴群岛与安达曼群岛,横渡孟加拉湾至印度东海岸,再从东海岸南下,经斯里兰卡,又沿印度西海岸北上,循着大陆海岸线,一路直达波斯湾,或由西拉夫登岸,由此深入伊朗内地;或至波斯湾尽头,溯底格里斯河而上至忒息丰(泰西封)、阿尔比尔和萨马拉等地。

一路则继续沿阿拉伯半岛南岸经阿曼至亚丁湾,或入红海北上抵达阿伊扎布或库赛尔湾,在此卸货后,再向西横穿沙漠到达尼罗河,然后顺尼罗河而下最终抵达福斯塔特;或沿非洲东海岸南下,经曼达岛、古迪,抵达基尔瓦岛。

另一条航线是:从明州港出发,一直沿大陆海岸线南下,经广州、占城(今越南中南部),绕马来半岛至苏门答腊,接下来的航线与前一条航线重合。

《中日文化交流史》记载:明州赴日商船,"多赍货物",货物大多为锦绮、瓷器、香药等。1973 年至 1975 年,在宁波和义路唐代海运码头遗址出土了一批晚唐青瓷,其品种之多、数量之大、质地之精都是我国陶瓷考古工作中所少见的,且多数没有使用过的痕迹,证明这批瓷器是装船准备外销的产品。

复习与思考

1. 唐、五代时期影响我国陶瓷外销的因素有哪些?

2. 唐、五代时期我国陶瓷的外销主要以国家主导还是以民间主导?

3. 外来文化因素对唐、五代时期陶瓷的生产与出口产生了哪些影响?

4. 唐、五代时期我国陶瓷的外销以及陶瓷技艺的外传与国际贸易的哪些理论相符?

5. 唐、五代时期我国陶瓷的外销贸易产生的贸易利得有哪些?

第二章　宋代中国陶瓷的外销

【案例导入】

广东"南海一号"南宋沉船水下考古发掘

"南海一号"沉没地处在广东中部通往西部海上交通的主航道上,也是古代中国通往西方世界的海上丝绸之路必经之地。作为一个相对独立而又结构完整的水下遗存,其蕴藏的信息总量极为庞大,显示出宋代高度发达的商品经济已涉及海外贸易体系当中,再现了南宋海洋活动的繁荣景象。其发现及发掘打捞工作前后历经近 30 年,也是我国水下文化遗产保护发展的一个缩影,见证了我国从无到有,再到成熟壮大的水下考古学科领域的发展历程。

"南海一号"沉船 1987 年发现于广东省台山、阳江交界海域,其船体较好地被海泥封存,船载货物非常丰富,发现时即出水大量精美瓷器和金银器等遗物。这个相对独立、结构完整的水下遗存,在相关的文物、船体、社会关系、生态环境等诸多方面蕴藏着极其丰富的古代信息,对于开展我国古代造船技术、海外航运、对外贸易中的物质文化交流以及不同文明之间的接触碰撞研究等都有着极为重要的意义。因此,国家先后组织开展过多次水下搜寻、物理探测、水下考古调查与发掘等工作。2007 年在多次水下考古工作基础上,我们以空前的整体打捞方式,完成钢沉箱静压下沉和水下穿梁后把 5500 吨的钢沉箱包裹的"南海一号"古沉船及其船货整体起吊出水,最后采用气囊拉移的方法平稳移入专门为之建造的广东海上丝绸之路博物馆内。

然而,由于整体打捞后沉船保存环境的不断改变及沉箱结构材料的力学性能和承重能力受严重威胁等原因,我们必须尽快进行考古发掘及相关保护。2013 年,"南海一号"保护发掘工作全面启动;2014 年已完成沉船本体及船货以上的堆积清理。清除上部淤泥和部分凝结物后,沉船表面轮廓基本暴露,船体结构较为完整,船型扁肥,船艏平头微起翘,两侧船舷略弧曲,艑艉部弧收,具有一定的型深,但艑艉部分受损残缺,舵楼等上部建筑、日用生活物品和舵杆、桅杆等断裂散落,右后部微倾斜下沉。从已发掘暴露的船体结构判断,该沉船属于我国古代三大船型之一的"福船"类型,是宋代造船史上不可多得的活标本。

发掘提取的文物种类丰富,主要有陶瓷器、铜铁器、金银器、漆木器、钱币、朱砂、动植物残骸、植物果核等,同时还包括反映埋藏环境与沉船关联的大量海洋生物残骸以及不同历史时期的遗留物。清理发现的金银器、铜环、钱币、锡器、漆木器、朱砂和部分瓷器等散落于各舱室表面及四周,原有装载位置和方式不明,且数量相对较少的漆木器、金银饰品、锡碗等,是否为贸易船货,值得关注。因为,其中既有船货,又有船上的生活用具及旅客所携带的贸易用具或随身物品等。船艏至船艉各船舱表面显露的船货主体状况较为清晰,除甲板以上主要装载铁锅和铁钉外,舱室内主要为码放整齐的各类瓷器,部分舱室上部码放铁锅和铁钉。

截至 2019 年 4 月 29 日,共发掘文物 171600 件(套),其中瓷器约 158600 件(套),金器 188 件(套)约 2.8 公斤,银器 198 件(套)约 300 公斤,铜器 196 件(套)(部分为铜钱、铜环),铁器 13 件(套),铅锡金属器 60 件(套),竹木漆器 98 件(套),玉石玻璃器 26 件(套),材质不明 274 件(套)。另外提取船木 139 块,标本 2931 件[木材标本 389 件、铜钱标本 663 件约 23000 枚(另有一大块凝结物未拆解)、骨骼标本 446 件、朱砂标本 303 件、铜环标本 123 件、果核标本 337 件、种子标本 26 件、漆器标本 79 件、珠子标本 403 件、杂项标本 162 件],铁器凝结物 124 吨。

(资料来源:《中国文物报》,2020 年 4 月 28 日)

【学习目标】

通过本章学习,可以:

1. 了解宋代陶瓷发展概况。

2. 理解宋代对外开放政策、进出口管理机构、对外贸易地理方向以及主要通商口岸。

3. 掌握宋代陶瓷外销的规模、主要方式、商品结构、主要市场及主要路线。

第一节 社会经济概述

宋朝是我国历史上较弱的王朝,其疆域比唐朝小得多。960 年,宋太祖赵匡胤灭后周建宋,结束了五代十国的割据局面,但是北方领土仍在契丹人和党项人统治之下。宋、辽连年战争,最终宋以贡纳岁币的形式而求苟安。宋、金联合灭辽后,原来给辽的岁币转献给金朝。南宋定都临安(杭州),偏安东南 150 余年。

北宋建立后"兴文教,抑武事",大力改变唐、五代重武轻文的倾向,建立以儒学为基础的科举制。科举不再像前朝那样只考诗赋、帖经、墨义,而以经义、经论、时务策为主,促进了士大夫阶层对艺术、科技、自然、数学、政治、社会的新兴趣和看法。富裕士大夫家庭的增加、活字印刷术的推广、闲暇时间的增多,以及官办学校和私立书院的蓬勃发展(有记录的私人书院至少有 124 家),以周敦颐、张载为代表的理学得以广泛传播。简而言之,这是一次中国式的"文艺复兴",是一个新的、全面的知识时代的展开。正因如此,两宋在经济、艺术和科学发展上都达到了历史高峰。宋代的瓷器、山水画、丝绸、制图、造船、家具以及室内设计都成为中华文明的典范。

两宋时期社会生产力飞速发展,呈现出农、工、商并行发展的态势。农业仍然是社会生产最根本的组成部分,北宋时期北方粮食产量平均亩产不过一石,南宋时期由于政治经济重心的南移,以苏州、湖州为中心的太湖流域,粮食产量在丰年每亩可达五六石,远远高于全国其他地区,出现了"苏湖熟,天下足"的局面。农业的发展,必然促进手工业和商业的发展,其中包括与海外贸易关系密切的陶瓷业、造船业和贩运商业等。

在北宋,人口过 10 万的大城市超过 40 座,而唐代只有 10 座。两宋城市规模已超越中世纪时期的欧洲,当时全世界最大的 10 座城市中的 5 座都在宋朝。城市的繁荣带动了饮食业的发展,饮食业需要大量的日用器皿,进而带动了宋代陶瓷业的迅速发展,使得当时大江南北的名窑如雨后春笋般发展起来。

宋代斗茶之风盛行,而斗茶的主要茶具为黑釉茶盏,亦称建盏,多为建窑烧造。饮茶与尚瓷之风推动了瓷器的兴盛,在此风气影响下也出现了很多民间窑场。随着瓷器生产的数量增多,陶瓷产品除用于国内消费外,部分产品也被运往国外进行销售,进而推动了海外贸易与瓷器外销的发展。

宋代可以说是中国陶瓷史上的一个高峰时期,名窑竞出,品种众多。陶瓷手工业获得了前所未有的发展,很多地区都有窑炉与工场。受当时皇家重视和文人们青睐的有"定、汝、官、哥、钧"五大名窑,其产品精美,大量产品提供给皇家,少部分产品提供给一些达官贵人(除官窑外)。还有产品主要流行于民间的窑口,如北方的磁州窑、耀州窑,南方的景德镇窑、吉州窑等,这些窑口生产的瓷器不仅满足了当时人们的生活需要,还以其独特的风貌、自由奔放的艺术风格为后世陶瓷工艺的发展做出了贡献,尤其是为后世元、明、清彩瓷的发展打下了基础。宋代的瓷窑遍布大江南北,是中华人民共和国成立以来考古发现窑址最多的朝代。这些不同的窑口创造了众多陶瓷品种,不论在陶瓷产量还是质量方面,都取得了很高的成就。这时的釉色也逐渐增多,除了传统的青釉、白釉和黑釉外,还创造了彩釉瓷、花釉瓷等。装饰方法也是丰富多彩,有刻花、印花、堆贴、绘花,以及运用树叶、剪纸贴饰等。当时,陶瓷制作的生活用品几乎代替了大多数金属制品、漆器制品。

伴随着宋代海外贸易的发展,宋王朝国内的金银铜钱大量外流,一度出现钱荒的现象,极度影响国家经济稳定,因此宋朝政府规定凡外货不用金银铜钱,而以绢帛、瓷器为代价博易,也就是把瓷器作为货币的传统易货贸易。这种做法不仅可以防止金银大量外流,而且可以通过陶瓷的外销增加国家的财政收入。但是宋代铜钱已成四方通用,因此虽有禁令,却形同虚设。为此,宋代政府允许民间输钱于京师财政部门(古库藏),政府发给证券,持券人可到有关地方州府去支取现钱,俗称"交子"。开宝三年(970年),朝廷设置了专职汇兑机构——便钱务。宋徽宗崇宁年间(1102—1106年)改名的"钱引"、南宋绍兴元年(1131年)在江南实行的"见钱关子",都是北宋初年"交子"的延伸,是当时代表金属货币的汇兑票据,极大地推动了宋代商品经济的发展。在中世纪社会,宋代的商品经济非常发达,甚至在许多领域领先于地中海地区那些经济发达区域。

宋代造船技术较之唐代有很大的进步。宋太宗时,全国年造海舶、河江舟船3000余艘,京城设有"造船务"(相当于船舶局),指南针也普遍应用于海舶。南宋钱塘人吴自牧在《梦粱录》卷12中说,宋时海船"大者载重达五千料(《明会典》称:一料相当于一石,即 60 千克),载五六百人"。南宋周去非在《岭外代答》中这样描述宋代一种"巨舟":"浮南海而南,舟如巨室,帆若垂天之云,柁(舵)长数丈。一舟数百人,中积一年粮。"可见,宋代船只不仅载重量大,而且船体坚固,结构良好。宋代徐兢在《宣和奉使高丽图经》卷 34 中说,船体"皆以全木巨枋,挼叠而成"。1974 年,福建泉州出土的宋船残骸,可以作为明证。

第二节　宋代的外贸管理体系

一、对外开放政策

宋代继续并发展了唐代的对外开放政策。北宋初年,宋太宗于太平兴国年间(976—983 年),在京城(今开封)设置榷易院(这是我国历史上最早的专业性外贸中央机构),通知福建、广东、浙江各路建置市舶司的口岸,"宜循旧法,以招徕远人,阜通货贿"。雍熙四年(987 年),特遣内侍八人分四路出使,"各往诸国勾招进奉博香药、犀象、珍珠、龙脑"。元丰三年(1080 年),北宋颁布了《市舶法》,这是我国历史上第一部关于进出口贸易的经济法典。宋把实行对外开放政策视为重要国策,要求各市舶司对外商多做宣传解释,"示以条约,晓之以来远之意"。南宋绍兴年间,广州市舶司提举官袁复一甚至因为不能招徕互市而受降职处分。

市舶收入是宋代财政收入的一项重要来源。北宋初年,一年"稍增其价,听商入金帛市之,恣其贩鬻,岁可获钱五十万缗"。一缗钱就是一贯钱,相当于一两银子。南宋偏安东南沿海,赋源锐减,而军费、官俸、朝廷开支浩繁未减。对南宋朝廷而言,海外贸易在经济上的作用,较北宋更为重要。南宋初年,赵构在位时也知市舶之利对朝廷关系重大,故屡诏发展海外贸易。绍兴十年(1140年),仅广州港的市舶收入,即达 110 万贯,是北宋初年的两倍多。绍兴年间,广州、泉州、明州三大口岸的外贸平均年收入约为 200 万贯,为北宋外贸收入的两倍多。

与唐代相比,宋代的海外贸易管理条例更加详细。如:严禁走私贸易;出海贸易者必须事先经过申请,得到官方允许,才可在规定期限内往返;每艘船由官方指定纲首、副纲首,代表官方管理全船;货船出海之前官方派人对商品进行审核,纳税后方可出海;外国或本国商船进港后,必须先向市舶司申报,然后,市舶司官员上船清点船员和货物,并按照规定收取税款和进行榷买,待完成这些程序之后,商人才能自由买卖货品;进口货物上岸后先由当地市舶司(或市舶场、市舶务)按规定"抽解",税率在10%至40%不等。

宋代对进口货物采取"禁榷"和"听市"两种方法。"禁榷"是指对进出口货物中的"细色货物"类(即高档商品)和"粗色货物"类中的一部分,由政府独家经营,就是统购统销。细色有70种,粗色有110种,两项合计180种。其他140余种货物多属粗色货物,则由口岸就地"听市"销售。

同时,宋政府还立法保护外商的合法权益。北宋元符二年(1099年)订立了关于海上贸易的"防守、盗纵、诈冒断罪法"。同时,朝廷还规定了外商船舶遇险救助办法:如果外商船舶遭风浪损坏,或舶主失踪,官府应负责抢救,并且登录全部货物,允许其亲属取回;外商合法所得,允许他们自由处理,也允许他们的子孙合法继承;如遇风水不便,船破桅坏者,即可免税;外商若收到当地官吏敲诈勒索,准许越级上诉。

除此之外,边地互市对宋代的社会经济也有着明显的作用。宋、辽、金长期对峙,但仍长期互市,不过时断时续而已。宋与辽、金的贸易,主要通过官方控制的"榷场"进行。南宋的盱眙军榷场(今江苏省盱眙县)和金朝的泗州榷场(今江苏省泗洪县东南,与盱眙隔洪泽湖相望)进行互市。互市中,南宋的转口贸易不仅增加了南宋的财政收入,而且有助于南北和平的环境。

二、进出口管理机构

市舶制度起源于唐,发展于宋。宋代的市舶体制,较唐代更加完善,基本职能也较唐代明确。960年,北宋建国不久,就设置提举市舶"掌蕃货、海舶、征榷、贸易之事"。宋太祖开宝四年(971年)置市舶司于广州。到宋真宗咸平二年(999年),杭州、明州相继建置市舶司。宋哲宗元祐二年(1087年),在福建泉州设置市舶司。至此,南方的三路舶司相继成立。除在广、泉、明、杭这些老口岸设置市舶司外,一些新兴的小口岸还建置了舶务和舶场。这些新口岸除山东密州的板桥镇外,大多在长江三角洲,如上海镇(后改为上海县,今属上海市)、华亭县(今上海市松江区)、澉浦镇、青龙镇(遗址位于上海市青浦区)、江阴和温州。

南宋孝宗乾道元年(1165年)又罢杭州、明州两处舶司,但仍保留各处舶务和舶场,舶司则集中在广州、泉州,罢废了浙江路舶司,留下的称为闽广两路舶司。

宋代制定的管理进出口贸易的市舶条例,是世界上最早的进出口贸易法规,内容详尽,可称封建社会经济立法的典范。因其行之有效,后来成为元代市舶条例的蓝本。宋代市舶司的职能是多方面的,其机构也比较简化,可以归纳为:

(1)颁发"公凭"。"公凭"就是古代的许可证。随着开放政策的贯彻,海外贸易日趋频繁,经由广州市舶司呈报朝廷。宋徽宗崇宁三年(1104年)颁行了关于"番客(外商)及土生番客(出生在中国的外商),愿往他州或东京(开封)贩易物货者"申请公凭的办法。外商必须向市舶司提出申请,经过市舶司的"勘验诣实,给予公凭",外商凭此证明可往他州或京师经商,但沿途仍应接受前路官府的查验,并"不得夹带禁物及奸细之人"。至于进出口的商舶则必须持有政府发放的"公凭"才能进港或出洋。出海互市要有公凭,这是汉代开创的规矩。所以宋初建立市舶司时,就明确规定出海商舶申领公凭引目。王安石变法期间,再次整顿市舶章程。宋神宗熙宁七年(1074年)诏令:福建沿海口岸有南洋各国商舶到达,在验是否有公据,如已经抽买(征税),凭"回引"(即税据),即许通行。如果没有照证或货物未经征税,作为无证或逃税而押赴市舶司查处。国内商人买到政府抽解下来的代税实物,也要往市舶司申请公凭引目,方能去他州贩易,没有引目者概以漏舶法(逃税)处理。北宋元丰三年(1080年)曾颁布过《市舶法》。据《宋史·食货志下》"互市舶法"条说:"商人出海外蕃国贩易者,令并诣两浙司市舶司请给官券,违者没入其宝货。"所谓"官券",也就是公凭之类的证明。

据《宋会要辑稿》记载,宋代市舶规定:"如不出引目,许人告,依偷税法。"《宋会要辑稿》原本久已失传,现在的《宋会要辑稿》系清嘉庆十四年(1809年)从《永乐大典》中辑录而成的,其基本内容尚可信。由此可见,宋代的市舶法规已相当完善。

(2)抽解征税。唐代对进出口货物已有"舶脚"和"下碇"等税名,如《唐国史补》说:"南海舶,外国船也……至则本道奏报,郡邑为之喧阗……市舶使籍其名物,纳舶脚,禁珍异。""纳舶脚",就是征进口税。

宋代征收进口税,称为"抽解"。《宋会要辑稿》记载:"闽广市舶旧法,置场抽解,分为粗细二色,搬运入京。"粗色指一般进口货物,细色指名贵进口货物。北宋初期,将珍珠、龙脑之类列为细色货物,每批五千两谓之一纲,由地方市舶司押送中央榷易院。一般货物(粗色)的税率为十分之一。北宋仁宗曾下诏杭明广三州市舶司,"海舶至者,视所载十算其一而市其三"。南宋绍兴十七年(1147年)十一月再次诏三路市舶司:"今后蕃商贩到龙脑、沉香、丁香、白豆蔻四色,并依旧抽解一分,余依旧法施行。"

(3)禁榷和博易。市舶司是海关和进出口业务结合在一起的职能机构。颁发凭引、抽解舶脚等,原是海关的职能,禁榷(专营)和博易(买卖)却是进出口业务,但二者都归市舶司掌管。这样,海关和外贸的结合就成为我国市舶制度的一个主要特征。

市舶司对进口的粗细货物,先予抽解10%到20%,余下部分则视其是不是禁榷货物,如属禁榷物品,则由市舶司代表国家全部收购;如不属于禁榷物品,则根据货品的好坏、朝廷的需求而适当收购,收购后的余货和不收购的货物,允许民间贸易。市舶司是亦官亦商的机构,它的资金来源是朝廷贷给的"折博本钱""博易本钱"或"市舶本钱"。市舶司有朝廷做后台,权势显赫,一般商民绝不敢与其争高低。它独揽厚利,成为宋代重要财政来源之一。

(4)招徕互市,以礼相待。市舶司的基本任务是"招徕远人,阜通货贿"。它根据《市舶法》,向外商解释中国的对外贸易法规,晓谕外商侨居在中国必须遵守中国法度,其合法权益方可得到政府的保护。市舶司还给予外商一定的礼宾待遇。因无动力机械,海舶往返多凭贸易信风,往返有时。早在宋代初年,对离境的外舶已实行犒宴送行的制度,"每年发舶月分(份),支破官钱,管设津遣。"宴请的对象有"蕃汉纲首(中外货主)、作头(船长)、梢工(海员)等人,各令与坐,无不得其欢心。"这种具有"柔远之意"的宴送制度,先在广南市舶司(广州)实行,而后又在福建市舶司推行。

三、对外贸易地理方向

两宋时期,由于西北陆路对外贸易的交通先后遭受辽、西夏和金的阻挠,因此,政府特别重视海路贸易。我国东南地区农业、手工业的发展与海上交通的进步,给宋代海外贸易提供了有利条件。据《萍洲可谈》记载:北宋时,已是"舟师识地理,夜则观星,昼则观日,阴晦观指南针",这是世界航海史上最早使用指南针的记载。南宋时,指南针已由浮针演进到罗盘导航,为今天海图经纬化的雏形。

从《岭外代答》《诸蕃志》等记载了与中国通商国家情况的专著可以得知，两宋时期与中国通商的国家有 58 个之多。在贸易线路方面，宋代仍然沿袭唐代的海上贸易路线。其中南海—印度洋航线不仅因频繁的海外贸易而显得生气蓬勃，而且能从广州伸向更远的地方。当时，宋朝已与东非国家有直接的经济贸易往来。宋神宗时，东非沿海的桑给帝国（基尔瓦王朝），派遣使臣层伽尼两次到中国来通好，其航程是先沿东非海岸北上，转入波斯湾，再循广州通海夷道而辗转来华，海上航行 160 多天。宋政府向桑给帝国提供了大批锦绮、彩绢等丝绸制品，并赠白银 2000 两，封层伽尼为"保顺郎将"。

《诸蕃志》提到的东非的"弼琶啰国"就是今天的索马里柏培拉一带，"层拔国"就是桑给巴尔的音译，两国都和宋朝有直接的贸易往来。弼琶啰国的龙涎香、象牙、犀角、木香、苏合香油、玳瑁，中理国（即申理国，索马里的古称，见《诸蕃志》）的乳香，层拔国的象牙、龙涎香、黄檀香等物，都从东非远道而来中国，而中国的丝绸、瓷器和大量铜钱，又远道运去东非，尤其是瓷器和钱币，已被大量出土文物证实。唐代的广州通海夷道在宋时已延伸为一条从广州、泉州出发，直抵东非的亚非远洋航线。这条航路把印度洋西岸和太平洋东岸的广大地区联结了起来。可见，1000 余年前，中国和非洲的贸易航线，已经正式形成，它不仅比哥伦布发现新大陆时的航程要长得多，而且早了约 500 年。

与宋代开展贸易的国家远较唐代为多，东起日本，西至天竺、大食、层拔等40 余国，涉亚洲、非洲和欧洲等地，皆有宋代货物流通。日本、朝鲜、菲律宾、印度尼西亚、马来半岛、印度半岛、波斯湾沿岸、伊朗、索马里、肯尼亚、坦桑尼亚、埃及和西班牙等地，先后都有宋代钱币和陶瓷出土，印证了宋与这些地区的经济贸易关系。

四、主要通商口岸

两宋时期先后在广州、庆元府（明州，今宁波）、泉州、嘉兴府（除海宁外的今嘉兴市）、华亭县（今上海市松江区）、镇江府、平江府（苏州）、温州、江阴军（今江阴）和澉浦镇等地设立市舶司、市舶务，专门管理海外贸易，其中以广州、泉州和明州最大。泉州在南宋后期更一跃成为世界第一大港和海上丝绸之路的起点。

广州港是北宋对外贸易的中心，也是最大的港口。历史上一度有"交、广两州并立岭南"的局面，到了宋代已经完全为广州独占。交州衰落，占城（越南）的阿拉伯商人纷纷迁居广州,致使广州番坊热闹程度又胜于唐代。在全国对外贸易总额中,广州占有压倒性的比重。以大宗进口物乳香为例,北宋熙宁九年(1076年)、熙宁十年(1077年)、元丰元年(1078年),广州、明州、泉州三处口岸博易乳香354400余斤,而广州一港即占348600多斤。两宋瓷器大量出口,也主要通过广州港。摩洛哥旅行家伊本·白图泰到广州后说:"广州是世界大城市之一,市场繁华,为世界各大城市所不能及,其间最大的莫过于瓷器市场。"宋代时期的广州港,对南方经济的发展起了巨大的作用,而且带动了泉州、明州、上海等港的发展和兴起。

南宋迁都杭州,加强了浙闽间的联系,泉州港的优势逐渐显现出来,广州港的弱点也逐渐暴露。浙闽水路相通,货运便宜;而广州与内陆的联系,关山险阻。南宋时期,广州、泉州一度并驾齐驱,后来,泉州港渐占上风。南宋建炎二年至绍兴四年(1128—1134年)的7年间,泉州市舶总得不超过98万贯,到了绍兴末年,一年收入即等于以往7年的总和,可见泉州贸易的发展速度。南宋视泉州为经济命脉所在,故移大批宗室定居泉州,并让皇室成员掌管泉州市舶司,反映了南宋政府对泉州经济的倚重。许多阿拉伯商人也从广州迁到泉州定居。

宁波在唐开元二十六年(738年)名为明州,南宋庆元元年(1195年)改明州为庆元府。明州在宋真宗咸平二年(999年)置市舶司,除了与日本、高丽进行贸易外,通往东南亚、西亚的贸易船也时有来往。宁波地处东海之滨,土地肥沃,物产丰富,航道畅通。市区在甬江、奉化江和余姚江的汇合处,向北顺甬江入海,旁边的舟山群岛是海防要地;向西循余姚江到上虞,渡曹娥江往西,过钱塘江到杭州,再连通京杭大运河,衔接江淮、京津,是一个内河外海联运的理想港口,也是宋代时期我国对外贸易的重要港口之一。

温州港位于瓯江口南岸,东临东海,水陆交通方便,瓯江、飞云江流域的手工业品、农副产品汇集到温州销售,这里逐渐成为浙南的经济文化中心。温州造船业发达,在南宋后期每年"造船以六百只为额",在全国造船业中占有重要地位。同时,这里漆器、刺绣、造纸等手工业也很发达。为了加强通商贸易管理,温州在南宋初年设置了市舶务,是我国对外通商的口岸之一。

华亭县素有东南大县之称,北宋熙宁七年(1074年),因其习俗之名,建立上海镇。大观元年(1107年),设置市舶务,这里的规模和力量虽不及广州、泉州、明州三大港,但孕育着巨大的潜力。

第三节　宋代陶瓷的外销

一、宋代陶瓷外销的规模

宋代外销物品中虽然丝瓷并重,但在北宋时,丝仍占首位。到了南宋,随着北方丝源的减少,瓷器的出口大量增加。近几十年来,东南亚各国考古发现的宋代外销陶瓷都为此提供了许多翔实、可资印证的实物资料。成书于南宋理宗宝庆元年(1225年)的《诸蕃志》作者赵汝适列举了当时亚洲有15个国家,都是用瓷器进行贸易的。我国古陶瓷专家冯先铭在《古陶瓷鉴真》一书中说:"我国陶瓷在唐代已有相当数量输出国外,入宋以来,瓷器对外输出有增无减。在亚洲的东部、南部、西部及非洲东海岸很多国家都发现有宋代瓷器。"

宋崇宁四年(1105年)两浙路市舶司签发给泉州客商李充的公凭,可以帮助我们了解宋代外销瓷贸易的相关情况。李充的公凭在日本古代典籍《朝野群载》卷20《大宰府附异国大宋商客事》中保存了下来。公凭中记载李充"今将自己船一只,请集水手,欲往日本国,转买回货。经赴明州市舶务抽解,乞出给公验前去者",而所带的货物有"瓷碗二百床,瓷碟一百床"。从这里我们可以看出宋代泉州地区与日本的陶瓷器贸易交流情况,一个普通商人的贩运数量就有如此之多,可以推知当时中国与日本的陶瓷贸易盛况了。

两宋时期外销瓷器数量急剧增长,有力地刺激了中国各地制瓷业的发展。从产地来看,两宋时期外销瓷的产地比唐末明显增多。生产外销瓷的窑场主要可分为两种情况:一是八大窑系中的一般民窑,以生产内销瓷为主,兼烧一些外销瓷,比如属于越窑系的上林湖窑、上虞窑,属于耀州窑系的耀州黄堡窑以及河南的青瓷窑场,龙泉窑系的窑场,江西景德镇的青白瓷窑场等;再一种是专门生产外销瓷或以生产外销瓷为主的窑场,这类窑场主要集中在广东、福建沿海地区,它们的大量兴起源于瓷器的大量外销,而其主要集中于沿海地区的原因,则与外销瓷的运输方式有关。

二、宋代陶瓷外销的主要方式

自宋太宗端拱元年(988年)起,中国私商只要在官府备案后就可自由出海,进出口货物照章抽分。这是中国海外贸易历史上的第一次重大转折,民间海外贸易从此异常繁荣,完全压倒官方朝贡贸易。民间海外贸易发展迅速,中国瓷器成为主要的大宗商品,有青瓷、白瓷、青花瓷等10多个品种。

三、宋代陶瓷外销的商品结构

北宋时期,外销瓷的主力产品是浙江越窑系青瓷(越窑青瓷与温州窑青瓷)、江西景德镇窑白瓷与青白瓷、广东广州西村窑制品、广东潮州窑白瓷等。另外,耀州窑青瓷、定窑白瓷、磁州窑系等北方陶瓷器也对外输出,不过数量不多。进入北宋末年,龙泉窑青瓷与福建陶瓷开始外销。

至南宋,广东陶瓷与越窑系青瓷的输出数量变少,转以浙江龙泉窑青瓷、江西景德镇窑青白瓷、福建陶瓷为外销陶瓷的大宗。由于福建泉州港是当时陶瓷外销的主要港口,故福建陶瓷逐渐取代广东陶瓷成为占较高比例的外销瓷。福建生产的陶瓷种类丰富,包括仿龙泉青瓷、仿景德镇青白瓷。不过品质较龙泉青瓷、景德镇青白瓷要差,另有白瓷、黑釉瓷、酱釉瓷、铅釉陶器。广东海域发现的"南海一号"沉船及西沙群岛的"华光礁一号"沉船,发现有龙泉窑青瓷、景德镇青白瓷、磁州窑的酱釉和铅釉陶器,以及福建产的仿龙泉青瓷、青白瓷、白瓷、黑釉瓷,数量上以福建陶瓷居多。福建青白瓷又以德化窑、安溪窑等闽南的产品占大多数。

1. 哥、汝、钧、定窑

北宋以哥、官、汝、钧、定诸窑著称,除官窑外均有出口。哥窑位于浙江,是龙泉瓷的开创者,它本身也是越窑的继承者。汝窑瓷又称汝窑青器,继柴窑风格而来,色似"雨过天青"。钧窑以瓷釉彩色著称,但以胭脂、朱砂二色为上品,有红瓷、紫漆之名,其细润不及汝窑。定窑继承了邢窑白瓷的特点,精制成"粉定瓷",虽与唐代邢窑同属白瓷系统,但定窑有煅烧过程中产生的窑变品种,最佳者称为"红定"。定窑的粉定瓷都是有花纹的,窑变为红色,诗人苏轼在《试院煎茶诗》中就有"定州花瓷琢红玉"的诗句。因为定窑是北方的名瓷,宋室南渡杭州后,在景德镇又建定窑,史称"南定",继续制作定瓷产品。

2. 龙泉窑

龙泉窑位于浙江省西南部的龙泉及邻近等地,共计250多处,是以民窑为主体的窑系,始终受到市场需求规律的支配。龙泉青瓷的大宗外销,是从南宋开始的。南宋在温州设立市舶司以后,为龙泉产品的外销创造了更为有利的条件。龙泉窑的产品除大量外销以外,还有部分供给国内市场。在宋代民窑诸窑系中,龙泉青瓷的兴起是最晚的,但由于有海外市场的支持,它迅速发展为一个窑场众多的庞大窑系。龙泉青瓷运销的足迹遍布东亚、东南亚、西亚和北非。北非的埃及,是出土龙泉青瓷最多的国家,在开罗古城福斯塔特遗址出土了从北宋晚期到南宋时期的大量龙泉青瓷残片。

3. 广东陶瓷

广州是唐至北宋时期南海海上丝绸之路最重要的港口。因此,在北宋时期广州能广泛接触到全国各地的名窑产品。由于对外贸易的大量需求,广东各地纷纷建窑仿造各名窑产品。迄今在广东发现的宋代窑址有80多处,在广东地区的众多窑址中主要生产外销瓷的有广州西村窑、潮州笔架山窑、惠州窑、南海奇石窑和雷州窑,其中最具代表性的是西村窑和笔架山窑。

西村窑的产品有40多种,其中大部分是日常生活用品,有少量杂器,釉色以青釉为主。笔架山窑的产品有20多种,也以日常生活用品为多,而人像与佛像、鱼形壶、莲瓣形座炉、小西洋狗瓷塑等是其特色产品,釉色以青白釉(影青)为主。西村窑以及广东其他的北宋窑场,都是随着北宋时期广州对外贸易的发展而发展起来的。宋室南渡以后,政治、经济中心南移至临安(今杭州),使得广州曾经辉煌一时的口岸地位让位于泉州。加之广东地区的制瓷业无论是资源条件还是技术基础,都远远比不上闽浙地区深厚,导致广东的许多窑场在南宋时都受到严重打击甚至停止生产。西村窑、惠州窑等窑场正是在这种情况下走向了衰亡。从考古发掘和调查的情况来看,东南亚、西亚诸国,和国内的南海交通航道上的西沙群岛海域出土了不少上述窑口的产品,其中尤以西村窑和笔架山窑的为多。西沙群岛海域发现了西村窑的典型产品,如点彩瓶、点彩罐、划花大碗等。同时,在此海域及其他海上贸易相关的地点,如海南岛的陵水县海滩、琼山县(今海口市琼山区)西行村、西排湾等地,也发现有潮州窑的青黄釉瓶、罐,青白釉小口壶、盒等器物。

4. 福建陶瓷

福建外销瓷产区依托市舶泉州港,在宋代处于窑业鼎盛期。福建的瓷窑体系是由闽江上游的建阳地区、闽江口沿岸以及闽南地区三大瓷窑密集区共同组成的。窑址遍布全省各地,不仅数量多、规模大,而且陶瓷产品种类齐全,往往一处窑场兼烧几个品种的瓷器。福建形成了黑釉瓷、青瓷、青白瓷三大瓷系鼎足而立的窑业生产繁荣局面。同时,福建还善于吸收外来先进的制瓷技术,出现绿釉、褐釉、黄釉、釉下褐彩、剔刻花等瓷器装饰工艺,这些工艺丰富了福建窑业生产的内涵,促进了福建陶瓷产品的外销。

宋代尚斗茶,尤以黑盏最为适宜,促进了黑釉器生产迅速发展。福建黑釉器在这一时期达到巅峰。北宋中期以来,建窑因烧造兔毫、油滴、曜变等精美斑纹的黑釉茶碗而称誉当世,各地窑场竞相仿制,产品远销日本。与广东外销瓷产区相同,位于今厦门的同安汀溪窑以及位于今莆田的庄边窑皆为仿制浙江龙泉窑的外销瓷窑,器型主要是碗,其次是盘、碟、洗。

同安窑瓷器在福建及邻近地区墓葬及古遗址里极少出土,但在亚洲一些国家却出土不少,证明同安窑是一处专烧外销瓷的瓷窑。被誉为"珠光青瓷"的同安汀溪窑青瓷是众多闽南外销窑中仿制龙泉青瓷最为出色的。

庄边窑临近泉州港,其瓷窑烧造规模大、时间长,产品极力模仿海外畅销的龙泉青瓷和同安珠光青瓷。因此以该窑为代表的莆田民间窑业生产,与海上贸易活动存在密切的联系。目前,在东南亚(例如印度尼西亚)、日本(例如博多遗址),都发现了庄边窑的瓷器。其中日本的博多"在11、12世纪成为中国陶瓷器外销日本的集散地"。

与上述两个外销窑不同的是,泉州地区的外销窑所仿烧的名窑产品种类更为复杂,从器物类型、装饰特征等方面仿烧越窑、景德镇窑、龙泉窑、磁州窑等。近年来,泉州所属各县已发掘的瓷器种类繁多,有青瓷、青白瓷、白瓷和黑瓷等。除了生产常规产品外,泉州还根据海外市场具体需求定烧,比如,具有异域特色、器型独特的瓷器龙纹大罐、军持(一种盛水洗手用具)、小罐等。晋江的瓷窑和德化的盖德窑(碗坪仑窑)发现有大量军持,相同类型的军持在东南亚一带也有发掘。军持在国内很少使用,可见,应是专为外销而生产的。在"南海一号"沉船中,出现大量极具异域风格的瓷器,如仿银器的瓷碗、类似阿拉伯人手抓饭时使用的喇叭口瓷盘。"南海一号"上发现大量印着中东及东南亚地区特色花纹或镀铅仿银的瓷片,还有层叠摆放的铁锅等,可以推测船主用中国的原材料为国外客户定制生活用品,证明了当时已有瓷业"来样加工"的贸易形式。2010年,福建安溪发现了宋代青白瓷窑址。泉州市考古专家陈建中认为,采集到的瓷器标本不论从器型还是花纹来看,均与"南海一号"上打捞出来的瓷器相一致。在西沙群岛华光礁发现的"华光礁一号"沉船中,出水瓷器绝大部分产于福建一带,另有少量为江西景德镇的产品,基本属于南宋晚期。在沉船中,"闽南民窑的产品在发现的瓷器中占绝大多数,所占比例超过90%",品种主要有青白瓷、青瓷和黑釉瓷,还有数量不少的供装饰用的德化窑系粉盒,总数量多达6000余件。

5. 景德镇青白瓷

景德镇窑始烧于五代,至宋代制瓷技术已臻成熟,在五代已崭露头角的景德镇窑场出现了村村窑火、户户陶埏的繁荣场景。在今景德镇郊区的柳家湾、南市街、朱溪、寺田、枧田、杨梅亭、湖田、石虎湾、黄泥头等古窑址中都发现了大量的宋代陶瓷堆积层,这证明了宋代景德镇民间窑场开始逐步向景德镇市区集中,制瓷的工艺水平也有了很大的提高。景德镇得名也正是和这一发展趋势紧密联系在一起的。《江西通志》载:"宋景德中置镇,始遣官制瓷贡京师,应官府之需,命陶工书建年'景德'于器。"蓝浦《景德镇陶录·卷五·景德镇历代窑考》载:"天下咸称景德镇瓷器,而昌南之名遂微。"自真宗朝开始,终宋一代,宋王朝都在景德镇设置税收机构,即所谓"监镇",官监民烧。由此可见,宋代景德镇的制瓷业是民营手工业,它的发展情况也是宋代社会商品生产发展情况的缩影。

有关宋时景德镇所制瓷器的特色,《景德镇陶录·卷五·景德镇历代窑考》中记载:"(景德镇窑)土白壤而埴,质薄腻,色滋润……其器尤光致茂美,当时则效著行海内。"蒋祈在《陶记》中回顾北宋时的景德镇瓷云:"皆有饶玉之称。"

当时景德镇的主要瓷器产品是胎薄釉净、色泽如玉的青白瓷,并以质纯工巧而称冠群窑,是能比较集中地代表宋代制瓷水平的一个名贵品种。在它的影响下,今福建、广东、四川、浙江、安徽、湖北、云南、广西等省、自治区当时的许多窑场,无不纷纷仿烧青白瓷,甚至在我国陶瓷史上结成一个"青白瓷窑系",影响深远。在江西地区,仿烧青白瓷的窑场主要有吉州窑、南丰白舍窑、赣州七里镇窑、宁都窑、乐平窑、靖安窑等。

从工艺技术、生产规模和商品流通的范围来判断,景德镇到南宋后期已经是我国最大的窑场了,并且从宋中期开始逐渐脱离农业而独立,出现了分工比较复杂的协作情况。

6. 吉州窑

吉州窑也是南宋主要窑场之一,在今江西省吉安市永和镇。吉州,汉代叫庐陵县,三国时改为庐陵郡,隋唐后称吉州,五代时烧瓷,至北宋景德年间,已有置监镇司掌瓷窑烟火事。吉州窑兴起的原因,主要还是海外贸易。吉州窑位于赣江中游,唐宋时期广州港货物的北运和南出,多走赣水,然后越大庾岭,吉州、赣州都处于有利地位。瓷器是唐宋时期的主要出口品种,吉州窑在宋代即有20多处,显然不少是供出口之用的。吉州窑受龙泉青瓷和福建黑瓷的影响,虽有仿哥窑的"百圾碎",但主要还是生产黑釉产品。南宋灭亡时,吉州窑遭到毁灭性的破坏,从而衰落了。

四、宋代陶瓷外销的主要市场

宋代是我国陶瓷外销的一个蓬勃发展时期,外销瓷的数量与规模、运送的国家范围等均在前代的基础上大为增加。宋代生产的瓷器远销东亚、东南亚、西亚、北非、东非等地,拥有巨大的海外贸易市场,其盈利也为两宋朝廷减轻了财政负担。

1. 东亚地区

在我国与日本的经济文化交流中,陶瓷贸易也占据着很大的比重。外销到日本的宋瓷,从出土资料上来看,绝大多数是北宋后期到南宋时期生产的。出土器物以盘、碗居多,瓶、罐、壶、水注、经筒也有一定的数量,其中经筒为佛教用物,在我国不曾见到,似为日方定制。出土物的产地与品种以我国浙江龙泉窑或龙泉系的青瓷为多数,里刻花、外浮雕莲瓣纹的碗出土较多,这类产品在龙泉古窑址中有大量发现。此外,还有江西景德镇的青白瓷、福建晋江流域诸窑的青瓷和白瓷、福建建阳和江西吉州等地的黑瓷、广州西村窑的褐釉瓷等。

2. 东南亚地区

菲律宾出土中国瓷器较多,其中出土的宋瓷包括越窑系青瓷、龙泉系青瓷,如刻花五管瓶、梅瓶;福建地区的刻花青白瓷;景德镇的青白釉加褐斑瓷器。

文莱出土中国瓷器的地点主要在古都柯达巴都,出土宋代瓷器有福建、广东地区的刻花青白瓷,黑色或深褐色磁州窑系产品,以及龙泉窑系产品。

马来西亚发现有宋代福建德化窑、磁灶窑等出土的青白瓷、青瓷和白瓷。其中,德化窑产品有仰覆莲花瓣纹小瓶、印纹盒、军持、折沿刻划大盘,其他还有浙江地区越窑青瓷、龙泉窑珠光青瓷,以及广东西村窑、潮州窑的青白瓷。

东南亚地区出土的宋元时期的中国瓷器主要有广州西村窑瓷器、潮州窑瓷器、浙江龙泉窑瓷器、江西景德镇窑瓷器、福建德化窑瓷器、福建同安窑瓷器、福建泉州磁灶窑瓷器等。

3.北非地区

埃及福斯塔特遗址经发掘,出土了大量中国瓷器,其中有宋、元时期的龙泉青瓷片,也有景德镇青白瓷和青瓷残片。

4.西亚地区

在西亚地区,阿曼曾发现有西村窑的刻花碟,并且出土有南海奇石窟的黑釉翠蓝窑变釉四耳罐。

5.其他地区

在泰国、印度、巴基斯坦、伊拉克、印度尼西亚、坦桑尼亚等地区均发现有中国宋代的陶瓷器,可见这个时期陶瓷外销几乎遍及南亚、东南亚各个国家。瓷器种类也丰富多样,既包括一些普通的日常生活用具,如碗、碟、杯、瓶、壶等,还有一些特殊的器物,比如军持等具有外来文化色彩的器物。

五、宋代陶瓷外销的主要路线

两宋时期,全国各窑口的陶瓷通过水陆联运,转长江出海,到宁波、泉州;或由闽江水系出海到福州、泉州、厦门,经东海到日本、北美洲;或由珠江水系到广州、澳门,经南海到东南亚,绕马六甲海峡,达西亚、非洲、欧洲。

宋代的航线,主要有航行到东亚、东南亚诸国的航线及通往波斯湾等地的印度洋航线。这时期中国航海的成就主要表现在印度洋航线上。一是可从波斯湾沿海岸向西行进而到达红海的吉达港,然后上岸陆行至麦加;也可以在苏丹边界的埃得哈布港上岸,驮行至尼罗河,再顺河而下到福斯塔特;还可以从红海口越曼德海峡到东非诸国。二是开辟了从马尔代夫马累港直达非洲东海岸的横渡印度洋的航线。

复习与思考

1.宋代的对外贸易政策与唐五代时期的对外贸易政策有何异同点?

2.宋代的贸易伙伴与唐代相比,有何不同?

3.宋代我国陶瓷的外销存在哪些特点?

4.试用国际贸易理论解释宋代我国陶瓷贸易迅速发展的原因。

5.宋代我国陶瓷的外销贸易产生的贸易利得有哪些?

第三章　元代中国陶瓷的外销

【案例导入】

中国元代古沉船:新安海底沉船

1976 年,在韩国全罗南道新安郡道德岛海面作业的渔船,起网时曾发现几件中国瓷器。以此为开端,韩国政府直接参与,由文化公报部所属的文物管理局组成调查团,由海军派潜水员协助,于 1976 年 1 月进行试发掘,查明确有木质船体遗存。随着调查的进行,沉船的平面轮廓大致现出,残长约 28 米,宽 6.8 米,船首向西北方向(323 度),埋在水深 20 米的海底,船身向右倾斜约 15 度。船体由 7 个舱壁分隔成 8 个舱,上半部已经腐朽,船舱埋在海泥里的那部分得以免于损坏,尚可辨认出原来的形状。

新安沉船打捞文物揭秘

在 1976 年到 1982 年的 7 年间,发掘打捞工作持续进行了 8 次,所获遗物甚为丰富(表 3 - 1)。韩国政府于 1981 年在新安船的发掘地——全罗南道的首府木浦市,建立了保存馆,在 1988—1992 年更建设了新的海事博物馆。木浦海洋遗物保存处理所所长李昶根于 1991 年 12 月在世界帆船史国际学术讨论会(上海)上曾有论文发表。该论文披露的新安沉船所获文物有陶瓷器 20664 件、金属遗物 729 件、石材 43 件、中国铜钱 28 吨、(每件长 1—2 米的)紫檀木 1017 件,此外还有包括船员日用品在内的其他文物 1346 件。

表 3 - 1　新安海底打捞遗物一览表

区分	年度	种类							合计(件)
		青瓷	白瓷	黑釉	杂釉	白浊釉	金属	其他	
第 1 次	1976.10.26—11.02	52	20	2	23	0	0	15	112
第 2 次	1976.11.09—12.01	1201	421	54	9	18	12	169	1884
第 3 次	1977.06.27—07.31	1900	1866	56	604	74	264	142	4906
第 4 次	1978.06.15—08.15	2787	1289	96	623	63	86	102	5046

续表 3—1

区分	年度	种类							合计（件）
		青瓷	白瓷	黑釉	杂釉	白浊釉	金属	其他	
第5次	1979.06.01—07.20	76	21	29	101	0	6	0	233
第6次	1980.06.05—08.04	1112	200	30	66	2	31	20	1461
第7次	1981.06.23—08.22	1528	668	63	143	17	105	40	2564
第8次	1982.05.05—09.30	983	328	41	220	6	109	54	1741
合计		9639	4813	371	1789	180	613	542	17947

新安沉船的年代考证

新安海底发现的一件龙泉窑青瓷盘，底面阴刻有"使司帅府公用"6字，可作为判断该沉船年代的重要依据。"使司帅府"当为"宣慰使司都元帅府"的简称。据《续资治通鉴》记载：于大德六年（1302年）十月甲子，元朝的浙东道宣慰使改为"宣慰使司都元帅府"，从而可知使司帅府的公用瓷器当为该府设立之后的事情。其年代当在1302年与1331年之间，至迟不晚于至正十四年（1354年）。

新安沉船的目的港与始发港

新安沉船的目的港是何处，可以从船上运载的大量中国元代瓷器和铜钱中找到答案。当时，日本是中国瓷器的主要进口国，船上的大量铜钱也是运往日本的，这在中日两国古文献中都能找到依据。如《元史·外夷列传》记载有："（至元）十四年（1277年）日本遣商人持金来易铜钱，许之。"日本古文献《和语连珠集》载："上古本邦无铜，以异邦输入之铜铸造。"由此可见，日本从中国输入铜和铜钱由来已久。

新安沉船的始发港是何处呢？比较集中的意见是明州、温州和福州。明州是我国著名古港，唐宋以来就是通向朝鲜和日本的主要港口之一。在新安沉船中发现一个镌有"庆元路"铭文的秤砣，反映了该船与明州（元世祖时改称庆元路）的密切关系。1978年，宁波东门口码头遗址发掘出一艘古船和大量宋元时期的龙泉窑青瓷，这些青瓷与韩国新安沉船中打捞出来的器物的很多品种是一致的。这一事实也能支持新安沉船的出发港是明州这一观点。然而，仅以一个秤砣很难确定始发港就是明州。

另一种意见是从诸多瓷器的窑址去考察和分析新安沉船的始发港。龙泉青瓷,其窑址包括浙江南部瓯江沿岸的龙泉、丽水、遂昌、云和以及永嘉。宋时,青瓷的重要产地逐渐从瓯江下游移到上游,龙泉即地处瓯江上游并位于浙闽赣边境。再有庆元县,更在龙泉以南,地处闽江支流松溪上源。龙泉青瓷能方便地沿着松溪运到福建的福州,然后再由商船运往国外市场。新安沉船中打捞到的瓷器,其窑址除浙江南部外,就是江西和福建北部。闽北的窑址分布在今沿松溪的松政县,沿南浦溪的浦城县,沿崇溪的崇安县(今武夷山市)、建阳市(今南平市建阳区),沿建溪的建瓯市、南平市,沿富屯溪的光泽县、邵武市和顺昌县。诸窑址的瓷器都可以沿闽江方便地运到福州。沉船中没有发现位于泉州附近的同安窑瓷器。根据这一情况,新安沉船的始发港当是福州。

(资料来源:《中国古代造船史》,作者席龙飞,有删改)

【学习目标】

通过本章学习,可以:

1. 了解元代主要窑场的概况和制瓷的种类。
2. 理解元代陶瓷贸易的背景、政策、外销市场等。
3. 掌握元代陶瓷的外销路径、规模、品类等内容。

第一节　社会经济概述

元代的前身是成吉思汗建立的大蒙古国,后由忽必烈即位称帝,并于1271年取《易经》"大哉乾元"之意改国号为"大元",定都大都(今北京)。元代疆域辽阔,政治制度较为开明,国内外不同民族文化相互交流渗透,使得陶瓷生产在工艺和艺术审美上都有了新的发展。

在地域上,元代拥有东南包括台湾岛及南海诸岛,西抵葱岭,西南到西藏、云南,北及西伯利亚,东北到鄂霍次克海的广大疆域,奠定了以后明、清领土的基础,重建和拓展了中国自汉唐以来统一国家的疆域,加快了包括蒙古族在内各少数民族与汉族融合为中华民族的过程。

与汉族重农抑商不同的是,元朝比较重视手工业和商业。因为元代贵族都是游牧部落出身,而游牧部落比农业部落更仰赖交换。大一统的局面实现后,元朝政府为恢复经济、满足贵族阶级的奢靡生活,积极推行重商政策,包括规定商旅的安全由各级官吏和军队负责保护,严禁"拘雇商车",给商贾以持玺书、佩虎符、乘驿马的权利,西域来的商人免其杂泛差役,等等。元朝初期对于商品出口采取了许多保护措施,如至元十四年(1277 年)在税收方面规定了番货双抽、土货单抽的办法。此外,造船业的发达和陶瓷器、丝织品等产量的大幅增加,都为元代海外贸易的发展创造了相当有利的条件。

元代的对外贸易使大都更加繁荣。马可·波罗目睹北京的情况是:"汗八里城(即北京城)内外人户繁多,有若干城门,即有若干附郭。此十二大郭之中,人户较之城内更众。郭中所居者,有各地来往之外国人,或来入贡方物,或来售货宫中。所以城内外皆有华屋巨室,而数众之显贵邸舍尚未计焉……因附郭之中外国人甚众……外国巨价异物及百物之输入此城者,世界诸城无能与比。"(《马可·波罗行纪》第 94 章,冯承钧译)大量的外国商人居住在北京并在此经商,对北京的发展有一定的积极作用。

手工业在元代的重要变化,是出现了新兴的棉织业。宋代手工业以丝绸、瓷器为代表,元代则有丝绸、瓷器、棉织三种。它们都与进出口贸易有着密切的关系。丝绸、瓷器是出口的大宗商品,棉布在唐宋时期是进口的主要品种之一。宋末元初,棉花还是引进发展的重要物品,至元代中期,棉织已成为新兴的手工业,充满生机并开始对外出口。元代鼓励种植棉花,大力发展棉织业。至元二十六年(1289 年),元朝政府特在浙东、江西、湖广、福建等地设置木棉提举司,作为棉纺管理的指挥机构,加以推广和管理。

元代大力推行纸钞。以钞代钱,是货币史上的进步,以货币符号来表示金属货币,是历史发展的趋势。元代发行宝钞,如至元宝钞,是以银本位为担保的,故有信用,也能在国际上流通。在越南、缅甸、泰国等地,元代宝钞和当地货币具有一定的兑换比例。《续文献通考》记载,元文宗天历元年(1328 年)商人哈哈达"自至治间贷官钞,违制别往番邦,得宝货无算"。商人哈哈达向政府借了纸钞,到外国去经商,得到大量"宝货",足以说明,元代纸钞当时有一定的国际信誉,能够在外国流通。

第二节　元代的外贸管理体系

一、对外开放政策

1. 自由贸易政策

元代统一中国以后,幅员辽阔,陆海畅达,盛况空前。元代在贸易政策方面沿用了宋制,即采取了一系列积极的鼓励和奖励措施,因此成为当时世界上最大的对外贸易国家。元代的自由贸易政策主要表现在以下几个方面:

其一,在东南沿海港口设立市舶司,便于专门管理对外贸易。《元史·食货志·市舶》载:"至元十四年(1277 年),立市舶司一于泉州,令忙古鹐领之。立市舶司三于庆元、上海、澉浦,令福建安抚使杨发督之。每岁招集舶商,于蕃邦博易珠翠、香货等物。及次年回帆,依例抽解,然后听其货卖。"元代是我国历史上开设对外口岸最多的朝代,元代设市舶司港口原有 7 处,后并为广州、宁波、泉州三处,其中以泉州最为兴盛。

其二,鼓励海外商人与国内进行通商贸易,对货物出口有优惠政策。《元史·世祖本纪》中记载,至元十五年(1278 年)八月,元惠宗诏行中书省唆都、蒲寿庚等曰:"诸蕃国列居东南岛寨者,皆有慕义之心,可因番舶诸人宣布朕意,诚能来朝,朕将宠礼之。其往来互市,各从所欲。"

其三,内外航运发达。马可·波罗记载,当时行驶在印度洋上的中国海船,舱房少则五六十间,多则百余间,此外尚有内舱,往往在 13 个以上。桅樯多至12 桅,有风扬帆,无风用橹,每一具橹要用 10 至 15 人始能摇动。船上水手多至600 人,水军 400 人,并可载客千余人。元代内河航运也很发达,尤其是会通河、通惠河、京杭大运河的全线通航,使大都成为全国乃至世界的交通中心。元代文人王礼在《麟原文集·卷六·义家记》中形容元代交通"适千里者,如在户庭;之万里者,如出邻家"。

其四,专业化分工。元代把专门从事海外贸易的舶商、水手等人,单独开列户籍,成为专业户,并且立法予以保护,他们及其家属可以免除差役。这是宋代所没有的。由于这种鼓励政策,舶商、水手增加得很快。例如上海在元初还是一个偏僻乡镇,到元末至正年间,已有"海船舶商稍水人员"5600 多人,而当时全县人口不过 7 万余人。由于元政府出资经营对外贸易,因此改变了宋代对进口货物专卖统制的"禁榷"政策。元代只有抽解而没有禁榷,这就比宋代的贸易政策更为放宽了。据《续文献通考·卷二十六·市舶互市》条载:"帝既定江南,凡邻海诸郡与番国往还互易舶货者,其货以十分取一,粗者十五分取一,以市舶官主之。"这就是抽解。

由于元代实行对外开放,贸易措施上采取低税、招徕、保护和奖励的政策,因此各国商人来华者很多。宋时的外商主要是大食商人和波斯商人;而元代的外商更为广泛,除唐宋以来的阿拉伯商人外,还有欧洲和北非的商人。元代的外商既有佛教徒,也有伊斯兰教徒、基督教徒和犹太教徒。由于元政府对宗教采取兼容、和平相处的态度,允许各按其宗教方式处事,从而推动了宗教的传播,在一些商业城市都有不同特色的宗教活动。元代中国成了当时世界上最大的对外贸易国家。由于转运之便,泉州一跃为元代中国第一大港,超过了广州。据当时来华的意大利商人马可·波罗介绍,泉州和地中海的转口贸易中心亚历山大港是当时世界上两个最大的港口,可谓百商云集,樯帆林立。元代在中国的统治时间虽然短,然而,正因为它继续并发展了前朝历代的对外开放政策,才使它的统治得到经济上的支撑。

2."官本船"的贸易制度和海禁

除了大量的私舶贸易外,元朝还有官本贸易,有"官自发船贸易",也有官府提供资本交由商人经营的"官本船"贸易。《元史·食货志》载:"官自具船、给本,选人入蕃,贸易诸货。其所获之息,以十分为率,官取其七,所易人得其三。"即由元政府出资造船,命人经商,参与海外贸易,所得收益按七三分配。

与此同时,由于海外贸易衍生出许多问题,令官府无法掌控,加上海防的顾虑,元朝时期海外政策制度有所改变,先后颁布了 4 次海禁令,禁止海外贸易。

第一次:元世祖至元二十九年(1292 年)禁商泛海,至元三十一年(1294 年)弛禁,前后实行 3 年。

第二次:大德七年(1303 年)禁商下海,至大元年(1308 年)复立市舶司,前后实行 6 年。

第三次:至大四年(1311 年)罢市舶司,延祐元年(1314 年)开禁,前后 4 年。解禁后,"仍禁人下番,官自发船贸易"。

第四次:延祐七年(1320 年)罢市舶,至治二年(1322 年)复置市舶司,前后海禁 3 年。解禁后,海外贸易有所限制。

元之海禁为前代所未有。30 年间四禁四开,禁海之期短则 3 年,长则 6 年,为时不长;三次海禁间隔,短则 3 年,长则 9 年,为时也不长。4 次海禁虽都是暂时性的,却具有连续性,而且一次比一次强烈,解禁之后都有所限制。这一系列海禁,是因为贸易之利与治安之虑而产生的,出现于元代中期,具有典型的元代特色。这表明中国的海外政策产生了本质性的改变,对明清时期影响极大。

二、进出口管理机构

元代市舶体系实为宋代的延续,税制仿自宋代"其货以十分取一,粗者十五分取一,以市舶官主次"(《续文献通考》)。元代统治者原为蒙古贵族,纵马驰骋草原,根本不知海市之利、市舶之宜,但他们入主中原后能接受臣下建议,发展海外贸易,并于至元三十年(1293 年)命宋朝降臣留梦炎、李唏贤等制定元代《市舶则法》二十二条。留梦炎原是南宋末年状元,熟悉南宋法规典章,故元代《市舶则法》"大抵皆因宋旧制",即以宋代《市舶法》为蓝本。

元代对海外贸易的管理,比南宋更有条理。市舶司掌管海外贸易,大致要把住如下几关:

1. 禁止官员营私舞弊。虽然实际上很难做到,但有明文规定,已属不易了。首先禁止市舶司官员"勒令舶商计梢带钱下番",即不准托商民带钱到外国去买进口货物,也不允许市舶司官员在验外商货物时,有意估低货价而自行折卖,以谋私利。

2. 国家"出外使臣并大小官吏"从海外公干归来,或官本船海上贸易归来,一抵口岸,须立即向市舶司申报,同样"抽分纳官"(交纳进口税),如有隐匿,按漏舶(走私)论罪。

3. 商舶出海,一律以"公据"和"公凭"为准。商舶申请"公据",出海的辅助性船舶则领取"公凭"。商舶出海往何国经商,必须如实申报,不得报东到西;如因气候因素停泊其他国家,也须有证明。商舶返国,也只能回原签证的市舶司所在地交纳进口税,如有谎报、诈妄,其货物可予以没收。

4. 舶主申请出海贸易的公据、公凭时,要有舶牙人担保。所谓"舶牙人"就是古代的报关运输行商。申请时要具明新主、纲首(货主)、直库(货舱管理人)、海员、杂事(杂工)、都领(大副)等的人数和姓名,以及船体吨位、帆樯桅数和高度。市舶司凭证予以放行出海或允其返港卸货,市舶司派官员登舶查验。

5. 中外商一概凭公据、公凭进出港口,如因海上风暴等灾害而失落,必须向舶司申报,核实后,方许销号。

6. 对无证出海贸易的商舶人员,要予"告捕治罪,货物没官"。

7. 为防海盗,允许舶商出海时,带有一定的刀剑弓箭等作为自卫之用,但船抵口岸,必须将这些武器交给寄泊处代管,发舶时再予发还。

8. 进出口货物必须详报,如有隐匿货物的,以漏舶法治罪。

9. 金银、铜钱、铁货、男女人口不准作为商品出海。金银是贵金属,历来为蒙古贵族所珍视,铜钱因元朝不铸造,通用前朝铜钱,国内已有钱荒之感,故不准外流。铁货可改造成兵器,因此不准出口。男女人口更是主权国家所不允许贩卖的。

10. 出洋下番的人员,如不再回国,而居住在目的地者,应在申请公据内注明某人住番和原因。可见中国人出国,历来都是很严的。

11. 元代七处市舶司每年抽解和博易来的货物,除贵重禁榷物品一定要送解京师(北京)外,其他货物可集中到泉州、杭州入国库贮藏。

12. 优待舶商、水手。所在州县应免除这些人的差役。元代把这些人看作是国家的课办人员,作为出国公干看待并优恤其家小。

从宋、元两代市舶制度的比较,可以看出元代较宋更为宽松,但管理细则也较宋完善。例如,宋对进口货物有禁榷专卖制度,而元代只有抽解;元代对从事海外贸易的人员,可以免除差役,家属也可"沾益",这是宋代所没有的优惠政策;元代曾经实行官本贸易,即官府出本给船,选人出国贸易,此种官本船也要征税,这是宋代没有的。

三、对外贸易地理方向

元朝的对外贸易,有陆路与海路两种,主要仍是经由海路开展。

1. 陆路贸易

西域交通的陆路自辽、宋、西夏、金对峙以来,长期受到阻隔。蒙古四大汗国建立后,彼此交通畅通,陆路有三条道通往西方。

一条由阿力麻里经塔刺思,取道咸海和里海以北,穿行康里、钦察草原到达伏尔加河上的萨莱,由此或西通东欧各国,或经克里米亚半岛越黑海至君士坦丁堡(今伊斯坦布尔),或经高加索至小亚细亚半岛。基督教传教士蒙特·科尔维诺在写给教皇的信中说,这是最短和最安全的路线,只用五六个月的时间便可到达。

第二条由阿力麻里入河中,经撒马尔罕、布哈拉,去呼罗珊,抵小亚细亚半岛。

第三条由和田越帕米尔高原,经阿富汗进入伊朗。

由于西北战乱频仍,陆路的三条道时常阻塞。

2.海上贸易

海上通路由杭州通日本,顺风七日七夜便可抵达。由南海通往阿拉伯半岛、东非的海路,也颇为便利。元朝灭宋后,收降泉州市舶司提举官蒲寿庚,命他招纳外国番舶商人往来互市,又令行省唆都招收海外诸番。

《元史》记载,由海道同元朝建立各种关系的国家有20多个。陈大震等纂的《大德南海志》著录了当时广州贸易海外之国,有142国之众,并且分别列各国为东洋、西洋。东西洋之划分,始自元代。

行泉府司所管辖的海船有15000艘。海船的规模也相当可观。非洲旅行家伊本·白图泰在记叙印度古里时写道:"那个国家的全部贸易都操在中国船只手中。这些船可分3个等级,较大者3至12帆。帆以竹片制成,形如织席。每只船上有人员千人,即水手600人,军士400人;另附供应船3艘。此种船只仅刺桐(泉州)及辛克兰(广州)能制造,都制成三边形,以三腕尺长的大钉钉牢。每只船有4个甲板和许多供旅客使用的附有更衣室及各种设备的公私船舱。"

位于苏门答腊岛上的三佛齐是元朝与南海诸国交通的枢纽,由此向东至爪哇,向西经马六甲海峡远至印度、斯里兰卡、阿拉伯半岛和东非。各国商人经南海来元朝进行贸易。广州、泉州、杭州等地都有大量的外国商人侨居;元朝的商人也有不少侨居在南海诸国。

四、主要通商口岸

元代是我国历史上开设对外口岸最多的王朝。据《元史·食货志》记载,元政府先后在泉州、庆元(今宁波)、上海、澉浦(今属浙江海盐)、广州、杭州和温州等7处建立市舶司,掌管对外贸易,"每岁招集舶商,于蕃邦博易珠翠、香货等物"。7个市舶司全在江南。

泉州,元世祖至元十四年(1277年)立,特设一人专职主之。

庆元、上海、澉浦,元世祖至元十四年(1277年)立,令福建安抚使督之。

广东,至元二十年(1283年)置。

杭州,至元二十一年(1284年)置。

温州,至元年间置。

元代首先在泉州设置市舶司,有一定的历史因素。从经济上说,南宋以来,泉州口岸地位上升;从政治上说,因为元世祖忽必烈在统一中国的过程中,得到泉州市舶提举官蒲寿庚的拥护和支持。

元代的泉州较其他口岸更占优势,各国商人纷纷来此。意大利人马可·波罗说:"凡印度之贸易船,来泉州入港者甚众,且输入香料及其他高价之物品。中国商人(南方)多集于此,凡由外国输入中国之大宗宝石珍珠及其他货物,均藉彼等之手,分布于南中国一带。余敢断言,如供给基督国家各种货物之亚历山大港及其他诸港,仅可驶入胡椒船一艘,而泉州之港虽百艘或百艘以上之胡椒船,亦可驰入之。此港可称为世界二大贸易港中之一焉。"摩洛哥人伊本·白图泰到了泉州后说:"刺桐城(泉州)诚世界最大港之一,或径称为世界唯一之最大港,也无不可也。余曾目睹大帆船百艘,辐辏其地,至于其他小船,则更不可胜数矣。"泉州一跃成为世界大港,给我国东南地区的经济发展,做出了重大的贡献。

元代的广州港虽不及泉州兴旺,但仍是中国主要港口。随着对外贸易的发展,广州在宋代便有经营海市的经纪人"牙侩",元代则称"舶牙",即行商,类似现在的进出口代理。

元代庆元(今宁波)的主要贸易对象是日本,输往日本的主要货物有龙泉青瓷,也有来自松江的棉布,浙江的织席、金银箔和丝绵等物。

元代上海由舶务级的支口岸上升到市舶司级的主要口岸,反映了长江三角洲地带经济力量的发展。由于上海地区经济贸易的发展,在设置市舶司15年后,元政府下令把华亭东北五个乡区,划归上海镇并升级为上海县,华亭县也上升为松江府。至此,上海县进入了松江府的建制阶段,并且奠定了它以后向东北发展的基础。同年,元政府命令上海总管监造平底海舶60艘,供海道漕运之用,运粮46000余石。这说明上海的造船和航海技术,已有相当大的进步。

第三节　元代陶瓷的外销

一、元代主要的窑场概况

从生产地域来看,自元以后,陶瓷的生产重心开始南移。元重视商贸,陶瓷的生产与宋代相比,在产量上和对外出口的数量上并没有减少,南北各大瓷窑也仍然在生产,但南方的窑场比北方的窑场有了更大的发展。这可部分归因于靖康之变后,经济、文化重心南移,不少优秀的匠人也逃亡到南方,随之带去的还有他们优秀的制瓷技术,从而对南方窑场的发展起到了很大的推动作用。如北宋后期以生产厚胎薄釉的秘色瓷而闻名的龙泉窑,接受了北方官窑的影响,变成了一个烧造薄胎厚釉即所谓"梅子青"与"粉青"瓷器的窑场。

1. 磁州窑

元代,华北各地的窑场虽然还在继续烧造,但规模和数量都在缩小,只有钧窑、磁州窑还保持兴旺。磁州窑在宋代步入兴盛,到元代发展至顶峰。磁州窑突破了宋五大名窑单色釉的局限,创造了具有水墨画风格的白地黑灰装饰艺术,一改宋代以前我国南青北白的单色装饰方式,开创了白地黑花釉下彩绘陶瓷制品的装饰先河。这种装饰方法后期也随着陶瓷匠人的南移,对南方一些窑场发展产生了深远的影响。从商品类型来看,元代磁州窑除继续生产宋金时期传统品种的日常器具外,还扩大了生产规模,大型器物的生产也增多。产品趋向厚重,器型硕大、圆浑。这种生产风格也符合当时北方游牧民族对大气、质朴、厚重的陶瓷制品的偏好。

南方的窑场在元代得以发展兴盛,其中具有代表性的有龙泉窑和景德镇窑。

2. 龙泉窑

龙泉窑以烧制青瓷而闻名,在南宋以前,龙泉窑的青瓷是一种淡青色或青中泛黄的透明色。后来受到南宋官窑的影响,龙泉窑开始学习北方制瓷和装烧技术,烧出了厚如凝脂的乳浊色青釉,并将其商品化,进入国内外市场。从考古遗址和文献记载中我们发现,元代龙泉窑达到了一个空前的发展规模。考古发现的元代龙泉窑遗址多达两三百处,窑场集中在瓯江和松溪两岸,便于大批的龙泉窑瓷器从水路顺流而下,转由当时重要的通商口岸——温州和泉州,而远销国内外市场。元代龙泉窑烧制的陶瓷风格较南宋时期有了很大的改变,无论从胎质还是器型上,都一改之前的典雅秀气,变得高大粗率。一方面可以认为这是产量的剧增带来的质量降低,另一方面反映了当时主流审美的变化。元代的龙泉窑以烧制日用瓷器为主,包括外销的瓷器,陈设用瓷数量较少。

3. 景德镇窑与浮梁瓷局

景德镇在宋代几乎以单一的青白瓷品种而享誉天下。至元代,青白瓷烧制仍方兴未艾,然而,代表元代景德镇瓷器的却并不再是青白瓷,而是青花瓷、卵白釉瓷、釉里红瓷及高温色釉瓷等创新瓷种。元代也成为景德镇极为重要的转折期,使其在明清时期一跃成为天下瓷都。

元代景德镇窑不仅在装烧技术上有所进步,更开创性地将高岭土引入瓷胎中,烧制的瓷器白中微微泛青,其色调接近于鸭蛋,故被称为卵白釉瓷,这种白瓷受到了蒙古统治者的喜爱。蒙古人"以白为吉",白瓷比青瓷更受青睐,而当时景德镇窑生产的印有花纹的卵白釉瓷尤其受统治者的喜欢,成为宫中用瓷。朝廷也因此在景德镇设立了浮梁瓷局,这是全国贡瓷的唯一官方管理机构。设立初期,浮梁瓷局的规模并不是很大,《元史·百官志》谓:"浮梁磁局,秩正九品。至元十五年(1278 年)立,掌烧造磁器,并漆造马尾棕藤笠帽等事。大使、副使各一员。"《元史·选举二》载:"至元九年(1272 年),工部验各管户数……凡一百户之下管匠官资品,受上司札付者,依已拟充院长。已受宣牌充局使者,比附一百户之上局使资品递降,量作正九资品。"由上可见,在元代初期,瓷局大使为正九品,所管工匠不超过一百户。而到了元代中后期,浮梁瓷局的规模大增。《元史·选举二》记载,元贞元年(1295 年)准湖广行省所拟"五百户之上局,局使从七品,副使正九品。五百户之下,院长一员"。过去只能管 100 户的大使,自此以后,就可管辖 400 余户了,为元初的 4 倍多。浮梁瓷局设立以后,作为官方窑场的所在地,吸引了全国各地大量的能工巧匠向景德镇汇集,不少专家推断其中可能就有北方磁州窑、南方吉州窑的流散匠人。据清乾隆四十八年(1783 年)《浮梁县志》记载,宋咸淳己巳年(1269 年)浮梁人口为 137053 人,而至元代至元庚寅年(1290 年)时,浮梁人口为 192148 人。20 余年间,在全国人口因战乱大幅下降之时,浮梁人口却激增了 55000 多人,这表明浮梁瓷局刺激景德镇的经济增长并吸引外来工匠前来的作用非常明显,为景德镇制瓷业的发展提供了较大的支持。举世闻名的青花瓷也被认为是在浮梁瓷局存续期间被创烧的,制瓷工匠们开创性地将波斯进口的珍贵钴蓝矿料使用在了白色素胎上,创烧出了色泽精美的元青花瓷,后在国内和海外市场的需求推动下迅速发展成熟。

元朝廷为瓷器这一手工业制品,在朝廷内部专门设立一个派出机构,是元政府手工业管理体制的一个创新。浮梁瓷局可以优先从官府得到其他窑口难以获得的原材料、外贸出口订单、官府赏赐用瓷与军用瓷器(枢府瓷)订单,而且可以获得许多新器型、新画面设计图稿。在浮梁瓷局的推动下,景德镇瓷业呈现出显著的创新趋势,不仅在官方瓷业中取得显著成就,民窑也在效仿官窑的过程中发生了显著变化。因而,元代景德镇瓷业呈现出以浮梁瓷局为主导、民窑大幅发展的崭新格局。

除上述窑口之外,元代还有许多窑口。如以黑釉瓷茶盏闻名的建窑,以白瓷闻名的德化窑,以及宋五大名窑中的钧窑和定窑,在元代的产量仍然较大,但这些瓷器在制作上远不如宋代精美。

二、陶瓷外销的地理分布

元代陶瓷的外销数量比宋代有所增加,外销范围比宋代也有所扩大。

元人周达观著有《真腊风土记》一书。周达观,浙江永嘉人,元贞二年(1296年)随从奉使真腊(柬埔寨),大德元年(1297年)返回明州,就其见闻撰成此书。书中"欲得唐货"条说:"其地想不出金银,以唐人金银为第一,五色轻缣帛次之,其次如真州之锡镴,温州之漆盘,泉、处之青磁(瓷)器……"由此得知元代前期龙泉青瓷受到柬埔寨人的欢迎。根据元航海家汪大渊《岛夷志略》所记载,元代我国陶瓷器外销的国家和地区有菲律宾、马来西亚、印度、越南、印度尼西亚、新加坡、泰国、孟加拉国、斯里兰卡、柬埔寨、缅甸、日本、伊朗、沙特阿拉伯和埃及等。宋元时期,海上丝绸之路盛极一时,中国瓷器大量随海上航线外销,运销范围非常广泛,包括东亚、东南亚的全部国家,南亚和西亚的大部分国家,非洲东海岸各国及非洲内陆的津巴布韦,以及欧洲各地。其中东南亚诸国与我国隔海相望,地处中西交通咽喉,是国际贸易中货物转运、集散的中心,也是中国陶瓷外销的主要地区。近几十年来,东南亚各国考古发现的宋元时期外销陶瓷为此提供了许多翔实、可资印证的实物资料。

三、陶瓷外销的主要线路

结合文献研究和考古发现,元代的陶瓷贸易之路可以分为陆路和水路。陆路主要是传统的丝绸之路,元王朝建立后,中国实现了规模空前的大一统局面,欧亚交通路线的畅通及驿站的设立,都为这一时期的西北陆路瓷器外销提供了条件,丝绸之路重新畅通。大食、波斯、欧洲和中亚的商旅,沿着古老的商道东来中国,中国商人也驱赶着骆驼商队西往中亚。在古老的丝路上,人们交换着中国、印度、波斯、蒙古草原、南俄罗斯草原、阿拉伯半岛以及地中海沿岸的货物,在这些交换中,元代中国的手工业品仍是国际贸易的大宗。而在新疆陆续出土的一批元代瓷器,也为这一时期西北陆路瓷器外销的繁盛提供了佐证。如1975年在霍城县发现了一批元代瓷器和瓷器残片,主要为日常用品,有盘、碗、盏、罐。瓷片中有龙泉窑、磁州窑、景德镇窑和钧窑等窑口的产品,还有枢府瓷,釉色有青花、绛色、白釉黑花等,使用划纹、印纹等工艺。

元代统治者对国际贸易的鼓励政策,是古老商道再度活跃的重要原因。元代提倡对外贸易,对城市的繁华产生了积极的影响。世界的城市都是因工业生产(早期为手工业)而兴起,因商业发展而繁华。外国商人经常到元大都进行商业贸易,马可·波罗称大都是"商业繁盛之城",元代黄文仲的《大都赋》更是以"华区锦市,聚四海之珍异;歌棚舞树,选九州之秾芬"来赞美大都的繁华。

但由于陶瓷容易破碎,陆路长途运输既不方便,运费和损耗也会影响利润的收入,因此水路是当时更为主要的运输和外销方式。水路主要是从中国长江以南诸港口出海,向东到日本,东南到菲律宾群岛,向南可到中南半岛、马来群岛,再向西经过马六甲海峡可至印度洋,航行可达印度、阿拉伯地区直至非洲东海岸。这条海路被称为海上丝绸之路,又以其载货多为瓷器,也称"陶瓷之路"。元代海上交通发达,海洋贸易兴盛,泉州、广州、杭州、明州成为中国陶瓷外销的四大港口,其中以泉州港规模最大。《元史》载:"泉州、上海、澉浦、温州、广东、杭州、庆元市舶司凡七所,独泉州于抽分之外,又取三十分之一为税。至今诸处,悉依泉州例取之。"元代文人吴澄曾载:"泉,七闽之都会也。番货远物、异宝奇玩之所渊薮,殊方别域,富商巨贾之所窟宅,号为天下最。"威尼斯人马可·波罗在其《马可·波罗行记》中,认为泉州港是世界上最大的良港,他在书中写道:"若以亚历山大运赴西方诸国者衡之,则彼数实微乎其微,盖其不及此港百分之一也。此诚为世界最大良港之一,商人、商货聚积之多,几难信有其事。"足见当时泉州港规模之大,无愧为"天下之货仓"。为避免陆路运输过程中的损失以降低成本,沿海地区外销瓷窑场应运而生,广东、福建、浙江等地纷纷设立瓷窑,尤以福建最为集中。从福建北部的浦城、松溪、政和,直到围绕泉州港的福清、仙游、南安、同安、莆田等地都建立了瓷窑。广东地区建立瓷窑的有广州、潮安、惠阳、南海、佛山、三水、新会、番禺等处。这些瓷窑既烧青白瓷,也烧青瓷,其造型、纹饰与釉色均仿龙泉窑青瓷和景德镇青白瓷。这些窑场生产的瓷器虽然在工艺上不如原产地精良,但品种丰富,既有传统的日用陶瓷制品,如碗、盘、碟、盒、执壶、罐、瓶等,也有专门外销的品种,如军持、大罐、小罐等,且这些窑场离港口近,运输便利,因此产品也大量远销国外。各国出土的宋元瓷器中,除景德镇和龙泉窑外,很多是福建、广东地区的产品。

四、陶瓷外销的商品结构

至于陶瓷器的外销品种,据《岛夷志略》一书记载,概括起来有青瓷、青花瓷器、青白瓷等几种。外销陶瓷的器型种类有碗、盘、壶、瓶、罐、坛、瓮等器物。从东南沿海地区及国家的沉船和世界考古遗址中,我们发现元代外销瓷的热销品种有龙泉青瓷,景德镇青白瓷、枢府瓷、青花瓷,福建、两广一些窑场的青瓷、德化白瓷、建窑黑瓷等。如1976年从韩国新安沉船打捞出的元代陶瓷器总共两万余件,其中龙泉窑青瓷约12000件,占到了3/5;其次是景德镇的白瓷、青白瓷约占1/4,约5300件;还有福建陶瓷、磁州窑陶瓷、吉州窑陶瓷等。人们不仅在沉船中发现了元代出口的大量龙泉瓷,在世界许多古遗址中,也发现了不少元代的龙泉瓷。如在今日本福冈、佐贺、长崎、熊本、京都、奈良、和歌山、神奈川等40余个县府的古代通商口岸和京都等重要都市的古遗址、城址、墓葬和海峡中保存了不少龙泉窑青瓷遗物。在埃及、东非、地中海沿岸、伊朗、印度洋北岸和印度河一带都出土过龙泉窑青瓷。上述出土龙泉窑青瓷的港口、城市遗址,十之八九是唐五代北宋时期越窑青瓷所销售的国家和地区,宋元时期仍沿着前朝越窑青瓷的外销足迹,继续将之作为运销龙泉窑青瓷的对象。

从海外考古发现来看,宋元时期不同品种瓷器畅销区域也有所不同。青瓷、青白瓷几乎遍及亚洲各地乃至非洲东海岸,如菲律宾发现的大量中国瓷器来自江西、浙江、福建、湖南、广东等地窑口的居多,但建窑系各式窑变黑釉碗就多见于日本、朝鲜这样茶文化比较发达的国家。而景德镇窑生产的一些器型高大、采用进口钴料绘画、纹饰繁密的青花瓷,主要是销往西亚信奉伊斯兰教的国家和地区,仅土耳其的托普卡比博物馆和伊朗的德黑兰国立考古博物馆两家所收藏的元青花就有约200件。而另一些器型矮小、采用国产钴料绘画、纹饰简洁的青花瓷,则是销往东南亚地区的。可见元代品类丰富的外销瓷,在国际市场上已经有了明显不同的目标市场。

复习与思考

1. 元代陶瓷的生产较宋代有什么变化?
2. 元代陶瓷外销的政策有哪些贸易理论的支撑?
3. 元代陶瓷外销有什么特点?

第四章　明代中国陶瓷的外销

【案例导入】

中国明代沉船：南澳一号

　　2007 年 5 月下旬，南澳县云澳镇渔民在生产过程中发现了一只满载青花瓷器的沉船，打捞出一批瓷器并及时上缴。广东省文物考古研究所于 2007 年 5 月底派人在沉船海域进行潜水探摸，发现了这只沉船并成功定位，命名为"南海二号"，2009 年更名为"南澳一号"。2007 年 6 月初，广东省文物考古研究所在广州打捞局的协助下进驻沉船现场，对沉船进行了前期调查和外围采集。

"南澳一号"沉船位置和船体情况

　　南澳岛位于广东省汕头市以东约 12 公里，地处亚热带，北回归线横贯南澳。南澳是广东省唯一的海岛县，由 37 个岛屿组成，陆地面积 114.74 平方千米，海域面积 4600 平方千米。南澳岛位于高雄、厦门、香港三大港口的中心点，濒临西太平洋国际主航线。在古代，南澳（岛）又称"百澳"，即形容其可供泊船的港澳之多。

　　"南澳一号"沉船位于汕头南澳岛东南三点金海域的乌屿和半潮礁之间，GPS 坐标为北纬 23°22′16.3″、东经 117°07′32″，所在海域为南中国海、台湾海峡入口。这一海域是重要的国际航道，属于亚热带季风气候，夏季吹东南季风。

　　经过三年的考古发掘，"南澳一号"沉船的基本结构得以揭露。该船长约 27 米，宽约 7 米，共发现 25 个隔舱。除了隔舱板之外，北 10 号舱内发现了疑似凹凸榫头的船体构件和疑似桅座的构件，南 2 号舱和北 16 号舱内发现了用于摆放货物的货架板，北 13 号和 14 号舱内发现了弧面船底板，南 2 号舱和北 13 号舱内发现了龙骨。总体来看，沉船大体南北向，艏北艉南，船体由西向东倾斜。由沉船左舷受损严重推测，船只沉没时受到强烈的冲击，船载文物也由此因势位移、外倾、抛撒，船体结构基本完整。

沉船打捞文物揭秘

沉船出水各类文物约 3 万件,包括瓷器、陶器、金属器、石器、骨器、漆木器及各类有机遗存,出水铜钱近 2 万枚。其中,瓷器数量最大,品种繁多。瓷器器型有盘、碗、罐、杯、碟、盒、钵、瓶等,以青花瓷器为主,还有一些五彩瓷器,另有少量青釉瓷器。瓷器的装饰纹样有花卉纹、动物纹、人物纹等,底款有"福""寿""万福攸同""富贵佳器""大明年造"等。从出水瓷器的形制、胎质、釉色、纹饰、制作工艺等看,这些瓷器主要来自两个窑系,以漳州的青花瓷窑为主。青花瓷大盘和带盖青花瓷钵是代表性器物,瓷胎和釉质比较厚重,青花颜色均比较暗淡,发灰或发黑,无论人物还是花草图案都比较随意,器表施满釉,底足粘细砂,即"砂足器",属于外销瓷中的常见类型。船货中还包含了相当数量的江西景德镇窑所产的青花瓷器与五彩器物,其中青花套装粉盒、刻划龙纹敞口碗尤为精美。

船载文物中,以贸易赢利为目的的船货是大宗,其货物装载体现了"最大可能提高装载量与保持货物稳定相结合的原则,其中提高装载量是最直接的出发点"。宋代,此原则被表述为"大小相套,无少隙地",这也被"南海一号"的考古发现充分证实。一方面,上述同类器物在同时代前后的海外沉船遗址、陆地遗址中多有发现,其在亚洲范围内所进行的岛际贸易形态已经有研究者初步揭示;另一方面,中国外销瓷器因市场需求差异而产生的分层供给与营销方式也已有所讨论,如景德镇民窑产的"细瓷"主要销往西方殖民国家,漳州窑瓷器则主要用于亚洲内部贸易,尤其是销往各殖民地市场。毫无疑问,"南澳一号"瓷器的流向问题也应当如此,沉船考古所见者正是其混装搭载阶段的状态。此外,"南澳一号"出水瓷器中带"木""吾""大""玉""山""白"字,尤其是有"林宅"字样的漳州窑瓷器显示出可能存在海外华人定烧瓷器的现象。

沉船年代考证

"南澳一号"的年代有万历年间说、隆庆开海之际说、万历三十六年(1608年)之后说,以及"南澳一号"为李旦(? —1625 年)商船说(属万历后期或已进入天启年间)。主持打捞工作的崔勇先生根据出水瓷器的特征,推断年代应为明嘉靖时期前后,不晚于明万历时期,再结合沉船考古的特点,"南澳一号"沉船的年代应为明万历时期。其时正是漳州窑外销瓷器兴盛之时,也是景德镇窑官搭民烧、民窑技术突飞猛进的发展时期。但万历年号使用长达半个世纪

(1573—1620 年),跨度较长。实际上,"南澳一号"的另外两位发掘者孙键与周春水先生对沉船年代有更为精确的推断。孙键综合器物风格、窑业技术以及密植隔舱的造船风格判断"南澳一号"的年代在 16 世纪末至 17 世纪初;周春水认为"南澳沉船漳州窑(瓷器)更接近或稍早于 1600 年'圣迭戈号'沉船所见漳州窑青花瓷,明显比 1613 年'白狮号'沉船所见的漳州窑青花开光瓷年代更早"。在这些研究的基础上,结合 1567 年隆庆开海这个重要事件,判断沉船事件的年代应不早于隆万之际,不晚于万历中期前后。

沉船路线考证

16 世纪至 17 世纪中叶,全球正处于地理大发现带来的大航海贸易时期,晚明中国的内政、外交皆因此而面临新的调整。隆庆元年(1567 年)福建巡抚都御史涂泽民"请开海禁,准贩东西二洋",政府也由难收"利权"而设馆督饷、"公私并赖"。这是对明初海禁成法的重要调整,开启了晚明海外贸易新格局。这一新局面的核心就是私人海外贸易逐渐取代朝贡贸易,成为中国对外贸易的主体。

"南澳一号"正是在此新贸易背景下沉没的一条商船,从船载文物,尤其是瓷器的产地与运销路线出发,学界多推定其始发地为漳州月港。历史上,尤其是嘉靖年间浙江"罢除市舶司"后,"南澳一号"沉没海域曾为"倭舶"盘踞,是"海上互市",但尚无迹象显示南澳就是沉船目的地。崔勇等人认为该船从月港出发,往东可至澎湖列岛、台湾、菲律宾,再转运至日本、朝鲜半岛、琉球群岛等地;往西可经中国南海,转运至东南亚、南亚、西亚和非洲地区,直至欧洲各国。

(资料来源:《广东汕头市"南澳Ⅰ号"明代沉船》,《考古》2011 年第 7 期,有删改)

【学习目标】

通过本章学习,可以:

1. 了解明代主要的窑场概况和制瓷的种类。

2. 理解明代的陶瓷贸易的背景、政策、外销市场等。

3. 掌握明代陶瓷的外销路径、规模、品类等内容。

第一节　社会经济概述

元末天下大乱,1368 年朱元璋推翻元朝,在应天(今南京)称帝,国号大明。明代存续了 276 年,经历了 16 位皇帝的统治,是中国又一稳定而鼎盛的朝代。

明初经济政策开明,为经济的恢复和发展创造了良好的环境。明初,政府采取的休养生息政策,使得农业获得较快的恢复和发展。明初土地荒芜严重,明太祖多次下令招民垦荒,允许各处流亡百姓开垦荒田,并对开垦荒田的农民实行赋税优惠政策,甚至可以免税。垦荒措施在明成祖时期也得到很好的推行,到明成祖末年,荒地已大都被开垦耕种,耕地面积的增加使农产品总量提高成为可能。

与此同时,明政府注重兴修水利。明太祖时曾治理黄河,并兼治淮河和运河。明成祖时又修筑江苏和浙江的海塘,使沿海一带的农田免受海潮的破坏。明朝廷还派出水利官员负责治河,先后完成了许多重要工程,河患大致平息,黄河和淮河各归其道,运河南北畅通,被淹没的农田也退水可耕。

经过 70 多年的励精图治,劳动力数量、耕地面积、水利设施、粮食单位面积产量、手工业规模和技术、商业、城市、交通等方面都迅速得到恢复和发展,呈现一派复兴之势:"洪、永、熙、宣之际,百姓充实,府藏衍溢。盖是时,劝农务垦辟,土无莱芜,人敦本业,又开屯田、中盐以给边军,军饷不仰藉于县官,故上下交足,军民胥裕。"在以农业为主的时代,劳动力数量和耕地面积是社会生产力发展水平的重要标志。洪武二十六年(1393 年),全国编户 1600 万户,人口 6000 万人,已经超过元代最高数字,比北宋前期也高出许多;全国田土计 850 万余顷,比宋初真宗时期的 524 万余顷也高出不少。

明初政府多项政策偏重于恢复农本经济,对商业活动多有限制,流动人口不多,商业并不繁荣。又因为防御倭寇侵扰,实行了比较严格的外贸管控,海外贸易也缺乏发展的良好空间。但到明代中期,人口流动明显加快,社会直接劳动者的人身束缚松懈,对于经营商业的限制也失去效用。

从明中叶开始,中国的手工制造业和商业都呈现出繁荣发展的状态。原有的以大都市为中心的市场经济更为活跃,而且深入乡村社会的集市贸易与沟通城镇和乡村的区域商业中心也较前代有明显的扩展。其中,纺织业、瓷器制造、冶铁等产业,都率先发达起来。江南地区的丝绸织造技术更为精巧。苏州等地"家杼轴而户纂组,机户出资,织工出力,相依为命久矣"(《明神宗实录》卷361)。苏州一地,有织工和染工10 000来人,靠受雇于人为生。中原地区使用"水转大纺车"和脚踏纺车织造麻布,成为麻纺织业的中心。万历时期的上海、松江等地农田,"大半种棉,当不止百万亩"(《农政全书·卷三十五·木棉》)。嘉定、太仓等地,三分种稻,七分种棉,形成规模很大的棉花市场,远至福建等地的商人都来采购棉花。以江西景德镇为中心的瓷器制造业规模巨大,官窑、民窑共有3000余座,嘉靖时官窑每年出产精美瓷器443 000余件。瓷器远销海内外,达于欧洲。北京、南京还成为刊行小说、戏曲、版画和彩色套印的中心。

明代货币制度的演变经历了从铜钱到纸币,从银、钱、钞三币兼用到白银作为被普遍接受的货币广泛流通的过程。朱元璋曾设立宝钞提举司,并印制发行"大明通行宝钞",也积极鼓励使用铜钱作为交易媒介,但这些最终都因为无法适应市场经济的发展而逐渐被白银替代,最终万历初"一条鞭法"在全国推行之后,凡国家农商赋税、军饷官俸、京库岁需、民间贸易、借贷等无不用白银。白银成为唯一具有充分货币职能的货币。货币白银化对于市场经济活跃产生了积极的影响,缓和了明前期政府强制发行纸币造成的货币体制混乱,形成了相对稳定的货币流通条件,促进了赋役制度与市场经济的联系,并且把社会各个阶层都更大幅度地纳入商品交换关系中。此外,货币白银化使中国货币与国际货币体系接轨,为中国对外贸易进一步发展提供了重要条件。

随着货币和商品交换关系的普遍发展,发达的全国市场形成。明中叶以后,不仅南京等都市铺行栉比、民物繁华,非政治中心的集市和市镇也大量兴起,成为连接农村与全国市场体系的纽带。苏州府的盛泽在明初还是一个只有五六十家居民的村落,嘉靖时期已经成为江南丝绸纺织和贸易的大镇。松江府的震泽、嘉兴府的濮院等也都是这一时期发展起来的专业化手工业、商业市镇。广东佛山在明初还是一个村子,到明中叶发展成了全国冶铁中心之一,与汉口、景德镇、朱仙镇并称"天下四大名镇"。大同等边塞城市也"繁华富庶,不下江南"(《五杂俎》)。山东地区每逢集市,"百货俱陈,四远竞凑,大至骡马牛羊、奴婢、妻子,小至斗粟、尺布,必于其日聚焉"(《五杂俎》)。

明中后期中国的私人商业资本已经相当雄厚,商人已经成为具有巨大行为能力的社会阶层。从地域上说:"富室之称雄者,江南则推新安,江北则推山右。新安大贾,鱼盐为业,藏镪有至百万者,其他二三十万则中贾耳。山右或盐,或丝,或转贩,或窖粟,其富甚于新安。"(《五杂俎》)这些商人中有的保持与农村社会的关系,有的已经脱离农业。如"江南大贾,强半无田,盖利息薄而赋役重也"(《五杂俎》)。徽商资本主要投入盐业、粮食、木材、药材、茶叶、文具等,也卷入海外贸易中。山西商人的兴盛和明朝在西北屯田开中的政策有关,起初多经营粮食和食盐,并经营资本出贷,山西票号也是在这个时期开始经营的。各地商人在经商地区组成地区性的或者分行业的会馆、公所,保护同行或者同乡的利益。大运河不仅是官府漕运的通路,而且成为南北贸易的要道。嘉靖时曾经明令每条漕船可以携带 16 石货物,自由沿途贩卖,这使运河沿岸城市更趋繁荣。

第二节　明代的外贸管理体系

一、对外贸易政策的发展

明初,受元末已经嚣张起来的倭寇侵扰影响,沿海实行海禁,对外贸易处于低谷。但东南沿海对外贸易并没有销声匿迹。除了政府控制的随朝贡使团发生的贸易活动之外,还有规模巨大的民间海外贸易活动,表明当时的中国具有与外部世界置换资源和产品的需求,这些活动也将中国与外部世界更紧密地联系起来。成化年间,海上亦商亦盗的势力获得充分发展。张燮《东西洋考》记载:"成弘之际,豪门巨室间,有乘巨舰贸易海外者。"累积成势的私人海外贸易活动延伸到明中叶以后,逐渐衍生出东南沿海一带诸多具有组织性的私人海上贸易集团。倭寇大规模侵扰在嘉靖末期基本平息之后,明朝开海,对外贸易更为活跃。隆庆初,在福建漳州月港开海允许中国商民出洋贸易之后,中国海商出洋贸易合法化,从而推动了海商集团的迅速崛起。明代之前,中外贸易虽然长期存在,但是当时新航路开通之前,中欧贸易要通过阿拉伯等中介实现,明代的中欧贸易则通过新航路将中国市场与世界贸易体系更直接地联系起来。晚明与中国贸易的欧洲国家首先是葡萄牙,稍后西班牙也加入进来。17 世纪中期,荷兰人也建立了与中国贸易的据点。明代中国通过贸易所联系的地理范围和社会体系空前广大,大量域外产品也经过贸易进入中国。

1. 明前期的海禁政策

明朝建立伊始,倭寇猖獗,走私盛行。许多倭寇徘徊于中国沿海,从事海盗活动,频频袭扰沿海地区,甚至有倭寇团伙,与朝中奸臣勾结,图谋不轨。朱元璋一方面派兵围剿,另一方面为防止沿海奸民与倭寇勾结,实行了严格的海禁政策,下令"片板不得下海"。此后永乐、宣德、正统、天顺各朝都相继颁布禁海令,并以立法的形式将禁海令列入《大明律》,实行海禁与市舶司管理并行的制度。"若奸豪势要,及军民人等,擅造二桅以上违式大船,将带违禁货物下海,前往番国买卖,潜通海贼,同谋结聚,及为向导,劫掠良民者,正犯比照谋叛已行律,处斩,仍枭首示众,全家发边卫充军。"从中可以看出,无论是远洋出海、私运货物出海还是和倭寇、海贼等人勾结,都是严令禁止的,违反者将受到重罚,如斩首示众、全家发配边疆充军等。可见明中期以前,明政府对海外贸易实行了最大限度的管制。

2. 朝贡贸易与郑和下西洋

为了吸引各国与中国进行交往,明政府奉行"厚往薄来"的原则,在派遣使臣、招徕朝贡的同时,还对各国在经济上给予丰厚的赏赐,以求怀柔远人。这个时期朝廷对贸易实行的都是积极鼓励的政策,只是这种贸易是由政府控制和垄断的,其贸易形式就是我们所说的朝贡贸易。明太祖经常告诫各国进贡不用太丰富,朝贡不过是表达诚意的方式,以免给各国百姓增加负担。洪武三年(1370年),浡泥国王以该国遭遇兵灾、无以为献为由,要求推迟朝贡时间,明使者沈秩就说:"皇帝富有四海,岂有所求?"当时中国的物质文化水平较高,许多商品在国际市场上有着良好的声誉,丝织品、瓷器等都是各国的紧俏商品。明朝不仅在使团出使时携带大批织金文绮、纱罗瓷器、铁器、钱币等用于赏赐各国国王,而且对来华访问的君主和使臣的封赏数量十分惊人。其中尤以永乐年间为甚,可以说是不惜一切经济代价,去追求与海外诸国建立友好外交关系。

而对各国使臣附带来华贸易的货物,明政府往往免税,并不计较经济得失,洪武二年(1369年)特准凡附朝贡贸易来的商舶,一概免税。这种特惠待遇的目的是扩大贸易关系。贡舶是官方之间易货贸易,商舶是民间贸易的私舶。贡舶货物可享受优惠政策,同来的商舶货物又可免税,贡舶国成了最惠国,自然引来了更多的贡舶和商舶。洪武、永乐两朝都奉行这种免税政策。洪武四年

(1371年),谕福建行省:占城海舶货物,皆予免税,以示"怀柔"。永乐元年(1403年)十月,西洋琐里国王遣使来贡,附载胡椒与民互市,有司请征其税,永乐帝也皆予免税。在这种优惠政策下,日本和南洋一带商人托贡舶竞来贸易,使明政府一时应接不暇,而不得不改为贡舶定期贸易。

同时,为了维护新形成的国际秩序,明朝建国之初就制定了一系列的措施来笼络四夷:

一是赐夷王以官爵,数量最多的是永乐年间。其中有赐王号的,如哈密忠顺王,赐予王号的同时还允许其筑城池、赐金印、设长史,俨然亲王;有授官号的,如归顺的安南士人;有赐谥号的,如日本王道源谥恭献;有封爵位的,如安南黎利;有赐功名的,如洪武辛亥赐外国人进士。

二是对外国贡使特别优待,礼遇有加。各国使节登岸后,先由市舶司宴请接待,当时在宁波、泉州、广州口岸都建造了专门接待外国商使的驿舍,其中以广州的"怀远驿"为最大,有100多间,驿舍鳞次栉比,由市舶司负责接待和管理。然后安排官员陪同往返京师,沿途驿站负责运递贡物和安排食宿,到达京师后下榻会同馆。外国使臣在华期间,明政府负责提供粮食、车马、住宿、医疗等服务。明成祖考虑各国使节来华路途远、风险高、耗资大,甚至还赞助其路费。

三是除了对各国使臣迎来送回外,明政府还曾出资代为修复外国因海难损坏的贡船。《明实录太宗实录》中载:"暹国与琉球修好,是番邦美事,不幸船为风漂至此,正宜嘉恤,岂可利其物而籍之?……舟坏者为之修理,人乏食者给之粟,候便风其人欲归,或往琉球,导之去……"

四是永乐年间,针对这种竞相而来的贡舶贸易,还制定了勘合制度。这是一种进口许可证制度,也是宋、元两代进出口"公凭"制度的延续。明代则只对贡舶发给勘合,以资限制,因为贡舶和附舶是属于特惠范围的。明代实施的"优值"和"免税"政策是古典的特惠制度,而且这种政策是单方面的,只是明政府实行给外国贡舶和附舶,并不要求外国政府以同样的政策对待中国商舶。明政府对官私商舶采取不同政策:官舶实行勘合制度,定期定额进行贸易;私舶则抽税后允其互市。

明初还有一个特殊的贸易形式伴随着闻名史册的大航海活动展开,即郑和下西洋。郑和率领240多艘海船和2.7万士兵,于1405年从江苏刘家港出发,穿过马六甲海峡又横渡印度洋到达印度西南部港口古里(今卡利卡特)。1409至1431年,郑和又六次下西洋,远至波斯湾和非洲东海岸。《明史·郑和传》载:"和经事三朝,先后七奉使,所历占城、爪哇……凡三十余国。"在当时,郑和下西洋航海贸易规模之大,航程之远,时间之长,可以说是无与伦比的。

(1)郑和下西洋的目的

关于郑和下西洋的目的,《明史》中记载:"成祖疑惠帝亡海外,欲踪迹之,且欲耀兵异域,示中国富强。"明成祖通过发动军事政变夺得帝位后,国内相当一部分人对他篡位不满,而由于洪武时期限制朝贡贸易,明朝在海外的政治威望也在降低。为确立地位、获得中外对其正统地位的共同承认,明成祖一方面沿用明太祖时期的海禁政策,另一方面则积极鼓励海外国家入明"朝贡",在其即位伊始即宣布欢迎海外各国发展与明朝"朝贡"关系。1403年,明成祖派使臣出访朝鲜、琉球、日本、安南、爪哇、西洋琐里、苏门答腊、暹罗、占城、满刺加、柯枝、古里等国,从而恢复了明朝与亚洲诸国的外交关系。同时,为与这种和平友好外交政策相适应,明朝恢复设置了浙江、福建、广东三大市舶司,随后又设立交趾、云南两个市舶司,负责管理中南半岛国家来华"朝贡"事务。为进一步发展中外关系,明成祖于永乐三年(1405年)派遣郑和率领大规模船队下西洋,从而揭开了中国航海史、中国对外贸易史的辉煌篇章。

宣德六年(1431年),郑和第七次下西洋出发前,曾在福建长乐亲立石碑,记述其7次出洋的目的。碑文记载:"若海外诸番,实为遐壤,皆捧琛执贽,重译来朝。皇上嘉其忠诚,命和等统率官校、旗军数万人,乘巨舶百余艘,赍币往赉之,所以宣德化而柔远人也。"这是郑和最后一次远航,也是总结性的远航,这说明他历时28年,7次远航的目的是"宣德化而柔远人"。因此郑和下西洋的直接目的主要在于"宣威异域",提高明朝的国际威望,从而开创"万国来朝""四夷咸服"的太平盛世的政治局面。经济基础决定上层建筑,外贸要为外交服务,古代中国外贸与外交更是合而为一,外交关系恢复的手段主要依赖对外贸易,要恢复发展中外关系,必须要积极开展贸易往来,故郑和下西洋是寓政治目的于经济活动之中,是明代朝贡贸易的延续。

(2)郑和下西洋的路线

据史书记载,郑和第一次出使是从永乐三年(1405年)六月至永乐五年(1407年)九月。郑和同副使王景弘率领27800余人,驾驶62艘宝船,装载大量金银、丝绸,从江苏太仓刘家港出发,沿海航行至福州,再自福建五虎门扬帆南下,先后到达占城、爪哇、苏门答腊、满剌加,又继而向西,穿过马六甲海峡,过翠蓝屿(今尼科巴群岛),抵达锡兰山国(今斯里兰卡)和印度西海岸的古里等国,最远到达印度西海岸的甘巴里。郑和船队返航时又经过旧港(今印度尼西亚巨港),在此剿灭来自中国的海盗陈祖义集团,使中国至东南亚航路畅通。

第二次出使是从永乐五年(1407年)九月至永乐七年(1409年)八月。这次航行的路线除途经暹罗(今泰国)外,其他与第一次航线完全相同。此次郑和船队返航时有古里、暹罗等六国使臣随船来华,中国与东南亚国家间的朝贡关系从此频繁起来。

第三次出使始于永乐七年(1409年)九月。这次航线同第二次基本相同,只是进入暹罗湾后,未从暹罗直达爪哇,而是先抵达旧港,再从旧港东去爪哇,西去印度西海岸各国,直至阿拨把丹(今印度阿默达巴德)。在锡兰山,郑和生擒锡兰山国王。据史书记载,锡兰山国王亚烈苦奈尔凭借地理优势,经常劫掠往来使臣。郑和至其国,亚烈苦奈尔发兵5万人劫夺宝船,被郑和击败,亚烈苦奈尔及其臣属被俘,永乐九年(1411年)被郑和押解至南京,后明成祖将其释放回国。此举对于那些阻碍中外交往、恃强凌弱的国家起了极大的震慑作用。

第四次出使是从永乐十一年(1413年)十一月至永乐十三年(1415年)七月。这次出使的航线是:当抵达印度西海岸的古里后,过阿拉伯海,远航至波斯湾的忽鲁谟斯(即霍尔木兹海峡),进而又越过阿拉伯半岛抵达非洲东海岸。自此,非洲国家开始频繁来华访问。

第五次出使是从永乐十四年(1416年)十二月至永乐十七年(1419年)七月。这次出使的目的主要是护送亚非各国贡使回国。其航程与前有所不同,当船队到达占城后,未南下直抵爪哇,也没有进入暹罗湾,而是抵达马来半岛的彭亨,由此再往东南到达爪哇继而西行,穿过马六甲海峡,过翠蓝屿、锡兰岛,到达印度西海岸的各国,由此西北行抵达忽鲁谟斯,再沿阿拉伯半岛东南海岸经祖法儿(今阿曼佐法尔)、阿丹(今也门亚丁),到达北非的剌撒(今索马里泽拉),出亚丁湾再到东非沿岸的各国。

第六次出使是在永乐十九年(1421年)正月至永乐二十年(1422年)八月。任务仍然是护送外国使臣回国。当船队到达占城后,过昆仑山(今越南南部昆仑岛),进入暹罗湾,再从暹罗湾南下沿马来半岛东海岸到达马六甲海峡,出海峡经翠蓝屿北上至浙地港(今孟加拉国吉大港),再沿印度东南海岸到琐里,绕印度南岸抵达古里,越阿拉伯海至阿拉伯半岛的祖法儿和阿丹,再沿非洲东海岸到达东非各国。

第六次下西洋以后,朝中反对下西洋者渐多。加之永乐十九年(1421年)皇宫三大殿遭遇火灾,明成祖被迫下令暂停下西洋活动。此后多年,明廷不再遣使出国,中外关系疏远,明朝在海外的影响力降低。宣德五年(1430年),明宣宗又派郑和、王景弘出使西洋。郑和船队进行了最后一次的航行,即第七次出使。"宝船"到达忽鲁谟斯后,未向西行进。其分队则从古里过阿拉伯海抵达祖法儿、阿丹直至天方(今沙特阿拉伯麦加)。此次经行二十余国,船队于宣德八年(1433年)七月回国。

(3)郑和下西洋的历史意义

明政府采取经济服从政治、外贸服从外交的传统政策,郑和船队每到一地,先向当地政府表达政治上通好之意,然后再进行贸易。郑和船队是明政府的官本贸易,但贸易对象并不限于官方。为尊重当地政府,程序上先行官方间的易货,通常以互赠的方式进行,而后则与民间互市。明出口货物主要是瓷器和丝绸类产品,明瓷出口以青花为代表,其他货物还有铁器、大黄、麝香等。七次下西洋的结果是壮大了中国声威,加强了我国与亚非国家的关系。南洋、西洋各国纷纷派遣商使来报聘通商。仅第六次出航,就有16国使臣一同返国,并陪同郑和访问他们的国家。

郑和下西洋促进了明朝与亚非国家的商贸往来,标志着海上丝绸之路发展到鼎盛时期。当时的亚非等国特别是南洋各国不仅物产丰富,而且与我国贸易基础较好。自汉唐以来,我国和亚非等多个国家往来密切,南洋国家更是被称为我国商旅的荟萃之地。明朝中国和亚非各国的贸易规模空前,为海上丝绸之路沿线各国的发展奠定了雄厚的物质基础。郑和船队贸易虽是明政府的官方贸易,但由于政府的提倡和推动,民间贸易也得到了发展。这一时期是明代对外贸易的兴盛时期。

明初,政府采取了一系列措施恢复与发展了社会经济,农工商业的大发展也促进了造船业的繁荣。明代在很多地方设立了造船厂,如东南沿海的明州、泉州、福州、潮州、广州等地都成为制造海船的基地。而这些地方往往是繁华的港口,明代外销瓷正是通过这些港口走向世界的。明代的造船技术以及船舶的尺度,都是以往任何朝代不可比拟的。《明史·郑和传》记载:"永乐三年六月,命和及其侪王景弘等通使西洋。将士卒二万七千八百余人,多赏金币。造大舶,修四十四丈,广十八丈者六十二。"随郑和下西洋的巩珍也曾记载:"其所乘之宝舟,体势巍然,巨无与敌,蓬帆锚舵,非二三百人莫能举动。"郑和船队中最大的宝船折合今制长 100 余米,宽 500 余米,载重量约为 2500 吨,较半个世纪后欧洲人地理大发现所用的船只,无论在重量还是船体结构上都要先进得多。

从明海禁时期的几种贸易形式我们能看出,虽然统治者对于贸易采取的是支持和鼓励的方针,但是其形式上的局限性和限制性是显而易见的。朝贡贸易讲求"厚往薄来",以"怀柔远人"为原则和目的,通常以高于"贡品"数倍价值的货品赏赐朝贡国;同时各地方政府还必须承担外国贡使的接待费用,以及朝贡船只的维修费用等。长此以往,造成的结果是政府财政的不堪重负,因此从明中期开始,朝贡贸易日渐萎缩。

郑和下西洋更是对综合国力的集中考验。郑和船队规模宏大,随船不仅需要备齐通商货物,更需要大量的武器装备和粮饷,以保障船队的安全和船队人员日常的吃穿用度。因此,虽然郑和下西洋取得了极大的成功——一方面打击了海上倭寇抢夺商船、欺压渔民等罪恶行径,维护了海上贸易的安全秩序,开拓了亚非海上交通贸易新航线;另一方面向许多国家提供了丝绸、瓷器等商品,促进了国家间的经济贸易发展,但这种大规模的航海活动需要以强大的国力作为支撑,因此并不适合频繁地作为贸易往来的途径。

3. 明中后期的"隆庆开关"

明代前期实行海禁政策,不许百姓私自下海,只允许官方控制下的朝贡贸易。而朝贡贸易所得奇珍异宝,主要是为了满足皇室和官僚集团的需要;至于社会普遍需要的番香、番货,则难以得到满足。从国外来看,海外各国普遍希望获得更多的中国丝绸、瓷器和其他商品。沿海闽粤地区,人多地少,百姓以海为生,为了生计和谋求财富,便走上了下海走私的道路。例如福建,"海滨一带田尽斥卤,耕者无所望岁,只有视渊若陵,久成习惯。富家征货,固得稇载归来,贫者为佣,亦博升米自给"。因此,尽管明前期朝廷三令五申严禁私贩,但私贩依然存在。这些私贩行动,有时其实也得到地方官吏的默许和纵容。利益的驱使导致海禁不太严格的时期,沿海走私活动盛行,加之朝贡贸易使得国家财政不堪重负,到明中期后,贸易政策几经修改,其措施包括准许非朝贡贸易国家的船舶进入广东,废除福建、浙江的市舶司,只留存广东市舶司等,开海贸易的呼声越来越高。终于到隆庆元年(1567年),政府开放漳州月港作为海外贸易港口,随后中国大量的生丝、瓷器、茶叶等货物由此出口到世界各地。

月港开放后,私人海外贸易的管理由海防馆负责。明前期为实行海禁,在月港先后设立了一系列防范打击走私的机构,有靖海馆、海防馆等。隆庆元年月港开禁,海防馆的职能改为管理私人海外贸易。万历二十一年(1593年),海防馆改称督饷馆。海防馆及督饷馆的主要职能包括以下几个方面:

(1)发放引票

引票即出海贸易的许可证,商人出海前必须先向督饷馆申领引票,申请书上要注明商人的姓名,户籍所在地,贩运货物的种类、数量,船只大小以及将要前往的国家。核对无误后,商人交纳引税,由督饷馆官员发给引票,商人持有引票方可出海。引票最初限定为50张,万历十七年(1589年)增至88张。万历二十五年(1597年)进一步放宽出海政策,引票又增至117张,此外还有供预备用的引票20张,共计137张。

(2)征收进出口饷税

督饷馆所征进出口税大体有三种:

①水饷,即船舶税,由船商交纳。根据出海船只梁头大小及前往贸易的不同目的地征收,往西洋的船只宽1丈6尺以上者,每尺征水饷5两,每多一尺加银5钱;往东洋的船只,税率是西洋船的十分之七。而到基隆、淡水贸易的船只也要交纳饷税,标准是每船宽1尺,税银5钱,依此递增。

②陆饷,即货物税,按货物的多少从价计征。为防止偷漏税饷,明廷规定,商船返航进港后,海商不得擅自卸货,须等铺商(开设有店铺的经营国内贸易的商人)上船接买,在船上由铺商交纳完税后,才能卸货。所征税率根据货物的种类及时价的高低随时调整。

③加增饷,这是一种特别附加税,征税对象是到吕宋(今菲律宾)贸易的商船。当时占据菲律宾的大批西班牙殖民者开展吕宋—墨西哥阿卡普尔科的“大帆船贸易”,将中国商人运到吕宋的货物转运至墨西哥赚取墨西哥银圆。而菲律宾本土可进行国际流通的货物很少,因而中国商船从菲律宾返航回国时,船中主要装载的是墨西哥银圆。为此明廷规定:凡往吕宋贸易的商船,除缴纳水陆两饷外,每船还须另纳白银150两,称为“加增饷”。后因商人抗议税额过高,

万历十八年(1590年)加增饷被减至120两。

饷税制的实行,使中国对外贸易税收由实物税转向货币税,反映了商品货币经济的进步,同时反过来又有助于商品经济的活跃。更为重要的是,它为明政府增加了财政收入,充实了明廷的军饷。

(3)监督、检查进出口商船

每年初春,商船出海时,督饷馆官员负责检验每艘出海船只,核对其所载货物种类、数量是否与申请登记的一致,是否夹带有违禁物品。到夏秋之季,商船陆续返航,督饷馆则派官员巡视东南沿海各地,对返航商船逐程派船"护送",此举名为防止海寇抢劫货物,实则防止商人私卸货物、偷漏饷税。

明代在开海前主要是实行"海禁"和朝贡贸易政策,以政府和官船主导贸易,虽然贸易规模和经济效益不佳,但这段时期内造船业的发展和航线开辟活动的展开,仍为之后的开海贸易打下了稳固的基础。隆庆开关之后,以民间商人为主导的海洋贸易给经济市场带来了新的繁荣,明政府进而积极推进了贸易管理的政策。但从实质上看,明前期的"海禁"贸易政策并没有完全闭关锁国,而后期的"开海"政策也并未完全自由互通,统治阶级贸易政策的实施主要是从政治角度出发,为维护国防安全而服务,并未真正以经济发展为主导,也并未意识到海外贸易对国家的作用和意义。因此,尽管明代的综合国力、生产力水平和造船水平都处于国际领先地位,也有多次大航海活动在亚非各国间展开,但始终没有占据海洋霸主的地位,反被后来的欧洲国家抢去了先机。

二、对外贸易管理机构与主要通商口岸

兴于唐、发展于宋、完善于元的海外贸易管理制度——市舶制度,在明朝得以延续。然而,与明代海外贸易政策相适应,市舶司无论在机构设置、职能发挥、选官制度上与前代相比都有了较大的变化。

1.市舶司的设立

明前期先后设置了5处市舶司,以浙江、福建、广东三司为主。

(1)浙江市舶司

浙江是对日贸易的传统口岸,宋代浙江市舶司设立于宁波府东北隅姚家巷。明代浙江市舶司迁到原来方国珍元帅府正衙旁边的花厅。浙江市舶司下设魏家巷、小梁巷、大池头、盐仓门这四处衙门,分理舶务。浙江市舶司下附属安远驿。由于浙江沿海经常受到倭寇和海盗的侵扰,海防紧张,市舶司作为管理贸易的机构,长期处于废弛的状态。嘉靖二年(1523 年)因为"争贡之役",该处市舶司被罢,后改为巡视海道司。

(2)福建市舶司

福建是东南沿海贸易的重要地区,宋元时期在泉州设立了市舶司。明代市舶司初期也设立在泉州,后来逐渐变成专门管理琉球入贡的机构。明朝嘉靖时人说:"福建提举市舶之官不常置,自宋绍兴二十一年(1151 年)李庄始为之,嗣后废兴沿革,代不相袭。至我朝始专官,以督理蕃市之事,然不专为琉球设也。迄于今,始为琉球专其官矣。"其后,福建市舶司在成化年间从泉州移至福州。迁移的原因大致有以下几个方面:第一,福州是福建的首府,在形胜、文物、兵防等方面都比泉州显要,能够震慑外番。第二,洪武年间因为琉球忠顺,朝廷赐以"闽人之善操舟者三十有六焉,使之便往来",这些闽人多是福州河口人,所以将琉球贡使引导向福州。第三,明代琉球朝贡由福建布政司负责管理和接待,相关的镇巡官员、市舶官宦都驻福州,市舶司设在泉州不便于接待。第四,福州各方面条件确实比泉州优越。泉州经元末战乱,已经不复往日繁华,而福州港口良好,有马江通海,是永乐年间郑和下西洋的重要港口。

(3)广东市舶司

广东市舶司最初在广州城归德门外,后来迁入城内。附属的怀远驿有各类房舍 120 间,规模在三省驿馆中最为宏大。万历版《广东通志》"驿馆"条记载:"永乐间,四夷来王,市舶至用内官监镇,寻置怀远驿于郭西南蚬子步,创屋百二十间,以司馆谷。时内官总货,提举官吏但领簿而已。其入贡者,惟正使进城,余皆就驿止宿,遇设宴管待方入,宴毕即出。成化、弘治间犹然。其衣服诡异,至有帽金珠,衣朝霞者。将侍宴,老稚咸竞观之。"

表 4-1　明代市舶司置废一览表

	广东市舶司	福建市舶司	浙江市舶司	其他市舶司
洪武三年(1370 年)		—		二月,罢太仓黄渡市舶司(该司设立于 1367 年十二月)
洪武七年(1374 年)三月	设司于广州	设司于泉州	设司于宁波	—

续表 4－1

	广东市舶司	福建市舶司	浙江市舶司	其他市舶司
洪武七年(1374 年)五月	罢	罢	罢	—
永乐元年(1403 年)	八月,依洪武制,设广东、福建、浙江市舶提举司,隶布政司,每司设提举一员从五品、副提举一员从六品、吏目一员从九品			—
永乐三年(1405 年)	九月,修会同馆于京师,修番馆于三司,广东曰怀远驿、福建曰来远驿、浙江曰安远驿			
永乐六年(1408 年)	—			正月,设交趾云屯市舶提举司
嘉靖二年(1523 年)	—	罢	因日本使节争贡事件,废市舶司	—
嘉靖十四年(1535 年)	于澳门设立广东市舶司的分支机构	—	—	—
嘉靖二十四年(1545 年)	广东市舶提举奏革去副提举、吏目	—	—	—
嘉靖三十九年(1560 年)	正月,凤阳巡抚唐顺之议复三市舶司,部议从之			—
嘉靖四十四年(1565 年)	仍存	九月,罢复浙江宁波市舶司	福建市舶司开而复禁	—
万历二十七年(1599 年)	二月,分遣太监督领广东、福建、浙江市舶司			

2.市舶司的职能

(1)明前期市舶司的职能

唐、宋、元时期的市舶司负责海外贸易的全面管理,而明前期实行海禁政策,中国商人不得出海贸易,外商也只能以朝贡的名义来华,即只有朝贡贸易是合法的对外贸易方式。因而明代前期市舶司的职能发生了相应的变化,从而成为明廷海禁政策的工具。据《明史·职官志》记载,市舶司的职责是:"掌海外诸番朝贡、市易之事。辨其使人、表文、勘合之真伪。禁通番,征私货,平交易。"意即当外国贡船来华进港后,市舶司会同地方官员查验勘合,辨别真假,确定无误后,将贡物封钉,以防贡品偷漏上岸,然后运往进贡厂(市舶司下设的存放贡物的仓库),将贡使及其随行人员接入驿馆招待,再奏报朝廷。待朝廷命令下达后,市舶司会同地方官将贡使及贡物解送到京城。

对于随贡附载而来的商货,市舶司负责检验其中有无违法、违禁物品,并代其向地方政府报告,随后对番货抽分(即征税),但抽分后又"给价偿之",即按价收买,故实际上仍是给予免税待遇。番物的交易由市舶司下设立的牙行来管理。牙行负责货物价格的评估、介绍中国商人与外商交易。

市舶司还有责任禁止中国商人的出海贸易活动。对于出海贸易的商人,市舶司负责追捕。为打击走私贸易,市舶司甚至一度有遇警可调动军队的权力。

综上所述,明前期市舶司的职责有三项:管理朝贡贸易、查禁民间商人的海外贸易、征税及管理中外互市贸易,其中又以第一项职责为主。

(2)明后期市舶司的职能

隆庆元年(1567年)以后,明廷部分开放了中外民间贸易,中国海商准于漳州月港出海,由海防馆(后改为督饷馆)负责管理;外商来华准于广州、澳门入港,其管理则由市舶司负责。市舶司的职责是:查验进出口商品和征收进出口税及停泊税。对中外商人交易的管理由牙行负责。明后期,牙行已从市舶司中独立出来,即海外贸易的行政管理与经营管理出现了分离。随着外商来华次数的增多,官牙制度的各种弊端暴露无遗,明末牙行逐渐被专营进出口货物的广东三十六行代替,市舶制度的重要职能之一——海外贸易的经营管理权彻底丧失,自唐以来实行了近千年的市舶制度终于完结。

三、对外贸易地理方向

宋元时期海上丝绸之路的空前繁荣,除了有之前一千多年持续发展所提供的基础的因素外,还跟这一时期统治者对发展海外交通的积极态度和宋朝国家版图密切相关。由于西北陆路受阻,宋朝的对外贸易只能通过海上交通进行。南宋周去非《岭外代答》中载:"诸蕃国之富盛多宝货者,莫如大食国,其次阇婆国(今印度尼西亚爪哇岛中部),其次三佛齐国(今印度尼西亚苏门答腊东部),其次乃诸国耳。"可见宋元时期海上丝绸之路的通达。其中列举的最富盛的三个地区都是在南海航线上,因此最繁荣的当属南海航路。

进入明代以后,海上丝绸之路形势发生了戏剧性的反转。明代以前的政府大多对海外贸易采取鼓励和支持的态度,但是明代自立国之初就采取海禁政策,因此民间商品贸易受到限制,而朝贡贸易成为主要的贸易形式,这个时期的商品交换主要是发生在明统治阶级和前来朝贡的国家之间。其路线可以郑和下西洋的路线为参照,《瀛涯胜览》中记载,由南京龙湾出发,先到太仓刘家港,由刘家港出长江口入海,再到福建长乐县(今福州市长乐区)太平港停泊。等到冬季的东北季风一起,便由太平港驶出闽江口,经五虎门进入大海,顺风 10 天可到占城(今越南中部)。由占城先到爪哇,再到旧港。由旧港到满剌加(今马来西亚马六甲),再到苏门答腊,然后进入西洋。先到锡兰山,再到小葛兰(今印度奎隆)和古里。再由古里前往忽鲁谟斯。归程也是一样。有些不在这条主要航线上的地区,则派遣分船前去。分船航线的路线主要有:占城—浡泥(今加里曼丹岛北部),占城—暹罗(今泰国),苏门答腊—榜葛剌(今孟加拉国),锡兰山—溜山(今马尔代夫)—不剌哇(今索马里的布拉瓦),小葛兰—木骨都束(今索马里的摩加迪沙),古里—阿丹。长达 28 年的下西洋活动疏通了东西方海上交通道路。郑和船队出南海,过马六甲海峡入印度洋,往西经孟加拉湾、阿拉伯海和波斯湾,最远到达阿拉伯半岛南端红海口的亚丁以及东非海岸的今索马里、肯尼亚的多处地方,航迹遍及东南亚、南亚、西亚及非洲东北部的数十个国家和地区。

明政府于隆庆元年(1567 年)同意在福建漳州海澄月港开放海禁,有限度地准许私人出海贸易,因而使明代后期私人海外贸易得以迅速发展。漳州月港位于九龙江入海处,因其港道(海澄月溪至海门岛)"一水中堑,环绕如偃月",故名月港。它与汉、唐时期的福州港,宋、元时期的泉州港,清代的厦门港,并称福建历史上的"四大商港"。月港兴起于明景泰年间,盛于明万历年间,衰落于明天启年间,终止于清康熙二十三年(1684 年)厦门建立海关。隆庆开关以后,月港与泰国、柬埔寨、印度尼西亚、马来西亚、朝鲜、琉球、日本、菲律宾等多个国家和地区有直接商贸往来,后又通过菲律宾马尼拉为中介,与欧美各国贸易。然而,月港实际上并非一个深水良港,而只是一个内河港,没有直接的出海口。凡出海的商船,都必须以数条小船牵引才能航行,沿南港顺流往东,经过海门岛,至九龙江的圭屿,再经厦门港出海。明政府选择在此处开关,主要是出于安全管理的考虑。因为月港"僻处海隅,俗如化外",国内外走私的船只多汇集在此处交易。其时,闽人走私尤为厉害,而闽人到海外经商多习惯由月港出入。

而且月港距离省城较远,非市舶司所在地,海外贡舶一般不由此港入口,因而便于管理,不会因贡舶与私舶相汇而引发骚乱。再者,"倭祸"主要在漳州、泉州一带,尤以漳州为甚,开放月港也是借以息祸。明政府原本规定了去东、西洋航线的船只数目,当时所说的东、西二洋,是以加里曼丹岛北端的文莱为界,以东的称为"东洋",以西的称为"西洋"。西洋各国毕竟路途遥远,商人们贪图东洋路近利多,因而西行的商船逐渐减少。

值得一提的是,1492年,哥伦布在西班牙王室的资助下,驾船横渡大西洋到达美洲,发现了所谓"新大陆"。1498年,葡萄牙航海家达·伽马驾船绕过非洲的好望角横渡印度洋到达印度,由此打通了欧洲至印度的航路。1519—1522年,麦哲伦船队自西班牙出航,环球航行成功。通往印度航线的开辟及美洲的发现,被称为人类历史上的"地理大发现"。这些返回欧洲的船只都满载着来自"新大陆"及东方各地的黄金、白银、宝石及香料等各种财富,在欧洲引起极大的轰动,由此掀起了欧洲人海外掠夺及海外殖民的狂潮。亚洲、非洲、美洲的广大地区纷纷沦为欧洲人的殖民地。新航路的开辟将世界各地区联结了起来,亚洲、欧洲、非洲、美洲的许多国家被卷入了世界经济的旋涡,传统的区域性的贸易开始变成全球性的世界贸易。中国对外的传统贸易形式也有了很大的改变,传统的与欧洲大陆之间的陆路贸易逐渐被海洋贸易覆盖,欧美国家开始通过殖民地与中国及东南亚国家建立起新的贸易途径。如中国—西属马尼拉—西属美洲之间的贸易往来将美洲出产的白银换取中国的丝织品;又如葡萄牙先后占领满剌加、澳门之后,开展东南亚—中国—日本间的转口贸易;再如荷兰侵占中国台湾并创立东印度公司,而后将中国的丝织品、瓷器贩运至日本、东南亚乃至欧洲。

第三节 明代陶瓷的外销

一、明代主要窑场的概况

1.景德镇成为全国的制瓷中心

《景德镇陶录》中记述:"洪武二年(1369年),设厂于镇之珠山麓,制陶供上方,称官窑,以别民窑……迨正德始称御器厂。"可知自明代初期,朝廷便在景德镇设立了官窑,后更名为御器厂,这一设置使得景德镇逐渐发展成为全国的制瓷中心。明御器厂的性质有别于元代的"浮梁瓷局",元代浮梁瓷局的事务庞杂,除掌烧造瓷器外,还负责漆造、马尾、棕藤、笠帽等事项,"皆有命则供,否则止",加之元代的官窑实际上是从民窑中"百中选一,千中选十",实际上官窑是寓于民窑之中的。

明代则不然,尤其是明早期不仅对于御器厂烧造的陶瓷品质有极其严格的要求,且对于特定纹饰或款式的官样瓷器,都严禁仿造和流通。如,洪武六年(1373 年)朱元璋命不得"彩画古先帝王后妃、圣贤人物、宫禁故事、日月、龙凤、狮子、麒麟、犀象等形……违者罪之"。又如《明史》载:"正统元年(1436 年),浮梁民进瓷器五万余,偿以钞。禁私造黄、紫、红、绿、青、蓝、白地青花诸瓷器,违者罪死。"

御器厂的设立为明代陶瓷的生产提供了比较稳定的生产环境和相对固定的消费群体,即宫廷和皇室,其中以供应宫廷需求为主,也就是说"统治阶层集生产者和消费者于一身"。所以,景德镇御器厂集中了当时技艺一流的匠师,占用优质原料,其产品只求质量和纹饰效果,不计较工时和成本,因而烧出的瓷器品质精美。皇家的需要,使景德镇的制瓷技艺精益求精,达到了任何瓷区都难以比肩和超越的程度。在官府的投资背景下,御器厂生产出了最高品质的瓷器。

除最具代表性的青花瓷外,还有如永乐的甜白釉、宣德的红釉和蓝釉、成化孔雀绿和弘治黄釉等。《南窑笔记》记载"官窑"产品:"月白釉、蓝色釉、淡米色釉、米色釉、淡龙泉釉、紫金釉六种,宣成以下俱有。"制瓷匠人在明初彩瓷的基础上,烧制出成化斗彩瓷器。斗彩是釉下青花和釉上彩相结合的一种彩瓷新工艺。成化斗彩基本都是官窑器,在明代有着极高的声誉,其影响甚至一直延续到当代,如 2014 年 4 月 8 日香港苏富比春季拍卖会上拍出 2.8124 亿港元的成化斗彩鸡缸杯,就是明代成化斗彩的代表作。釉上彩和成化斗彩的成就,也说明了景德镇在薄胎瓷制作上已经达到了历史的最好水平。由此可知,明代景德镇的制瓷技术已经很成熟。景德镇的胎、釉的制作技术,相比元代有了进一步的提高。器型的制作一般都比较规整,陶车制坯的技术十分成熟。产品的图案装饰技术发展也很成熟,已经有了很全面的技术分类,有釉上彩、釉下青花、釉上釉下结合的斗彩,还有高温色釉等。

景德镇的民窑也从未停止对御窑的仿制。后来由于皇家对瓷器需求量的增加,明中期以后,御器厂实行"官搭民烧"的政策,景德镇的民窑有机会直接参与御用器的生产,不仅使民窑技术水平和烧造质量迅速提高,而且使他们有了制作和烧造与官窑同等水平的优质瓷的声誉。此外,隆庆年间对"海禁"政策的废除,也极大地刺激了景德镇官窑和民窑的生产。嘉靖年间到万历年间,官窑生产数量成倍增加,民窑到嘉靖年间数量已达 900 余座,年产瓷器约 18 万担,大小搭配,每担以 200 件计,产量达 3600 万件。景德镇民窑也因为产品质量高吸引了众多来自国外的客商,带动了陶瓷贸易和陶瓷文化在世界范围内的发展。

元代后,景德镇以外的各大窑场都日趋没落。龙泉青釉瓷虽在明初仍继续大量烧造,但后来由于追求数量而粗制滥造,而且它单一的釉色无法和景德镇的釉下彩、釉上彩、斗彩以及多种多样的高温色釉相媲美。磁州窑系的白地黑花器,虽然仍为民间所喜爱,但是和景德镇的青花相比较,在胎、釉和制作工艺上都望尘莫及,最后亦归于没落。还有当时的饮茶习惯也发生了改变,一改宋人爱饮末茶的习惯,而流行纯净的煎茶和泡茶。于是,黑褐色的建窑制品受到了冷落,取而代之的则是景德镇青花瓷。

青花瓷在元代便由景德镇的工匠创烧,青花瓷出现以前的宋元瓷器,虽然品种丰富,但手法基本上是在一道釉的基础上进行刻花、划花、印花、雕花、贴花等,其方法和程序复杂又费时间,不如用笔描绘来得快。青花瓷出现不久就立即流行和风靡起来,其色彩明丽,加上景德镇晶莹如玉的釉色,使其显得浓艳清新,因此很快就受到国内外市场的欢迎。入明后,青花瓷得到了明统治者的青睐,成为明代景德镇官窑和民窑的主要产品。明初的青花瓷使用的是进口钴料,大多由皇家在朝贡贸易中取得,拨给御器厂烧造,成品青花瓷器供皇家使用,民窑被禁止烧造。到明中后期,由于对民窑的限制放宽,再加上国产钴料的使用和普及,使得青花瓷的生产成本下降、产量剧增,青花瓷也成为海外贸易的热销品和中国瓷器的代名词。以青花瓷为标志,彩瓷成为中国瓷器发展到明代及以后的时尚,表明中国瓷器史上彩瓷取代传统青、白等单色瓷的划时代变迁。一种海外流行的时尚遂成为中国本土的时尚,中国传统的人物、花鸟、山水,与外来的伊斯兰风格融为一体,青花瓷成为中国陶瓷的代表,始在亚、非掀起了中国风,后流行于欧美,最终形成了万里同风,成为世界时尚。

在中国其他地区还有一些大大小小的窑场,也在不断进行生产,如德化白瓷、宜兴的紫砂器、石湾的窑变釉等。明末景德镇生产的青花瓷不足以覆盖国内外市场,因而在云南、福建、广东等地也开始大量烧造青花瓷。如云南建水窑、福建漳州窑、广东潮州窑等。这一时期,外销市场上出现了非常著名的"汕头瓷""潮州瓷"。这些外销品种大都是青花瓷,也有少部分五彩瓷,且都是受景德镇民窑的影响发展起来的。

明代以前,中国陶瓷以素瓷为主,到了明代,尤其是嘉靖万历以后,为了应对不同的国际市场,中国陶瓷跨入了一个以生产彩绘瓷为主流的时代。尤其是景德镇,在青花瓷的基础上发展出三彩瓷、红绿彩瓷、金彩瓷、斗彩瓷、五彩瓷等,还带动了国内外,尤其是我国沿海一带的青花瓷及彩瓷的发展,使中国成为世界的制瓷中心。

2. 德化窑

德化窑位于福建中部,临近泉州港。由于交通的便利,其陶瓷生产总是与海外市场有着密切的关联。德化窑从宋元时期就受景德镇窑的影响,大量制作青白瓷出口到东南亚和非洲国家。

明代德化白瓷的瓷胎用氧化硅含量较高的瓷土制成,其氧化钾含量也高达6%,烧成后玻璃相较明显,胎质致密,透光度良好。其釉也比较有特点,既不同于唐宋时代北方地区白瓷的釉,也不同于景德镇白瓷的略带青色,而是色泽光润明亮,乳白如凝脂,在阳光照射下可见釉中隐现粉红或乳白,因此有"猪油白""象牙白"之称,后来传入欧洲,又被法国人称为"鹅绒白""中国白",其色泽以白中微显红色为贵。

德化白瓷的品种主要有器皿和雕塑两大类。器皿又可分供器和日用器皿两种:供器的种类主要有烛台、香炉、花瓶及仿玉、仿青铜礼器;日用器皿主要有酒杯、碟、碗及作为文房用具的笔筒、笔架、水洗、印章等。瓷雕多见佛、道神像,如达摩、弥勒佛、观音、释迦牟尼和关帝像等。当时的瓷雕名家有何朝宗、张素山、林朝景等,他们的名字常常刻在他们自己所创作的瓷雕背后,其中以何朝宗最为有名。

不少明清时期的德化白瓷工艺精良,有别于同时期德化窑生产的一般民用瓷器,因此德化窑不仅是一处生产民间用瓷的窑场,而且是一处曾为明清两代宫廷生产过贡品瓷器的民窑场。明代德化窑的瓷器不仅在国内有广阔的市场,而且畅销海外。美国学者约翰·艾尔斯写道:福建德化早在宋末就生产瓷器(实际上德化从唐代就开始生产瓷器),但是直到 17 世纪其生产才达到高峰。当时西方商人发现德化瓷器别具一格、质量高。20 世纪 80 年代从"哈彻号"(Hatcher Junk)中发现了 700 多件德化瓷器。这些瓷器中有碗、酒杯、带盖箱子和观音像等。

3. 漳州窑

漳州窑是对明清时期福建漳州地区窑业的总称,其窑址分布于平和、漳浦、南靖、云霄、诏安、华安等县,尤以平和的南五寨地区窑址最为集中和具有体表性。漳州窑的兴盛时期应该是在明末清初。荷兰学者芭芭拉·哈里森在其书中写道:这种瓷器在 16 世纪首次出现,在 17 世纪停止生产。直到 1662 年,福建省一直在郑成功的控制之下。与景德镇窑在明末清初的战争中被摧毁不同,漳州窑受到了郑成功的保护,没有遭到破坏,漳州瓷器出口贸易照常进行。也就是说,漳州窑是趁明末清初景德镇因为战乱瓷器出口困难,而利用沿海的优势发展起来的。

通过出土的实物,我们看到漳州窑所生产的瓷器多数是青花瓷,还有少量白瓷、青瓷以及蓝釉、酱釉等单色釉瓷和五彩瓷。青花的呈色有蓝灰、蓝黑、墨绿等,以蓝灰为多。胎色为白色或白灰色,胎体较厚,底足大多露胎,较大器物(如大盘、大碗等)底足多附砂(又称"砂足器"),碗、碟等多见内底有叠烧的涩圈。有关漳州瓷的瓷质,西方文献也有记载,认为"漳州瓷器厚重、底部有砂砾和釉"。17 世纪末,法国传教士李明(Louis Le Comte)也描写了漳州瓷器,他说:"从福建给我们带来的瓷器,并不名副其实,又黑又粗,还不如我们的'Fayence'(陶器)。"这说明当时这些瓷器虽是为了填补景德镇出口瓷的空白而制作,但毕竟制作时间较短,在瓷器的质量上还难免较粗劣。

漳州窑的大部分青花瓷是销往海外市场。海外的许多遗址、沉船与收藏中发现了不少漳州瓷。1998 年底到 1999 年初,中国水下考古研究中心组织专家对西沙群岛进行水下考古调查,在北礁发现了"北礁三号"沉船遗址,采集到一批漳州窑青花瓷器标本。菲律宾海域打捞的西班牙战舰"圣迭戈号"(San Diego Wreck,1600 年沉没)、大西洋圣赫勒拿岛附近海域的"白狮号"(Witte Leeuw,1613 年沉没)、"哈彻号"(Hatcher Junk,1643 年沉没于南中国海)、"平顺号"(Binh Thuan,明末沉没于南海海域)等,均装载有漳州窑的青花瓷器。此外,在日本、东南亚等国家和地区的一些古遗址中,也发现、出土不少漳州窑青花瓷器。

有关漳州窑出口瓷的情况,在许多西方文献中也有记载。如英国学者威尔士在其书中写道:中国、葡萄牙、荷兰商人都在日本和东南亚进行广泛的以货易货,用漳州外销瓷器换香料。而且,漳州瓷器成为印度尼西亚、婆罗洲(加里曼丹岛的旧称)、菲律宾大多数家庭的传家宝和地位的象征。还有一些漳州瓷器经英国转运到欧洲国家在美洲的殖民地。马尼拉邮轮通过贸易把许多漳州瓷器运到新西班牙(其范围包括今美国西南部、墨西哥、巴拿马以北的中美洲、西印度群岛的西属殖民地等),墨西哥宪法广场也出土了青花漳州瓷器和釉面漳州瓷器。这都说明漳州窑生产的时间虽然不长,但影响不小,而且产量也不少。

4.潮州窑

中国的青花瓷有着广阔的海外市场,受到不同国家人们的喜爱,而正值欧洲地理大发现的时代,欧洲不同国家的商船纷纷来到中国沿海的港口,购买大量的瓷器,尤其是青花瓷,因而促进了沿海一带陶瓷业的发展。如福建有著名的"汕头瓷"(因在汕头港出海故名,其产地在漳州)供出口,广东则有著名的"潮州瓷"供出口。

根据出土瓷器来看,成熟的青花瓷器最早应是出现在明代中晚期,当时瓷器生产已相当普遍。其中广东生产青花瓷的主要窑口是潮州窑。历史上,潮州是广东东部地区政治、经济、文化中心,也是广东生产陶瓷的重要区域。潮州曾辖现在的汕头市、揭阳市、梅州市以及闽南的漳浦一带。清代乾隆年间有"潮州府,一府管九县"之称。潮州窑青花瓷分布于粤东的大埔高陂、饶平九村、惠来、兴宁、五华、平远仁居、揭西河婆、丰顺、潮州枫溪等地。粤东地区依其得天独厚的自然优势,具备陶瓷生产条件,是理想的陶瓷产地。潮州历史悠久,受中原文化影响深厚,与中原的交流密切,在此基础上形成了具有独特风格的潮州陶瓷文化。

明代潮州窑的青花瓷器就是为大量外销而制作的,而且主要是弥补了景德镇青花瓷在海外市场上的空白。明代中晚期,受景德镇民窑青花瓷生产工艺的影响,高陂、九村、惠来等窑场的陶瓷工匠们开始研究、试烧带青料简单彩绘的青花瓷,他们利用优质的高岭土,烧造出1300℃以上晶莹如玉的高温日用瓷,满足了市场需求。

二、陶瓷外销的地理分布

明代早期至中期,对外贸易实行朝贡体制。此时的陶瓷器,有的是通过赏赐、交换等方式而输出,有的则是伴随郑和下西洋带到东南亚及西亚一带。郑和下西洋的壮举,对于陶瓷贸易而言并没有太大的积极意义,因为它是一种不对等的朝贡贸易或赏赐。但是他把大量精美的永乐、宣德青花瓷器带到了航海所及的地区,同时也把这些地区的钴料和一些器物带回,影响了青花瓷器的烧制质量和造型,无形中也起到了促进文化交流的作用。此时,中国与欧洲之间还没有直接贸易,这些瓷器应是郑和带到西亚、东非地区后,再间接传入欧洲的地中海沿岸地区。这一时期对外输出的瓷器主要有景德镇的青花瓷、龙泉窑青瓷等,数量亦不大。

至明代中期,由于生活的压力增加,民间走私贸易日益严重,陶瓷走私贸易亦不例外。此时外销的陶瓷除了景德镇瓷器,还有福建、广东窑场的产品。在整个明代早期至中期,陶瓷外销的市场局限于"广州通海夷道"沿线的国家和地区,即日本、朝鲜半岛、东南亚、西亚、东非等地。当时在东南亚等地,能生产相对优质陶瓷器的只有越南、泰国等少数几个国家。因此,虽然明政府实行禁止海外贸易的政策,但在市场需求和经济利益的推动下,陶瓷产品的外销日渐繁荣。

明代中期至晚期,海禁政策逐渐松弛。随着隆庆开放月港,"准贩东西洋",加上大航海时代的来临,中国陶瓷的外销开始迎来新的高峰。而明代嘉靖时期官窑"官搭民烧"制度的改革,使得景德镇民窑业得以迅猛发展,青花瓷器的烧造技艺迅速向福建、广东等东南沿海地区传播。此时中国生产的瓷器不仅畅销亚洲和非洲很多国家,而且开始大量销售到欧洲。欧洲大量贩运中国的青花瓷器始于地理大发现时期。

1498 年葡萄牙航海家达·伽马绕过好望角,第一次通过海路到达了充满梦幻的远东,打通了海路,为东西方大规模贸易做好了准备。1511 年葡萄牙人占领了马六甲海峡后,随即开拓东南亚市场,并开展与中国的贸易。1513 年,葡萄牙人最先来到中国,在广州附近上岸。1517 年,8 艘船抵达位于澳门东南的圣约翰岛,开始了与中国的贸易。嘉靖三十二年(1553 年),葡萄牙人进入并"租居"澳门,开始以澳门为中转基地,利用明政府准许广东市舶司开放对外贸易的政策,开展对广东的贸易。从万历六年(1578 年)开始,经广东地方政府批准,葡萄牙人获得允许,于每年春、夏两季到广州海珠岛参加为期数周的定期市(交易会)贸易,直接在广州购买生丝、丝织品、瓷器等商品运往澳门,再转运至日本、东南亚和欧洲出售。在葡萄牙人同广东的贸易打开局面之后,葡萄牙人又在臣服于明朝皇帝、服从明朝官府管辖的前提下,开始经营海上贸易,大力开展澳门与印度果阿(Goa)直到里斯本的贸易,由此开通了广州—澳门—果阿—里斯本的海上贸易航线。澳门的多处地方出土了不少明代嘉靖、万历时期的外销青花瓷器碎片,以克拉克瓷居多,有花鸟、山水、人物等纹饰。这印证了明代澳门作为中西陶瓷贸易中转地的盛况。从此,中国的瓷器开始更便捷地输往欧洲。

1587 年,葡萄牙东印度公司成立;1600 年,英国东印度公司成立;紧接着,荷兰东印度公司于 1602 年成立。欧洲各国东印度公司的成立使中国瓷器得以大量出口,以满足当时欧洲市场对中国商品的需要。1603 年,荷兰武装船队在马六甲海峡截获葡萄牙商船圣卡塔琳娜(Santa Catarina)号,船上载有近 60 吨约 10 万件中国瓷器。荷兰人将这些瓷器运往阿姆斯特丹拍卖。据东印度公司的档案记载,在明崇祯九年、十年、十二年(1636、1637、1639 年),荷兰曾分别购买景德镇瓷数十万件之多。有学者根据荷兰东印度公司残存档案粗略统计,17世纪上半叶,有超过 300 万件中国瓷器到达欧洲,其中主要是荷兰人采购的。

在明早期的朝贡贸易和郑和下西洋活动中,已经建立了比较通畅的与东南亚各国家、地区,乃至非洲等国之间的海洋贸易通道。在海禁时期,中国与这些国家的陶瓷贸易以官本贸易为主,也不乏民间商人躲避官府的追查,私下与外商贸易。到开海时期,民间贸易的现象就更为普及,大量国内民间的商人及外商将陶瓷运往国外销售。印尼人林天佑所著《三宝垄历史》中记载:"三宝垄……华侨商人和各种中国货物越来越多……经常有几十捆的陶瓷器从三宝垄运往爪哇内地。"万历二年(1574 年),曾有三艘中国商船到马尼拉进行交易。"华商运来的货物有些是杂碎的零星日用品,其中有菲律宾摩尔人常用的中国大陶瓮,此外尚有粗瓷、铜铁杂器,另有精细瓷器以及丝织品。"不仅中国商人向东南亚地区运销中国瓷器,西方人也从事这种生意。如荷兰东印度公司的材料记载,荷兰的商船也将中国粗瓷运往加尔各答销售获利。1602 年至 1644 年,荷兰东印度公司贩运到印尼各岛的明瓷总额在 42 万件以上。仅 1636 年一年,从巴达维亚(今雅加达)运到爪哇、苏门答腊西海岸和文郎马神(今印度尼西亚马辰)等地的瓷器总数就多达38万件。当时大规模的外销需求也促使福建、广东等沿海窑场借鉴景德镇的青花生产工艺,独立发展出以外销为目的和手段的青花生产基地,并借助沿海优势,以相当具有竞争力的价格,大量销往东南亚和日本一带。

三、陶瓷外销的主要线路

明代由于海外交通港口位置的转移,泉州港逐渐衰退。这一时期福建陶瓷的对外输出,特别是青花瓷器的外运,是通过漳州月港、厦门港、安平港、福州港出海,销往海外诸国去的。福建由于邻近东亚和东南亚地区,因此其外运的青花瓷大多数输往东亚和东南亚地区,如日本、泰国、印度尼西亚、马来西亚、菲律宾以及新加坡等国。当然,也有一些是通过上述国家然后转运到欧洲及东非诸国,也有一些是直接销往欧洲各国的。可以说,自明清以来,福建陶瓷输出的港口更多了,外销数量也更大,运销的国家和地区更加广泛了。

明成化八年(1472年),福建的市舶司由泉州迁到福州,福州成为明代对琉球开放的正式朝贡贸易港。明初郑和率领的官方船队七下西洋,把朝贡贸易推到顶峰,下西洋时曾选择以福州的长乐港作为驻泊锚地,景德镇的青花瓷也随之输出海外。明政府在明中期以前对海外贸易实行了最大限度的控制和垄断,实行的是"时禁时开,以禁为主"的朝贡贸易政策。朝贡贸易的结果是使政府不堪重负。因而从明中期以后,明朝不断调整贸易政策,一是准许非朝贡贸易国家的船舶入广东贸易;二是因"倭祸"而"革福建、浙江二市舶司,惟存广东市舶司"对外贸易,由此刺激了广东私商的海外贸易,广州港重新成为中国海上丝绸之路的第一大港。

隆庆元年(1567年),明朝承认月港的合法海外贸易地位。漳州月港随之取代福州、广州,成为东南沿海最大的对外贸易港口,中国产的大量茶叶、生丝、瓷器、铁器等货物由此外运出海。当时在海内外市场最受欢迎的是景德镇的青花瓷,但仅靠一个地方生产难以满足市场需求。由于广东和福建是明代出口货物的主要港口所在地,因此,两省当地的窑口根据市场的需求大量仿造景德镇的青花瓷也就是情理之中的事了。

明代景德镇窑业为了海外市场的需要而生产了大量的瓷器,这些瓷器又是如何从内陆运送到沿海的呢?从路线来看主要有两种选择,其一是全水路运输,从昌江顺流而下,过鄱阳湖,从湖口入长江,顺江出海,至宁波、泉州、广州等口岸出海。其二是陆路加水路运输,如自昌江至赣江,经一段陆路再到福建、广东等沿海港口出海。大多数学者认为,景德镇外销瓷器(包括江西古代其他窑口的瓷器)出运各海港的路线是以纯水路出运为主,水陆兼程为下选。但20世纪60年代中期至80年代初,在赣闽之间古驿道上的南城、广昌、会昌等地频繁出土了万历外销青花瓷盘(即国内十分罕见的"克拉克瓷"),充分证实了赣闽之间的江西外销瓷出海通道的重要性。

四、陶瓷外销的商品结构

明朝初期虽实行海禁政策,但仍有陶瓷器输往海外地区,这一时期主要的出口品种是青花瓷,青花瓷也是唯一贯穿明、清两代的外销瓷品种。在海禁政策的影响下,景德镇瓷器对外贸易的销路及销量皆受到巨大限制。在销路方面,仅限于东南亚、东亚、非洲的一些国家,如印度尼西亚、日本、朝鲜等地,以东南亚为主要销售地;在销量方面,此时瓷器主要通过朝贡贸易的形式对外销售,且明代早期处于海禁政策颁布之初,执行严格,敢于违令下海贸易者极少,所以私人对外贸易有限,而官方海外贸易以赏赐为主,目的是彰显大国之威,甚至多采用以物易物的贸易方法,来换取中国本土较为稀缺的物品。

至明代中后期,朝廷对海外贸易的管控逐渐松动,并在隆庆元年(1567年)开放海禁,而后欧洲商船频繁来华贸易,使得这一阶段海外贸易最为活跃,以至在清代以后,欧美商船的海外贸易仍较为发达。随着新航线的开辟,除了中国沿海、东南亚等海域外,大西洋、印度洋等海域也有一些沉船发现,但仍以南海海域发现数量最多。明清时期欧美商船的装载量一般都较大,船货类别丰富多样,所载瓷器少则几百、几千余件,多则几万、十几万,甚至几十万件以上。比如,1600年沉没的西班牙"圣迭戈号"出水文物达34407件,其中瓷器有5671件。从许多沉船出水器物中也可以看出,中国陶瓷器是重要的贸易商品之一,陶瓷类别以景德镇民窑青花瓷、龙泉窑青瓷、漳州窑青花瓷、德化窑白瓷和青花瓷、广彩瓷器、宜兴紫砂器等为主。如广东汕头"南澳一号"沉船出水瓷器近3万件,主要为漳州窑青花瓷器、景德镇窑青花和五彩瓷器。

明代中国陶瓷器的外销以景德镇民窑、漳州窑、德化窑等为主,类别以青花瓷为主,五彩瓷器和德化窑白釉瓷器也较为常见。从品类上看,日用瓷居多,如成套使用的餐具、茶具、咖啡具等,器型较大的罐、瓶等也较多见。从风格上看,早期外销的瓷器完全是中国风格的青花瓷,不带有任何西方文化的特点,瓷器的器型、装饰图案等都能被西方消费者接受。大约在1635年之前,出口到荷兰的瓷器完全是中国器型、中国纹饰的。之后,荷兰开始根据欧洲消费者的喜好向中国瓷商下订单,他们有时甚至送来模型让中国瓷器手工业者制作出一样的瓷器。到明末,欧洲人不仅需要中国风格的外销瓷,还需要适合欧洲人使用、具有欧洲风格的外销瓷。于是在这个时期,出现了专门为欧洲人定制生产的瓷器。如1639年,"卡斯特里克姆号(Castricum)"商船的船长带着阿姆斯特丹荷兰东印度公司的一个订单来到中国,这一订单总共订购25000件瓷器,这些瓷器都要按照荷兰送来的木制模型制造。有一封信,简明地介绍了需要订购的瓷器种类,其上还有许多可供参考的模型。这封信还规定,瓷器必须精美透明并且用青花装饰。从《巴达维亚城日志(1624—1682)》《平户日志》和《长崎日志》中可以明显看出,整个17世纪欧洲消费者都偏爱青花瓷,他们只进口了少量珐琅瓷。其中一些珐琅瓷,尤其是天启年间的珐琅瓷,似乎完全是为符合日本市场的需求而专门定制的。

明代外销青花瓷中具有显著外销特色的青花瓷品种,其中一类是"克拉克瓷",国内较少有成品发现,但在欧洲、亚洲很多国家的博物馆中均有收藏,葡萄牙、荷兰收藏尤多。"克拉克瓷"是欧洲人早期欣赏的某些特定类型的青花瓷。由于这些瓷器多由葡萄牙人的克拉克船运输,因此被称作"克拉克瓷"。"克拉克瓷"在器型、图案式样等方面都具有鲜明的中国风格,有瓶、壶、盘等各式器皿,其中有不少莲瓣口折沿盘,绘花卉、花鸟、盆花等纹饰,四周在6至8个不等开光内绘花卉等图案。

还有一类西方人定制的带有徽章的瓷器,即"纹章瓷",种类多样,颇有特色。早期的纹章瓷是在明晚期由欧洲王室或贵族向景德镇定制的青花瓷,纹章瓷多是西方皇家贵族、各个团体组织等为彰显身份地位让中国瓷匠按照他们提供的纹饰和图案专门烧制的。所提供的图案被称作"纹章",也就是贵族、显赫的家族、军事团体、公司等的象征标志。因为大部分纹章瓷是为欧洲皇室贵族专门定制的,上面多有贵族家族的徽章,所以纹章瓷也被称作"徽章瓷"。这是一种专门用于外销的瓷器,纹饰图案很少被国内消费者接受。由于纹章瓷多是皇室定制,并且对瓷器各方面要求十分严格,许多瓷器专家普遍认为纹章瓷是外销瓷器中的精品。

明末德化白瓷的生产发展到顶峰,此时期的德化白瓷胎体细腻、致密,釉质光洁莹润、白中泛黄,器皿造型优雅,佛道人物塑像气韵生动而飘逸,不仅在国内市场热销,还大量外销至欧洲,成为西方人家居陈设和收藏的珍品。明清德化白瓷对欧洲的社会生活及其白瓷产业的出现都产生了重大的影响,被欧洲人誉为"中国白""欧洲白瓷之母"。

复习与思考

1. 明代陶瓷的生产较元代有哪些变化?

2. 明代早期陶瓷外销有哪些特点? 陶瓷外销政策有哪些理论支撑?

3. 明代中晚期陶瓷外销的形式有什么变化? 为什么会产生这些变化?

4. 明代中晚期陶瓷外销有什么特点?

5. 明代中晚期中国陶瓷外销市场和外销瓷类型有哪些?

第五章　清代中国陶瓷的外销

【案例导入】

18 世纪中期沉船与清代外销瓷

瑞典商船"哥德堡号",最大载重 960 吨,船上装备有 30 门大炮。在它沉没之前已经两次成功往返中国和瑞典,每次历时一年半。可是最后一次航程足足用了两年半的时间,经过种种磨难,眼看到了家门口,却触礁沉没了。1745 年沉没时船上共装载有 700 吨货物,包括 12 桶、289 箱、2388 捆瓷器,共计 50 万至 70 万件。公司在第一时间就组织了对船货的打捞,随后在 19—20 世纪私人又进行了几次打捞,其中 1906 年、1907 年的打捞,获得完整瓷器 4000 余件。最近一次打捞,从 1986 年开始,在哥德堡海洋考古学会的主持下,共获得瓷片 2.5 吨,大约 200 万片,完整瓷器仅有 100 余件。

瑞典东印度公司成立于 1731 年,晚于其他欧洲主要国家,同时规模也比较小。在"哥德堡号"沉没后,瑞典东印度公司只剩下 5 艘商船,雇员在 400 至 800人,而同一时期,荷兰东印度公司的雇员大概有 3 万至 4 万人。瑞典东印度公司在 1806 年倒闭之前共进行了 75 次远航,有 72 次目的地都是中国广州。18世纪上半叶,瑞典还是一个比较落后的农业国家,消费能力有限,因此瑞典东印度公司在 1731—1746 年第一次特许经营期间,接近 90% 的货物在国内拍卖后又再次出口到其他国家,此后这一比例才逐渐降低。到了 18 世纪 70 年代,瑞典已经基本达到欧洲发达国家经济水平。

据 1986 年水下考古统计,"哥德堡号"出水瓷器中青花瓷占 51.7%,外酱釉、内青花的巴达维亚瓷占 22%,两项加在一起占到整个瓷器比例约 3/4,这两类瓷器都是一次烧成,成本较低。此外,中国伊万里瓷器占 10.5%。器型以日常餐饮用具为主,包括盘、碟、碗、茶壶、茶杯等传统中国器型,还有一些带把的杯子、水罐、牛奶壶等西方器型,数量不多,基本不见花觚、梅瓶、将军罐等陈设类瓷器。相比较而言,中国样式的瓷器要比欧洲样式的瓷器制作更为精良,且胎体轻薄、釉面光滑。这可能是因为此时中国工匠在生产欧洲器型的瓷器方面还不够熟练,所以显得胎体厚重,质量不高。此外,船上还发现有少量动物造型的瓷塑。

在瓷器图案方面,因为釉上彩绘在海水冲刷下基本已经剥落殆尽,统计只能以青花为主。共有90余种图案,大致可以分为4类:

第一类是山水图案,包含远山、近水、天上飞鸟、地上树木、佛塔、寺庙、渔人在船上捕鱼或者行人携伞从桥上经过等。这类图案构图比较完整,画风随意,写意大于写实。

第二类是动物纹,主要是天鹅,在池塘畔或走或飞,搭配上几丛秋草,两枝野花,画风比较随意。

第三类是庭院花木,一枝梅花,两根修竹,一块太湖石,有时还搭配有菊花、牡丹、松树等。有几件大盘绘画工细,大部分略显草率。

第四类是折枝或缠枝花卉,有荷花、牡丹、菊花、梅花等,也是工细的少,粗率的多。

主要的青花图案可以分为这么4类。另外还发现几件斗鸡纹、博古图的盘子,这在外销瓷中比较少见。同船还打捞上来7种纹章瓷,应当是私人定制的。

尽管这次打捞上来的瓷器并非"哥德堡号"船货的全部,但是从目前掌握的资料来看,船上的瓷器总体质量、档次不高,纹饰、器型都以中国风格为主,少见人物纹。与1725年在越南海域沉没的"金瓯号"相比,"哥德堡号"某些瓷器还带有雍正甚至是康熙时的遗风。

(资料来源:王平《18世纪中期沉船与清代外销瓷》,《文物天地》2013年第2期,有删改)

【学习目标】

通过本章学习,可以:

1. 了解清初期社会经济发展情况;
2. 掌握清代瓷器的种类;
3. 了解清代晚期瓷器外销衰败的原因。

第一节 社会经济概述

清代是中国历史上最后一个封建王朝,它无论在政治上还是经济上都取得了巨大的成就。清朝统一了蒙古、新疆、西藏、台湾以及云贵等各边疆地区,并经过经营开发,大大加强了中原地区和边疆地区的经济和文化联系,建立了中央政权对边疆地区有效的政治管理。国家的大一统,促进了社会经济的进步,清代前期社会经济取得了重大发展,诸如粮食生产、农业和手工业中的商品生产、市场一体化,以及财政制度、租赁制度、雇工制度等方面的发展变化,均大大超越前代。但是到了19世纪下半叶,国内外经济形势发生了急剧的变化:一方面,西方世界发生了第二次工业革命,世界市场加速形成;另一方面,清朝末期外部势力对我国发动了鸦片战争、甲午战争等侵略战争,对我国的经济造成了严重影响。

一、清前期社会经济发展概况

1. 农业

清代粮食生产最突出的成就就是地区扩散,即粮食亩产量在全国广大地区普遍提高,从而带动粮食总产量的提高。据郭松义教授估算,鸦片战争前,全国平均亩产239市斤,粮食总产量为274509百万市斤,人均占有粮食653市斤,如果把全国划分为北方旱作区和南方稻作区,则北方平均亩产114市斤,总产量为60123百万市斤,人均占有464市斤;南方平均亩产344市斤,总产量为214386百万市斤,人均占有737市斤。南方的农业生产水平,总体上要高于北方。这个估计并不包括粮食以外的商品性农作物。棉花、蚕桑、苎麻、烟草、甘蔗、茶叶、蓼蓝、花生等的种植均有发展,其中棉花、烟草、甘蔗、花生等的种植,发展尤为显著。据估计,清代前期商品性农作物的播种面积大约占全部耕地面积的十分之一。

清代粮食生产的发展具有多方面的原因。从粮食生产本身来说,首先,多熟复种制度的推广。明代北方地区的土地利用并不充分,复种指数不高。清代特别是18世纪中叶以后,北方各省除一年一熟地区外,山东、河北、陕西关中等地区已经比较普遍地实行了三年四熟或二年三熟制,并逐步完善,趋于定型。

其次,水稻、玉米、甘薯等高产作物得到推广,粮食作物结构得到调整。再次,品种改良、栽培管理、肥料施用等精耕细作经验由官府和民间推动,特别是移民的传播,在各地得到广泛交流。最后,开垦荒地、改良土壤、改造低产田、兴修水利和植树造林等农民长期的劳动积累得到了充分发挥。特别是农田水利建设方面,清代兴建了大量的中小型灌溉工程,这些工程多是因地制宜而修建的,取得了很好的灌溉效益。

2. 手工业

手工业是清代仅次于农业的"第二产业"。明代中后期,手工业的发展已经具有相当高的水平,清前期的发展则超过了以往历代。这一时期,主要手工业行业门类已经初步形成,生产规模扩大,商品生产发展,市场交换增长,特别是在一些经济发达的地区,逐渐形成了相对集中和规模化的手工业生产区域,在工场内外出现了专业化分工协作。

清代手工业的发展是以整个社会经济的发展为前提的。第一,它吸取了前代手工业发展的经验。明代手工业在生产工具、技艺等方面达到了很高水平,也积累了丰富的生产经验,明代后期随着匠籍制度的瓦解,手工业者获得了人身自由,极大地调动了生产积极性。第二,清代农业,特别是经济作物种植的扩大,为手工业的发展提供了更为坚实的物质基础。第三,清代人口的激增使得人们对手工业产品的需求扩大。无论是衣食住行的日常用品和生产所需的生产资料,还是奢侈性消费品,商品性需求都大大增加。在那些手工业发达的地区,人们生活水平的提升也刺激了消费,社会经济发展出现了良性循环。第四,清前期国内外市场条件也有很大发展。自明代中叶以来,一方面,随着商路的兴盛和交通运输条件的改善,国内市场和商品流通活跃,刺激了手工业生产;另一方面,私人海外贸易的发展,扩大了丝织品、茶叶、瓷器、糖类等商品的出口。国内外市场为手工业生产提供了强大的推动力。江南地区和珠江三角洲等沿海地区手工业的发展,正是得益于其便利的交通条件和千丝万缕的国内外市场联系。第五,清政府对手工业的政策也起到了推动作用。清政府鼓励纺织业的发展,如一些地方政府出资购置桑苗无偿发给农户,并从发达地区雇工匠高手仿制缫丝、织造工具;康熙年间开放海禁,逐渐放宽了对造船业发展的政策;清政府从乾隆时期开放矿禁,听任民间开采。

3.商业

清代统治区域辽阔,国内市场空前扩大,商业发展也进入前所未有的鼎盛时期。下面主要从商业流通的基本条件、国内市场长途贩运、市镇发展、商业城市和商人组织的角度来介绍清前期商业的发展。

首先看交通网络、服务设施和金融机构等商业流通的基本条件。第一,相对于前代,清代的水陆交通和陆路交通都较为畅通。第二,清代前期,商品流通中的各种服务设施,如运输、转运、保管、食宿、纳税等方面,无论数量还是质量,都有很大的改善。这些设施既有官府根据需要而设置的,也有民间百姓作为谋生方式而提供的,客观上都促进了商业流通的发展。第三,明清时期金融业迅速发展,从钱庄、银号到账局、票号,从简单的银钱兑换到存放款、汇款、信贷,既保证了商品流通的顺利进行,也促进了商业交易的快速实现。特别是票号的出现,极大地方便了大规模的商业活动和长途贸易。

其次看大宗商品的长途贩运。商品流通距离的大大延长是清前期贩运贸易的一个最大特点。由于从内陆到边疆交通路线的畅通,内陆商人在新疆、青海、西藏、甘肃、东北、云贵等边远地区的经商活动十分活跃。中原地区的长距离贩运也非常活跃,近者横贯全省,远者跨越数省,如浙江宁波的商人,"四出营生,商旅遍于天下"。在贩运贸易中,商品种类也比过去更加丰富,如丝绸、茶叶、瓷器、铁器、染料、笔墨纸砚、烟草和木材等商品,也各处行销。各地都有一些土特产驰名和行销全国,以粮食为例,清前期粮食的商品量约为268.3亿千克,占粮食总产量的17.26%,其中跨区长途贩运的商品粮占粮食总产量的5.5%。粮食跨区流转具有非常重大的意义,它是社会经济出现较大发展的一个显著标志。

再次看市镇的发展。清代市镇一般是在市、集、场、圩和军事镇的基础上由小到大发展起来的。市镇的繁荣带动了市、集、场、圩的发展,也有力地促进了城市经济的发展。有学者把清前期的市镇归纳为5种基本类型,即地方供需型市镇、产品产销型市镇、商业转运型市镇、综合型市镇和军事型市镇。

再次看商业城市的发展。传统社会的城市大体上可分为两类:一是各级行政中心或者军事中心所在地的政治军事性城市,二是手工业和商业发达的工商业城市,后者又可以细分为手工业城市和商业流通城市。清代以手工业发达而著称的城市有苏州、杭州、南京等,以商业流通枢纽而著称的城市有临清、淮安、上海、天津、重庆、汉口等,此外,还有以贸易口岸而著称的广州、张家口等城市。

最后看商人组织。清代商人遍布社会各个阶层,除了在明代已经形成的山西、陕西、福建、广东、江西等地区商人外,还出现了鲁商、安徽宁国商人、浙江宁波商人等,各地商人组建的会馆和公所发展很快。由此可见,清前期商业发展确实达到了前所未有的水平。

二、鸦片战争后

鸦片战争后,随着中国市场的被迫开放,西方工业品开始输入。同时,海外市场对中国原料性产品及手工业品的需求不断增加,一方面逐渐破坏了中国自给自足的自然经济基础,使中国成为西方工业品的市场;另一方面也刺激了中国出口商品生产的增长。靠近通商口岸的沿海地区的社会经济生活发生了巨大变革,如鸦片战争后,外商争购生丝、茶叶,一时间植茶及种桑养蚕利润可观,于是茶叶、桑蚕生产规模迅速扩大。据史料记载,福建武夷山地区,"夙著茶名,饥不可食,寒不可衣,末业所存,易荒本业。乃自各国通商之初,番舶云集,商民偶沾其利,遂至争相慕效,漫山遍野,愈种愈多"。不但传统的植桑养蚕地区增加生产,非传统产丝区也开始养蚕缫丝,如江苏高邮"素不饲蚕","今年湖东西以农兼桑者不可计胜"。江阴地区"初江邑土宜桑而蚕织未兴,素业土布。自洋布盛行,其利已薄。光绪中,西人始自内地市茧……乡人获利,育蚕者骤增"。此外,直隶、山东、河南、陕西、广西等地的蚕桑业也发展起来了。与海外市场联系密切的商品生产的发展是对外开放推动贸易发展的结果,并为这一时期对外开放程度的提高、对外贸易的发展提供了物质基础。

三、甲午战争后

自1840年鸦片战争以来,中国市场被迫开放,西方资本主义国家向中国输入大量的工业品,尤其是价廉物美的棉纺织品,逐步破坏了中国传统的农业与家庭手工业相结合的自给自足的自然经济形态,但也在客观上促进了中国近代资本主义工商业的诞生和发展。被迫开放的沿海、沿江地区出现了一批新兴的工商业城市,西方工业品的消费市场被逐步培育起来,它们逐渐成为中国对外贸易的中心,成为国际市场与中国经济联系的桥梁,同时也是中国新的近代经济中心地带。伴随着对外贸易和城市经济的发展,国内工业生产及海外市场对农产品及原料的需求不断增加,商品经济日趋活跃,在市场的刺激下,农产品商品化率日益提高,自然经济加速解体,中国传统社会逐渐向近代社会转变。不过,这种变化的程度在全国各地区差异巨大。总体来看,在沿海地区、大中城市及其附近城镇,自然经济受到的破坏较为严重,而在内陆特别是华北、西北各地,自然经济虽也遭到破坏,但仍能够继续维持。即使在沿海相对发达地区工业化水平也极低,如中国重要的出口商品生丝,长期以蚕农手工缫丝为主。开展对外贸易活动的基础设施逐步建立。在内外资及清政府的推动下,近代中国轮船运输、铁路运输、电报、电话、近代邮政等从无到有、从少到多逐步建立起来。到20世纪初,中国初步建立起了近代交通和通信体系,有利于加强中国与世界经济的联系。

总之,这一时期局部地区自然经济的解体、商品经济的发展、中国社会经济的逐步近代化为西方工业品提供了市场,准备了新的出口货源,有利于对外贸易的发展。但是整体上,自然经济的继续普遍存在又成为对外贸易发展的巨大障碍,制约着对外贸易的发展。

第二节　清代的外贸管理体系

一、对外贸易政策

1. 顺治初年的开海贸易政策

顺治初年,清朝允许商人出海贸易,甚至一度鼓励商人从事铜的进口贸易。顺治三年(1646年),顺治帝颁布:"凡商贾有挟重赀愿航海市铜者,官给符为信,听其出洋,往市于东南、日本诸夷。舟回,司关者按时直(值)收之,以供官用。"

2. 全面海禁与局部开放

这一政策的实施是从顺治十三年(1656年)到康熙二十三年(1684年)。顺治十二年(1655年)起,清朝颁布了一系列的禁海令,一方面严禁商人出海贸易,另一方面对来华外商严加限制。为有效实施海禁政策,从顺治十七年(1660年)到康熙十七年(1678年),清政府先后三次颁布实施迁海令,沿海居民被迫内迁。

3. 开海设关、多口通商

开海设关、多口通商政策是从康熙二十三年(1684年)到乾隆二十二年(1757年)实施的。平定了三藩之乱和收复台湾后,多次颁布禁海令和迁海令的康熙皇帝,立即废除了海禁,于康熙二十三年(1684年)颁布了开海贸易令:"今海内一统,寰宇宁谧,无论满汉人等一体,令出洋贸易,以彰富庶之治,得旨允行。"次年,康熙帝又宣布江苏的松江(今上海)、浙江宁波、福建厦门、广东广州为对外贸易港口,并分别设立江海关、浙海关、闽海关、粤海关,负责管理各省沿海的对外贸易,中国对外贸易行政管理制度——海关制度诞生了。但是康熙实行开海贸易是有限制的对外贸易政策,这使得中国商人无法利用本国商品在国际市场的绝对优势获取高额利润。此外,对船舶规模、携带兵器的限制使中国商人无法开展远洋贸易。

4. 广州一口通商

随着中外贸易的发展,欧洲殖民主义者的行径引起清朝的疑惧,中外冲突不断加剧。由于历史及地理原因,在多口通商时期,欧洲国家商人来华贸易主要集中于广州。但从18世纪50年代初开始,为打开毛织品市场、接近丝茶产地,英国商人频繁往来于宁波、定海等地。英国商船频繁北上引起清政府疑虑。康熙晚年开始,清政府对外国来华船只就偏重于防范。到雍正十年(1732年),清政府又从广州城安全的角度考虑,将外国来广州贸易商船的停泊地点从黄埔外迁到澳门。乾隆二十二年(1757年)春,清廷颁布谕旨:"近来奸牙勾串渔利,洋船至宁波者甚多,将来番舶云集,留住日久,将又成一粤省之澳门矣。"1757年年底,清廷下令禁止外商到江、浙、闽三关贸易,只许在广州一口通商。

二、海外贸易管理制度

1. 海关制度

1685年,清政府在江苏松江(今上海)、浙江宁波、福建厦门、广东广州设立江海关、浙海关、闽海关、粤海关四大海关,四大海关作为沿海各省总关,统一管理本省各口岸的对外贸易。海关的职能主要分为两个方面:其一,监管进出口商人、商船及货物。清朝对进出口船舶大小、随船携带物品、商人出港程序、进出口商品种类等均有明确规定,海关依例进行监管。其二,征收关税。清前期全国各口岸关税制度不尽统一,海关征收的关税主要有船舶税、货税、附加税三种。船舶税,又称为船钞或梁头税,是按货船体积分等征收。货税,又称商税或进出口税,清海关将货物分为几个等级,按货物的多少从量计征,个别商品从价计征。附加税即杂税,又称规礼,是正税以外的各种杂费,名目繁多,诸如规银、船规、分头、担头、耗羡等,其中税额最大的是规银。雍正四年(1726年)规银纳入关税征收则例,外国商船进港每船需纳规银 1125.96 两,出口规银 533 两,杂税征收带有随意性,弊端丛生,所征税额经常超过正税数倍之多,是进出口贸易发展的重大障碍。

2.十三行制度

十三行制度又称行商制度。所谓行商是指清朝特许的经营海外贸易的垄断商人,其所开商行被称为"洋行"或"洋货行",统称十三行。

1686 年,即粤海关成立的第二年,为加强对海外贸易的管理,广东地方政府将从事国内外贸易的商人分开,将商行分为"金丝行"和"洋货行",前者主要从事国内商品的国内贸易,后者则是从事进口商品及出口商品的经营活动。同时广东地方政府规定,充当行商者必须是身家殷实之人,要先提出申请,批准后缴纳保证金,政府发给行帖(执照)后才能设行开业。十三行并非指洋行的确切数目,基于经营状况的好坏,洋行数目时多时少,最多时曾达 26 家,最少时仅有数家。

行商的主要职责如下:第一,承保税饷。外国商船进港后,其应纳进口税由行商向海关保证并于洋船返航时缴纳,故行商又称为保商。外商应纳的出口税由行商为其代买货物时扣缴。第二,代购代销进出口商货。外商在广州的贸易,除少量手工业品在行商加保的条件下可与普通商人贸易外,其他大宗进出口货物必须由行商代理经营。即外商带来的进口货由行商承销,外商所需出口货由行商代购。嘉庆以后,行商对进出口贸易的控制逐渐松动。第三,代办各种交涉事宜。清政府官员不与外商直接接触,外商与清政府的一切交涉都由行商代为传递或转达,即代外商向政府承递文函、代政府宣布对外商的指令。第四,监督管理外商。行商有责任按照《防范外夷规条》对外商及船员在广州的活动予以监督、管理。

3.半殖民地的贸易制度

鸦片战争后,西方列强通过武力威胁及强权政治,迫使中国签订了一系列不平等条约。通过条约规定及约外勒索,中国被迫接受了西方列强的一系列对外开放政策与制度。

(1)通商口岸制度

通商口岸又称"条约口岸",指近代中国由条约规定、受西方列强控制、被迫开放的口岸。鸦片战争以前,清王朝为防范外夷,坚持闭关自守的政策,严格限制对外贸易活动,规定西方商人只能到广州一地贸易,且只能与广州行商交易,并受行商的管束。鸦片战争后,中国沦为半殖民地国家,西方列强为迅速打开并占领中国市场,强迫中国在广阔的地域上向外国人开放通商,使中国丧失了自主的地域开放权。近代开辟的通商口岸不限于沿海和内河港口,还包括一些内陆城镇。

（2）租界制度

所谓租界制度指在通商口岸或其他地区划出一部分土地作为外国的居留地,外国人在此享有行政、司法大权。租界制度分为两种形式:一种是租界,通常设于通商口岸;另一种是甲午战争以后出现的租借地,它通常是列强控制的包括城乡在内的更广大的区域。租界及租借地成为外国人在中国的殖民地,即"国中之国"。租界系由外国人在华居留地发展而来。1842年《南京条约》废除了夷人不得居留的政策,允许英国人在华居留。次年,中英《虎门条约》对此做了具体规定,该条约第七条称:"允准英人携眷赴广州、福州、厦门、宁波、上海五港口居住……中华地方官必须与英国管事官各就地方民情,议定于何地方,用何房屋或基地,系准英人租赁……英国管事官每年以英人或建屋若干间,或租屋若干所,通报地方官。"即英国人可以在规定的区域内租赁房屋或租地建屋。

（3）"协定"关税制度

理论上,关税阻碍一国对外贸易的发展,降低其国民的福利水平,故没有关税的自由贸易政策是最优的。但现实中,由于国家、民族利益的存在,各国均追求本国利益的最大化,因而长期以来关税始终作为各国贸易保护主义的重要手段之一,通过制定适宜的关税税率使关税对本国经济发挥财政作用、保护作用及调节作用。对经济落后国家而言,关税对脆弱的民族工业的保护作用尤为重要。因而,关税自主是一个独立国家的固有主权,是一国进行平等的对外贸易、维护和发展本国经济的重要权力。近现代以来,为推动双边或多边贸易的发展,参与贸易的各国间亦通过相互协商制定其关税税率。

协定关税是指两个或两个以上的国家用缔结条约或贸易协定的方式,相互给予某种优惠待遇的关税制度,分为自主协定关税和片面协定关税两种。自主协定关税,是订立协定的国家在平等互利的基础上,为了发展相互间的贸易而制定较低税率的关税制度。片面协定关税是帝国主义国家强迫殖民地、半殖民地以及弱小国家单方面减让关税而制定的关税制度。鸦片战争后,清政府迫于帝国主义的压力制定的关税即为片面协定关税。

鸦片战争以前,中国享有完整的关税自主权。鸦片战争以后,资本主义列强强迫中国签订了一系列不平等条约,规定了中国关税由中外"共同协定"的原则,即列强在中国享有"协定关税"的特权,中国关税自主权丧失。中国关税税率长期被固定在一个极低的水平上,这不但降低了中国关税的财政作用,更为严重的是,这使中国关税彻底丧失了保护本国经济的功能,致使中国无法根据市场的变动及发展的需要利用关税手段对经济进行有效的调控。中国的大门彻底敞开,且毫无防范。

(4)沿海及内河航行通商权

沿海航行通商权属于一国主权范围,一国的内河航行和内地贸易更是该国的主权,近代世界其通常是"保留给本国的公民的",最多在严格限制下部分开放。然而,经过两次鸦片战争后,西方列强获得了中国沿海及内河航行通商权——其一就是沿海航行贸易权;其二就是内河航行及内地贸易权。

(5)片面最惠国待遇

最惠国待遇是国际贸易条约中一个常用的互惠条款,旨在推动双边贸易发展。其基本含义是缔约国一方已经给予或将来可能给予任何第三方的优惠待遇,也应同样给予缔约国的对方。这是在平等互惠基础上相互给予的优惠待遇,其适用范围主要限于贸易中的关税减让。近代中国与列强订立的一系列不平等条约中规定的最惠国待遇则完全是中国对外国列强单方面的优惠,是外国列强在中国的一项特权,而列强给予任何第三方的任何优惠性待遇并不给予中国。

(6)领事裁判权

领事裁判权是西方列强在中国拥有的治外法权,是对中国司法权的严重破坏,也是列强攫取各种经济特权和巩固既得利益的重要手段。

三、主要通商口岸

1842年中英《南京条约》开创了列强强迫中国开辟商埠的先河。该条约第二条规定:"自今以后,大皇帝恩准英国人民带同所属家眷,寄居大清沿海之广州、福州、厦门、宁波、上海等五处港口,贸易通商无碍;且大英国君主派设领事、管事等官住该五处城邑,专理商贾事宜,与各该地方官公文往来。"第五条规定:"凡有英商等赴各该口贸易者,勿论与何商交易,均听其便。"这样,中国地理位置最为优越的五处沿海港口被迫开放。在这些通商口岸，英国人可以携带家眷自由居住，派驻领事等驻华官员；外商可以自由贸易。

五口通商的施行，迫使中国南部沿海重要口岸对外开放，从而打破了清朝自乾隆二十二年（1757 年）以来实行的"广州一口通商"的贸易体制，十三行制度，《防范外夷规条》也同时宣告废止。英国人多年的愿望终于凭借武力得以实现。同时，香港被割让给英国，成为其在远东的自由港。五口通商后，中英贸易并未如英国料想的那样迅速发展。为获得更多特权，1856 年英、法两国联合发动了对华侵略战争（第二次鸦片战争）。战败的清王朝被迫于 1858 年与西方列强签订了一系列不平等条约，其中中英《天津条约》规定：中国增开沿海的牛庄（后改营口）、登州（后改烟台）、台湾（台南）、淡水、潮州（后改汕头）、琼州及沿江的汉口、九江、南京、镇江为通商口岸。1860 年中英《北京条约》又将天津辟为开放的商埠。中国被迫开放的地域由南部沿海开始深入北部沿海，由沿海发展到沿江流域。

1876 年中英《烟台条约》又规定：宜昌、芜湖、温州、北海四处为通商口岸。1885 年中英《烟台条约续增专条》规定，中国开放长江上游的重庆。除上述沿海、沿江口岸被迫开放外，西方列强还迫使中国开放了系列内陆边疆口岸，其中主要有：1887 年中法《续议商务专条》规定中国开放广西的龙州、云南的蒙自为通商口岸；1893 年《中英会议藏印条款》迫使中国开放西藏的亚东。而更多的陆路口岸是在沙俄的胁迫下开放的，如 1851 年《中俄伊犁、塔尔巴哈台通商章程》规定中国开放伊犁、塔尔巴哈台（今新疆塔城）为商埠；1860 年中俄《北京条约》规定准许俄国在喀什噶尔（今新疆喀什）、库伦（今蒙古国乌兰巴托）设立领事官；另外，根据 1881 年中俄《伊犁条约》及《改订陆路通商章程》，俄国又迫使中国让其在吐鲁番、哈密、乌鲁木齐、古城、乌里雅苏台和肃州（嘉峪关）设领事官。

到甲午战争前，西方列强迫使中国开放的商埠多达 35 处，分布在沿海沿江、西南及西北沿边，涉及全国 18 个省份。

甲午战争后，这类"条约口岸"迅速增加，至辛亥革命前夕达 44 处，加上清政府自开的商埠，共有 48 处。1895 年中日《马关条约》，迫使中国开放沙市、重庆、苏州、杭州为通商口岸。这样，中国经济最发达的江、浙二省及长江流域便完全对外开放。

1895 年中法《商务专条》,迫使中国开放云南河口、思茅。1897 年,英国迫使中国订立《中缅条约》,规定中国开放广西梧州、广东三水。中国西南沿边的对外开放进一步扩大。

1905 年日俄战争后,中日签订《中日会议东三省事宜正约》,迫使中国开放长春、吉林、哈尔滨、齐齐哈尔、瑷珲、满洲里等 16 处口岸。东北沿边口岸及主要城镇均被迫开放。

到 1911 年,中国已开通通商口岸多达 83 个,中国广袤的领土从沿海到沿江、从内陆到边疆,全部对外国敞开。

四、主要贸易伙伴

(一)与东亚和东南亚各国的贸易关系

1. 朝鲜

鸦片战争前,清朝始终同朝鲜保持着友好的贸易关系。顺治时期,外国使节赴京,均于限定的日期在会馆内进行贸易,而朝鲜使节却不受此限制。康熙年间海禁时,仍对朝鲜使节予以优惠。清朝严禁米粮输出,即使是在康熙二十三年(1684 年)开海贸易后也是如此,但是,鉴于朝鲜遭灾、粮食短缺的状况,清朝对其放宽了限制。

2. 日本

鸦片战争前的清朝,尤其是康、雍两朝,对中日贸易十分重视。自康熙开海贸易以来,驶往日本的中国商船不断增加。鸦片战争前,正值日本实行锁国政策,禁止日船出海,仅允许中国和荷兰船驶往长崎进行贸易活动。可以说,这时的中日贸易,是指中国商船开往日本的贸易,或者称中日长崎贸易。每年抵日的中国商船从数十艘到上百艘不等。贸易商品品种增加,中国对日本出口虽依然以丝、瓷等传统商品为主,但新增加了大量食品、水果的输出。日本出口到我国的商品以铜、金、银为主,同时新增加了海产品,表明中日贸易发展不再限于奢侈品。面对中日贸易的繁荣发展,日本政府担心金、银、铜的大量外流会对经济带来不利的影响。于是,日本政府于贞享二年(1685 年)开始推行消极的贸易限制政策。从这一年起,日本规定中国赴日商船年贸易总额不得超过 6000万贯。

3. 暹罗(今泰国)

鸦片战争前,中国同暹罗的贸易不论是官方贸易形式,还是商船贸易形式,均相当活跃。顺治九年(1652 年),暹罗便派遣使节来华通好。顺治年间,暹罗一般是 3 年来华 1 次,康熙、乾隆年间,几乎是年年来华。清朝对暹罗来华使船始终给予厚遇。康熙初年,暹罗使船所载货物,允许存广州出售。康熙二十三年(1684 年)开海贸易后,规定暹罗使船至东莞虎门具报以后,可就地买卖。暹罗使船所携土特产品,品种繁多,数量庞大。清朝的回赠品亦相当可观。中暹两国的商船贸易十分频繁。据统计,自开海贸易后,1689 年,中国商船前往暹罗的有 14—15 艘;1695 年,为 8 艘;1698 年,为 7 艘;1699 年,为 6 艘;1702 年,为10 艘以上。

4. 缅甸

鸦片战争前,中缅两国的贸易有了进一步发展,其中以陆路贸易为主要方式。据霍尔说:"17 世纪中叶,中国的丝绸和其他商品已大量由陆路输往缅甸,商队的牛车多至三四百辆,驮运的骡马多达 2000 匹。当时设在阿瓦的荷兰厂商也和华商建立了密切关系。"另据安徒生说,1765 年以前,庞大的中国商队,由300—400 头牛和 2000 匹马组成,浩浩荡荡地从云南驮运丝绸和其他商品到缅甸的八莫。中缅间相互交易的商品品种也增多了。自中国输入缅甸的商品有生丝、绸缎、裁制朝服的丝绒、云南生产的茶叶、金、铜、钢、酒、火腿、水银和大量的针线等。自缅甸输往中国的商品,棉花为最大宗的货物。

(二)与欧美国家的贸易关系

1. 英国

到 18 世纪初,英国对华贸易已超过所有国家对华贸易的总和,从而成为中国最大的贸易伙伴。据统计,1785—1833 年,英国贩运到中国的商品占中国进口贸易总额的 80%—90%,自中国输出商品占中国出口贸易总额的 60%—80%。在正当商品贸易中,中国始终处于顺差的地位。1710—1759 年,英国出口到中国的货物仅为 9248306 英镑,带来的白银则高达 26833614 英镑。

按英方统计,从 1760 年至 1833 年的 70 多年间,中国对英国出口增长了 9倍,自英国进口增长了 15 倍。但从绝对数字来看,中国基本上是出超的,到鸦片战争前夕的 1837—1839 年,英货入华年均不到 91 万英镑,华货入英国则达427 万英镑,英国年均逆差高达 330 万英镑。英国为支付茶叶进口费用不得不将白银大量运往中国。17 世纪末 18 世纪初,东印度公司来华商船中白银通常要占 90% 以上。贸易的不平衡及白银的输出,与英国资产阶级急于扩大市场推销工业品、获取财富的愿望背道而驰。

2. 法国

明末清初,法王路易十四积极支持传教士来中国,借此推动对华贸易,并于1660 年组织了垄断中法贸易的"中国公司",首次派遣商船来华,但因中途遇险未能成功。1664 年,法国又重新组织了享有在印度和东方航行与贸易专利权的东印度公司,先后在印度西部和东海岸建立了商馆和若干商业基地,积极准备开展对华贸易。1698 年,路易十四派遣海军军官数人和一批传教士乘"安绯得里底号"驶向中国,这是法国商船首次来华。清朝除热情接待和豁免关税外,还允许法国人于广州设置商馆。从此,法国商船不断前来广州进行交易。

3. 美国

早在 18 世纪 70 年代,以英国东印度公司为中介,北美就同中国有了间接的贸易往来。美国独立战争后,中美两国建立了直接的贸易关系,其标志是1784 年美国商船"中国皇后号"首航广州。其后,美国各主要港口同广州皆有直接的贸易往来,美国对华贸易大为发展。1784—1833 年,美国驶往广州的商船共计 997 艘,平均每年有 20 艘;而 1833—1840 年的 7 年间共为 246 艘,平均每年达 35 艘以上。虽然美国同中国开展直接贸易的时间较晚,但发展速度很快,超过了欧洲的法国、荷兰、丹麦和葡萄牙等国,仅次于英国,居西方国家对华贸易的第二位。清前期,美国的对华贸易主要由波士顿的普金斯公司、阿契尔公司,费城的琼斯·奥克福公司和纽约的托马斯·史密斯公司经营。

中美贸易中,美国出口商品最大宗的是棉花,如 1792 年美国输入广州的棉花价值达 54120 银两,占该年美国输入广州商货总值(108816 银两)的49.74%。19 世纪前期,我国的美国棉花进口量不断增加,1804—1805 年广州输入美棉 4219 担,到 1819—1820 年,增长到 19354 担。其次是毛皮,美商主要是贩运印第安人的水獭皮及南太平洋岛屿的海豹皮到广州销售。1804—1805年,美商输入广州毛皮达 269756 张,从 1804 年至 1829 年,毛皮输入增减不定,最高的年份(1821—1822 年)为 477300 张。美商贩运来的其他商品还有洋参、水银、檀香木以及银圆和鸦片等。

美国从广州进口的商货有茶叶、绸缎、丝线、生丝、瓷器、土布、桂皮及糖等。其中以茶叶为大宗,且增速较快,如 1784—1785 年美国进口中国茶叶仅为880100 磅,1795—1796 年增至 2819600 磅,1805—1806 年进一步增至 9830480

磅,1818—1819 年又增至 12035280 磅,1836—1837 年增至 16942122 磅。从 1784 年至 1837 年的 53 年中,美国每年从广州进口的茶叶增长了 18 倍多,常占美国从广州输出总值的一半左右。其次是绸缎,1804—1805 年仅为 29385 匹,1818—1819 年增为 291396 匹,1827—1828 年进一步增至 421136 匹,约占该时期中国对美国出口总额的两成左右。

4. 俄国

早在 17 世纪以前,通过中亚商队,中俄之间已开始了间接贸易。17 世纪以后,随着俄国对外扩张,其与中国成为邻国,双方直接贸易增多。1656 年,俄国派出巴伊科夫使团来华,与中国商讨通商贸易事宜。清政府将俄国列入朝贡贸易体系之中,允许其经陆路来华贸易。1689 年中俄签订《尼布楚条约》,条约规定:"凡两国人民持护照者,俱得过界来往,并许其贸易互市。"此后俄国不断派出官方商队来华贸易,为垄断贸易利益,俄国政府禁止私商来华。双方贸易方式以易货为主,俄国运来的主要货物为毛皮和极少量的印制品,中国输往俄国的商品包括瓷器、丝绸、大黄等。除商队赴京贸易外,中俄商人在库伦、齐齐哈尔还开展边境互市贸易。

此外,清前期荷兰、丹麦、瑞典等国的对华贸易也具有一定规模。

第三节　清代的出口瓷生产与贸易

清代中国迎来康乾盛世,社会殷富,内外销市场空前繁荣。中国作为世界陶瓷生产的中心,其瓷器外销迎来了继明中后期以来的第二次高峰,瓷器生产的数量和质量都达到了高峰。可以说,从康熙时期一直到鸦片战争以前,中国的出口瓷无论是数量还是品种都超过了明中晚期,只是市场更加欧洲化,并且从 17 世纪末 18 世纪初开始,美国也大量到中国来采购瓷器。而明末曾大量到中国来购买瓷器的日本,此时已成为中国在欧洲市场的一个竞争对手。他们不仅学会了中国的制瓷方法,而且大量制作带有中国风格的瓷器销往欧洲,由此亦可见当时欧美国家对中国风格的瓷器有着大量的需求。

为了满足这一需求,不仅是景德镇,福建、广东沿海一带的窑场也在景德镇的带动下大规模地生产出口瓷。除德化等地生产的青花瓷外,广州一带还大量生产釉上加工的彩瓷等。因为当时大量的出口瓷都是直接销往国外,尤其是欧美国家,国内并不保留,所以以往陶瓷史著作的编写很少关注这一块,尤其是有关沿海一带出口瓷生产的场景和状况我们很难了解。但现在有关景德镇以及沿海一带制作出口瓷的资料越来越多地被发现,而且,如果我们前往欧美国家的许多博物馆,就会发现里面陈列着中国明清时期生产的大量出口瓷,比如在英国的维多利亚与艾伯特博物馆、大英博物馆,法国的吉美博物馆,德国德累斯顿的奥古斯特陶瓷馆,美国的波士顿博物馆、皮博迪·艾塞克斯博物馆等不仅陈列着明清时期中国生产的大量瓷器,而且陈列着一些反映当时中国陶瓷贸易及生产的油画。

这里介绍的是在美国皮博迪·艾塞克斯博物馆里拍摄到的几幅18、19世纪欧美画家画的当时欧美商人所看到的广东沿海一带陶瓷制造的场景,相信这些油画可以帮助我们再现或了解当时广东沿海工匠们的部分劳动及生活状况。

图5-1是一幅绘于1820年的有关沿海一带陶工们烧窑的油画。油画中所描绘的场景位于福建或广东的沿海一带,理由是当时景德镇的窑是蛋形窑而不是龙窑,这种龙窑在沿海一带较多,尤其是在福建。另外,当时的这些贸易者并未涉足景德镇这样的内陆城市,他们对景德镇瓷器的转运贸易大都是在广州进行的。

图5-1　沿海窑工烧窑现场

图5-2是一幅绘于1820年的有关描绘中国瓷器作坊的水彩画,画面上描绘的是一个专门做碗盘成型的作坊,里面有两间工坊,一间用于拉坯,一间用于修坯。其所用辘轳车和景德镇传统辘轳车明显不同,是高于地面的。而在景德

图 5 - 2 中国瓷器作坊

镇将这种专门制作碗盘的行业称之为圆器业,其有专门制作圆器的作坊。这一类作坊是以流水线的形式来布局的。在一个长长的作坊里,拉坯、印模、修坯、上釉、画坯等各个不同的制瓷流程,按次序一字形摆开。这样的流水作业不仅节约了时间,还节约了空间,非常合理、科学。但我们所看到的画面并非如此,拉坯和修坯并不在一间房里。虽然在图画中并没有说明作坊所处的位置,但像上幅画一样,我们推测其也是在当时的沿海一带。

　　还有两幅同样绘于1820年的水彩画。一幅(图5-3)描绘的是陶工们在陶瓷作坊中用模具制作瓷瓶、花钵、香炉等异形器皿及各种雕塑的场景。画面中,我们除能看到已经用模具制作好了的器皿瓷坯,还能看到一些印模好了的瓷雕,旁边还晒有一些印坯用的模具。另外一幅是在一个宽敞的库房里,一群工人正在包装瓷器,里面有巨大的称重量的秤,远处还有一位洋人打扮的外商在和一位管事模样的人谈论着什么。近处工人们正在把烧制好的瓷器装进一只只非常讲究的木箱里,还有一位工人正往一口装满了瓷器的箱子里倒糠灰或其

图 5 - 3　中国瓷器作坊

他的填充物,目的是将瓷器与瓷器之间的缝隙填满,以免瓷器之间因相互撞击而损伤。这种包装方式也是完全区别于景德镇的。景德镇传统的陶瓷包装方式(图 5 - 4)是用稻草将瓷器层层卷紧后,再用薄薄的篾片编织起来,常常是圆筒形的,卸货时即使从船上的跳板滚到岸上,里面的瓷器也不会摔破。如此看来,不仅各地的制瓷方式不一样,而且包装运输方式也各有特色。

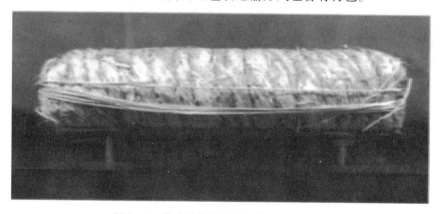

图 5 - 4　景德镇传统陶瓷包装方式示意图

　　景德镇是清代出口瓷最大的生产基地,是世界的制瓷中心,但我们只能找到少量欧美人有关描绘当时景德镇城市面貌和陶瓷生产的图画,倒是有不少包括广州、香港、澳门等港口的绘画,以及对沿海一带陶瓷生产场景的描绘。这说明当时的欧美商人并未去景德镇直接与当地人进行贸易,而是由一些中介贸易组织在处理这些事务。旧浮梁县商会档案资料显示,抗日战争前,镇上共有瓷行130多家,其主要业务是代瓷商买办瓷器,承担从提货到代托运等一系列任务,从中按瓷款赚取3%的佣金,基本都是属于领官帖的牙行。每个瓷行都与"把桩"(挑运瓷的行业)、"汇色"(挑选瓷器等级的行业)、"茭草"(用稻草包装瓷器的行业)三个行业有着相互配合的业务关系。1928年,景德镇把桩行业共有145户,工人2000余人;汇色行业140户,工人1000余人;茭草行业140户,工人2000余人。景德镇除有瓷行外还有瓷庄,瓷庄是外地瓷商在景德镇自行租用或购置房屋、自行雇用人员采购瓷器的办事机构,目的在于减少所需的行佣开销。这是民国期间有关景德镇贸易方式与机构的资料,笔者认为,其中一定在许多方面与清代相似,也就是说,那些国外的客商并不需要亲自来景德镇,只要通过这些瓷商们的运作,就很容易在广州买到景德镇瓷器。

而这些瓷器又是如何通过瓷商们运出景德镇的呢? 当时景德镇瓷器运输应该是以水路为主,因为景德镇有着非常完备的民船运输行业。对清代景德镇民船运输行业我们不太了解,但我们了解到,1939年,景德镇有船行20多家,船帮10个。其中以鄱阳帮、余江帮最大,各拥有民船800余条;其次是余干帮、浮梁帮,各拥有民船400余条;再次是广昌、抚州、祁门、婺源、都昌、湖口等帮,各拥有民船100余条。照此计算,民国期间的景德镇共有运输民船3000余条。考虑到清代末年民国初年因战乱及外国航运公司渗透等因素,也许在清代景德镇出口瓷处于鼎盛时运输民船会更多。有时候历史是通过文献来显示当时的史实的,但有时候也可以通过后世某段史实去推溯历史。通过民国期间景德镇制瓷业的某些史料记载可以推溯清代制瓷业的某些情景,这是因为,一方面,清代离民国的时间较近,事物的演变程度不会太大;另一方面,即使是在民国期间,景德镇陶瓷还是处于手工业发展状态,整个社会结构几乎还保持着清代的状态,基本还是属于农业文明的社会形态。而农业文明的特点是节奏缓慢,尤其是在基层百姓和手工业者中间,几百年前的遗风几乎都能一直保存完好。因此,在不得已的情况下,对于清代某些专史的研究,可以凭借研究民国的历史并一直往前推。这种推溯法在某些时候往往是非常重要的。

乾嘉年间,中国在经历了康乾盛世和历史上几千年的积累后,已经是一个富甲一方的东方大国,当时中国的GDP占到了世界的1/3。之所以能如此,是因为当时的中国源源不断地向世界出口自己的各种手工艺产品,不仅是瓷器,还包括漆器、金银器、家具、丝绸、茶叶等。瓷器因为重又不怕水浸,所以每次运货时都可以用来压舱,成为当时中国出口到国外的最大宗的产品之一,而这些出口的产品为中国带来了大量的财富。这也解释了为什么1700年时整个欧洲的 GDP 和中国的 GDP 差不多相等,而在1700—1820年的一个多世纪中,中国经济的年均增长速度是欧洲的4倍。

第四节　清代出口的瓷器

一、清初的瓷器

清初,经过顺治时期的过渡,到康熙年间中央政权已趋稳固,社会经济恢复发展,逐渐呈现出全面繁荣景象。清政府对内除继续采取高压手段以加强专制统治外,也实行了一些安抚民心的新政策,如"更名田"及"摊丁入亩"政策,特别是废除了明代以来的"匠籍"制度,相对地减轻了对农民和手工业工匠的盘剥和束缚。到康熙十九年(1680年)朝廷派内务府郎中徐廷弼督理景德镇瓷,景德镇官窑的陶瓷生产开始走向正轨。

清初,由于康熙二十二年(1683年)之前福建、广东以及江浙沿海抗清政权的存在,朝廷实行严厉的海禁。到康熙二十三年(1684年)开放海禁,"许江南、浙江、福建、广东沿海民人用五百石以上船只出洋贸易"。自此之后,清朝大规模对外贸易包括瓷器输出走上正轨。贸易外销瓷的增多和国内所需日用瓷的大量生产,也使得景德镇官窑、民窑空前兴旺,景德镇的制瓷业走向繁荣。官窑、民窑相互促进,技术迅速提高,品种不断创新。独步当朝的青花、绚丽多姿的五彩、刻意求真的仿古瓷以及崭露头角的粉彩和珐琅彩等,为雍正、乾隆时期瓷器生产盛世的出现奠定了基础。此时的瓷器,胎土淘练得非常精细,质地缜密,坚硬纯净,瓷胎中高岭土的用量比明代更高,而釉中的氧化钙含量则进一步降低,原料的选择和加工比以前更加讲究,烧成温度已达到现代硬质瓷的要求。细腻温润的胎质,使康熙时的釉上彩、釉下彩及色釉等,显得灿烂缤纷、美不胜收。以下我们将分别介绍康熙时期不同的陶瓷品种。

(一)颜色釉

康熙时期的颜色釉出现了许多新品种,其中最为名贵的有:

1. 郎窑红

郎窑是指康熙时期在江西任巡抚的郎廷极所主持的官窑。郎窑善仿明代宣德、成化时期的红釉,郎窑红实际上是康熙时期一种仿制明代宣德宝石红釉极为成功的产品,由于出自郎窑,所以被称为"郎窑红"。郎窑红的特点是色泽深艳,犹如初凝的牛血一般猩红,所以又有人称之为"牛血红"。器物内外开片,釉面透明,釉的流动性较强,口沿处因红釉流淌下垂,出现轮状白线,在白和红的交接处呈渐变状态,俗称"灯草边"。康熙朝器物的底足普遍旋削,保证了流釉不过足,所以又有"脱口垂足郎不流"之说。凡郎窑器,其器底部皆呈米黄色,如米汤色或苹果绿色,也有本色红釉底。

2. 豇豆红

豇豆红是与郎窑红在名气上并驾齐驱的一种颜色釉。由于其颜色淡雅并带有绿色苔点,因此又被称为"桃花片""美人醉""娃娃脸"。豇豆红釉面的绿色苔点原是烧成品上的缺陷,但在浑然一体的淡红色中夹杂几点绿色的斑点,倒也别有情趣。豇豆红烧成难度较大,所以一般没有大件器,存世量小,身价高昂,致使在 20 世纪初出现许多仿制品。

3. 霁红

在康熙红釉中,除郎窑红、豇豆红外,还有一种红就是霁红。霁红釉既不像郎窑红那么浓艳透亮,也不同于豇豆红那样淡雅柔润,而呈现一种失透深沉的红色,呈色均匀,釉如橘皮。器型有瓶、碗、盘等。器底除部分无款外,有青花"大清康熙年制"两行六字双圈楷书款,及青花"大明宣德年制"两行六字双圈楷书款,这些显然都是官窑的祭器。釉如橘皮、失透深沉、白底官款是康熙霁红区别于郎窑红器的三个显著特点。

4. 霁蓝

霁蓝是景德镇窑从元代开始就已烧制成熟的釉色,其釉料以钴为呈色剂,钴含量为 2% 左右,釉呈失透状,釉面如橘皮,色泽匀润稳定。烧成品主要用作祭器,因此又被称为"祭蓝",多见盘、碗、瓶之类。康熙霁蓝多官制,部分器物有"大清康熙年制"两行六字楷书款,亦有无款的官窑器。

康熙时期的颜色釉除以上介绍的之外,还有天蓝釉、洒蓝釉、青釉、黄釉、白釉、绿釉、紫金釉等。总之,康熙时期的颜色釉丰富多样。

(二)青花瓷

除颜色釉外,康熙时期的青花器也是当时最具典型的代表作。《匋雅》说:

"雍乾两朝之青花,盖远不逮康窑。然则,青花一类,康青虽不及明青之浓美者,亦可独步本朝矣。"康熙官窑的重点在于颜色釉。青花器除盘外,少见大器,所以民窑是当时青花的主要生产者。经过明万历后期到清康熙前期的发展,典型康熙时期青花的青料基本上全部使用浙江料。由于由水选法改进为煅烧法,青花的发色十分鲜艳而有浓翠感。明末开始,青花呈现的指捺般的水印纹,在典型康熙时期青花中已成为普遍现象。而且,由于工匠们能够成熟地运用更多种浓淡不同的青料,也就有意识地造就了多种不同深浅、不同层次的色调。同一种青料,由于其浓淡的不同,形成了色彩上不同的感受,甚至在一笔中也能分出不同的浓淡笔韵。康熙青花瓷有"青花五彩"之誉,指的也就是这个特点。

康熙官窑青花器主要是盘、碗、壶之类的小器物,其装饰图案以龙、凤、松、竹、梅及花卉为主。我们常见的凤尾尊、棒槌瓶、观音尊等大型器物,基本上是民窑器,它们的装饰图案题材多样,除了反映风俗的四妃十六子、多子图、八仙上寿、八吉祥、《孝经》故事图等外,常见的还有耕织图、怪兽及各种小说戏曲题材故事图画,如《三国演义》《水浒传》《封神演义》《西厢记》《西游记》等。此外,还有反映文人士大夫风尚的竹林七贤、饮中八仙、张旭醉写和西园雅集等内容。

康熙时期的青花,特别是民窑器,很多没有年款,这和康熙十六年(1677年)浮梁县令齐仲曾下令禁止窑户在瓷器上书写年款有关。当时的底款多有仿明代宣德、成化、嘉靖和万历年号的现象,特别以仿宣德和成化款为多。此时的青花瓷不仅大量出口到海外,还与海外诸多文明体系产生了共鸣。

西方国家对于康熙青花的评价非常高,德国学者 D. F. Lunsingh Scheurleer 在其《中国外销瓷大全》(*Chinese Export Porcelain*:*Chine de Commande*)一书中写道:在康熙皇帝执政时期,青花瓷技术达到高峰。从美学上看,它是曾经生产过的瓷器中最精美的瓷器,结构精巧,釉薄,有时候青花稍微有些浅。传教士李明(Louis Le Comte)在他的著作 *Memoirs And Observations Made In A Late Journey Through The Empire Of China*(英语版于 1698 年出版)中写道:青花瓷生产最多,荷兰的青花瓷数量也证明了青花瓷的大量出口。总之,即使最普通的青花也特别尊贵。人物、动物、风景中的树木、植物和鲜花均匀地分布在瓷器背景上,描绘细致。

(三)五彩瓷

清代康熙时期,最为著名的品种可以说是五彩器,其是由青花斗彩发展而来的,早在明嘉靖、万历时发展得已相当完备,尤其是和釉下青花合绘于一器的青花五彩品种,在当时居主流地位。到了清代康熙时,五彩器主要是在白瓷上彩绘,少用青花,并以其绚丽的色彩、精湛的绘画、丰富的品种,与当时著名的青花品种争雄。

《饮流斋说瓷》说,清代的"硬彩、青花均以康熙为极轨"。但是,在清代早期的记载中,并没有关于御场所制官窑五彩器的突出记述,而在传世的康熙五彩器中,可以确认为官窑器的大多是盘、碗类小件器皿,图案装饰也比较刻板。我们能见到的那种色彩鲜艳、图案活泼的大型器物一般都是民窑瓷器。

康熙五彩的一个重大突破是发明了釉上蓝彩和黑彩。蓝彩烧成的色调,其浓艳程度能超过青花,而康熙时期的黑彩有黑漆的光泽,衬托在五彩的画面中,更加强了绘画的效果。黑颜色可以用来勾线,其色彩的对比程度也超过青花的蓝色,而且当时的黑色是要罩上一层大绿的颜色才可以得到的。当时景德镇的画工们开始用各种新的有深浅变化的透明绿(当地人称之为水绿、苦绿、大绿),并使用黄、蓝、茄皮紫、铁红、棕、黑等颜色,有时还使用描金技法。用这种色调装饰的瓷器在中国被称为硬彩或五彩,其纹饰普遍为典型的中国传统元素。传至欧洲后,此种装饰手法被称为"韦尔特彩"(Famille Verte),此为法国艺术史学家 A. 雅克马尔特(A. Jacquemart)于 1862 年杜撰的名称,意在体现这种瓷器的釉彩是以绿色为主色调,因此这类瓷器也被称为绿色家族瓷器。

《匋雅》评说的"康熙彩画手精妙,官窑人物以耕织图为最佳,其余龙、凤、番莲之属,规矩准绳,必恭敬止,或反不如客货之奇诡者。盖客货所画多系怪兽老树,用笔敢于恣肆"是非常正确的。常见的康熙民窑五彩杯、碗、盒、罐、凤尾尊、棒槌瓶与大盘之类的器皿,其图案由于没有官窑那种束缚,题材丰富多样,除了花卉、梅鹊、仕女等以外,大量采用戏曲、小说中的人物故事为主题,其中以描绘武士的所谓"刀马人"最名贵。这些人物的画风深受明末著名画家陈洪绶的影响,线条简练有力,以红或黑色勾勒人物面部和衣褶轮廓,然后用平涂的方法敷以各种鲜艳的彩色,给人一种明朗感。后人把它和雍正时期盛行的具有柔软质感的粉彩相比,称其为"硬彩",也叫"古彩"。它鲜明透彻,线条有力,能耐火,不褪色,不易剥落,恒久如新。

（四）三彩瓷

"素三彩"早在明正德时已极为精致,到清康熙年间则有了更进一步的发展。在色彩方面,除了原有的黄、绿、紫外,增加了当时特有的蓝彩,同时,加彩的方法也更为多样:有在素烧过的白胎上直接加彩,然后罩上一层雪白,低温烧成的,传世较常见的素三彩花果盘即属此种制作方法;也有在白釉瓷器上涂以色地,再绘素彩的,如黄地加绿、紫、白彩,绿地加黄、紫等彩。至于有一种黑的素三彩器,那更属少见的精品了。官窑的素三彩器物多为白地、黄地和虎皮斑等,皆署官款。民窑无款的器物尤多,并有粗细器之分,有的仿明代款识或画有图记。器类丰富多样,大小不一:大器有凤尾尊、棒槌瓶、大罐及人物塑像等,其中大的凤尾尊和棒槌瓶高可达一米以上;小器有杯、盂之类,常见的有素三彩莲实杯,莲叶各居一半,莲茎中空心,可以由此吸饮。

二、清中期的瓷器

(一)雍正时期的瓷器

雍正一朝为时虽仅 13 年,制瓷工艺却发展到了历史上的新水平。景德镇官窑在几任得力督陶官的佐理下,集中最优秀的工匠,听命于喜爱瓷器的雍正皇帝,甚至一些官窑器的器型、图案、品种,也需御批审定或御出新样后方可奉命烧造。此时,在皇帝的亲自关心和指导下,陶工们汲取五彩和珐琅彩的精华创制了一个新品种,那就是在这以后一直作为景德镇官窑、民窑瓷器生产主流的粉彩瓷。

粉彩瓷的创制是继五彩瓷以后景德镇窑在釉上彩方面取得的又一重大成果。虽然粉彩瓷到雍正时期才达到顶峰,但实际上其在康熙时期就已经打下了深厚的基础,并已出口到国外,在打捞出来的"哥德堡号"沉船中就发现了两件非常精美的康熙粉彩瓷。由于粉彩瓷与珐琅彩在瓷胎绘制方面有密切的联系,因此,谈到粉彩瓷的创制,就应该从康熙时期对珐琅彩的研制说起。当时的康熙皇帝出于对西洋画的喜爱,特地聘请了几位来自欧洲国家的画家,画家们常伴皇帝左右,为满足皇帝的审美需要而工作。这一时期,欧洲各地的工艺美术品随着使臣的来华和传教士的携带大批地涌进清廷。在诸多洋货中,华丽高雅的珐琅彩首先被康熙皇帝看中。在皇帝的眼中,欧洲的珐琅彩似乎比当时流行于世的五彩、斗彩更适合皇室富贵华丽的装饰需求,于是其下令两位在宫中服务的西方画家——马国贤和郎世宁,用瓷胎取代欧洲珐琅在铜胎上色的方式,在宫中试制珐琅瓷。1716 年 3 月,马国贤(Matteo Ripa,1682—1745)在一封信中写道:"陛下已经对我们欧洲的珐琅彩和上珐琅彩的方式入迷了,他采取一切可能的办法把后者引进皇宫,并在皇宫建立了专门研制珐琅瓷的作坊。里面有从欧洲购买的装饰过的几件大型珐琅铜器,还有中国瓷器装饰使用的颜色。他命令我和郎世宁彩绘,但是我们两个人都认为在皇宫内的充满人的作坊里从早上工作到晚上,是一件不能忍受的苦差事。然而,由于皇命难违,我们不得不服从他的命令。因为我们两个都没有学过这种艺术,所以我们下定决心,我们绝不学习了解它。我们画得很糟糕。皇帝看我们画的画,说:'够了。'这样,我们从奴隶般的工作中解脱出来。"这封信虽然写得有些滑稽可笑,但是通过它我们了解到康熙皇帝最早是如何将欧洲的珐琅彩用到中国瓷器上的。

最著名的珐琅颜色是玫瑰红色,这是西方装饰的基本颜色,但是在中国的五彩瓷中没有玫瑰红色。欧洲的玫瑰红为胶态氯化金,是荷兰化学家安德烈亚斯·卡西乌斯大约于 1650 年在荷兰莱顿发明的。它从 17 世纪开始在欧洲使用,后来被引进到中国,在中国铜珐琅领域生产使用,在康熙时期被用到了瓷器上。因为有玫瑰红色,所以在欧洲这类受铜珐琅影响而出现的瓷器被称为"玫瑰家族"(Famille Rose)。由于它色彩艳丽,像彩虹一样,因此很快取代了五彩瓷器物,受到皇帝的喜爱。画工们对从欧洲进口的需要研磨的玫瑰红熔块不满意,不久,他们在皇宫里努力研磨了许多玫瑰釉料。这些最早的珐琅彩由皇帝的御用艺术家在北京皇宫的作坊里研制,用以装饰各种小碗和小杯子。工匠们在上面描绘牡丹以及各种花卉,精致典雅,风格独特。这些花卉有阴影和立体感,花瓣呈粉红色,叶片呈嫩绿色,背景呈亮黄色。有的小碗和小杯上用明亮的釉上蓝装饰,还有的小碗和小杯描绘莲花,莲花在粉红的背景中从碧蓝的水中长出来。这些全新的皇家瓷器样品,让人感到耳目一新,而且底部都有"康熙御制"4 个字。

从康熙二十七年(1688 年)开始到康熙五十九年(1720 年),在瓷胎上绘制珐琅彩基本试验成功,所采用的珐琅料都是从国外进口的,包括红、黄、白、粉红、蓝、紫、绿、黑等色。康熙珐琅彩的装饰以花卉为主。由于是西洋画家们参与制作的,所以或多或少地受到了当时流行于欧洲的巴洛克艺术豪华富贵风格的影响,这恰好迎合了皇宫华丽的装饰需求。

雍正皇帝即位后,对宫中珐琅彩的酷爱较之康熙皇帝有过之而无不及,他经常亲自参与珐琅彩画稿的设计与修改。此时珐琅彩的绘制,由于画院画家和西洋画家的共同参与,已经从康熙珐琅彩绘制仅限于花卉的题材中摆脱出来,演进到与国画中工笔重彩画风日趋一致的绚丽多彩的效果,而且由于受西洋画的影响,珐琅彩比工笔重彩的层次更加丰富,更加富有立体感。单调的色料已经不能满足瓷绘上多层次的色彩对比和千变万化的装饰风格的需要,进口的西洋料也不能够完满地反映中国传统绘画艺术的意境,因此,宫廷的艺匠们开始自制珐琅彩。经过长期的努力,宫廷的艺匠终于制作出 18 种珐琅彩色料,比以前西洋进口的珐琅彩还多了 9 种。雍正珐琅彩以皇帝的喜好为依据,是供奉画家、画院画师和西洋画师共同研制的成果,其画风受中国工笔重彩画和西洋画的影响,其章法布局则基本取法于中国画的融诗、书、画、印为一体的传统,以优美娟秀的小楷诗句补白,并间以各式印章与诗词相呼应。这些以阴阳文篆刻的、金石味极浓的印章,附在诗句的首尾或画面的空白处,更增添了瓷器画面的书卷气。这种风格一直延续到粉彩瓷的绘制阶段。

珐琅彩虽然富丽豪华,又有较强的写实性,但由于其色料昂贵,不易普及,只能在宫廷的小范围内流行。在这样的情况下,景德镇的陶瓷艺人们在传统的五彩瓷颜色中加进溶剂和雪白色料,降低了颜色的浓度和烧成的温度,使浓艳的五彩色变得柔和淡雅,同时从珐琅彩料中引进了化学元素砷,创造了"玻璃白",从而产生了新的品种——粉彩。粉彩又名"软彩",是由珐琅彩衍生的一个新品种,它在色料中掺以铅粉,并加施玻璃白,有意减弱色彩的浓艳程度,用洗染法涂饰花纹的层次,色阶繁多,色调温润柔和,有明显的立体感。在粉彩颜色中有一系列不透明的子颜色,这些子颜色有粉黄、宫粉、松绿、粉翡翠等,都含有玻璃白的成分,其特点是不透明、粉质感强、有一定厚度。另外,粉彩还有一个特点就是在画面中衣服和花瓣之类富有变化的地方用玻璃白打底,再在上面用较鲜艳的颜色渲染,使其如珐琅彩一般具有阴阳、浓淡的立体感。粉彩是在五彩的基础上引进了珐琅彩的成分,其和传统的五彩比较起来颜色更加丰富,而且由于含有粉质颜色,因此其色彩淡雅柔和,完全没有了五彩色中的那种"火气"。同时,采用"洗染"和"点染"的上色方式,使颜色有了明暗浓淡的丰富变化,使画面更具真实感、更富表现力。当然,这也是在珐琅彩的基础上发展而来的。

粉彩经过康熙时期的初创阶段之后,便很快进入了兴盛时期。这与绘瓷画工的高超技艺、督陶官唐英的精心督造以及朝廷的干预有着密不可分的关系。雍正皇帝在其执政的 13 年中深居简出,但对供御用的瓷器很注意细心观察、专心考究,这就使瓷器的生产更加重视质量以满足皇宫内廷的需求。粉彩以雍正朝为最美,前无古人,后无来者,鲜艳夺目。此时生产的粉彩器不但质量精,数量也较多,官窑、民窑均大量生产,以满足朝廷和民间的需要。诗书画印等综合表现手法的运用,也反映出制作者和欣赏者高雅的趣味。

由于粉彩的表现力比五彩更强,因此其一问世便受到了普遍的欢迎,不仅在官窑的生产中占了主流,在民窑的作坊中也有大量的生产,大有取代五彩瓷之势。此时,官窑的粉彩瓷至精至美,民窑的粉彩瓷风格潇洒。无论是官窑还是民窑,其装饰图案多为人物和花卉纹饰,花卉中又以虞美人为典型。

雍正时期的官窑瓷以粉彩为生产主流,因此,青花瓷已较少生产。但就民窑业来说,青花还是其主要产品之一。粉彩固然颜色漂亮、表现力强,但其成本高、绘画复杂费时,适合制作一些精美的陈设瓷,即使用于制作日用品成本也较高,只适合上层富有人群消费,而广大的中下层消费市场,还是需要成本低、产量高而又富有表现力的青花瓷。因此,如果说雍正时期的粉彩瓷是官窑占优势,青花瓷的生产则是民窑占优势。雍正时期官窑的青花瓷品种单调,图案装饰也比较刻板,而民窑的青花瓷造型丰富,装饰画面活泼多样,常见的器型有各类碗、盘、碟、杯、罐、瓶、尊、钵、缸、香炉、蜡烛台、瓷砚、笔筒等,所用的青花料和康熙时的大致相同,是明末即已使用过的国产浙料,黑蓝、浅蓝、青翠等色并存。其装饰品种可以分为三大类,一类是继承康熙时期青花瓷的风格,同时又受粉彩瓷和西洋绘画的影响,比康熙青花纤巧细致,在绘制时讲究明暗深浅变化,以勾线分水来加以表现,有深浅、浓淡及阴面、阳面之分。常见的绘画题材有人物故事、花卉、山水等。这类器物大都青花发色青翠,色调鲜丽而稳定,造型凝浑,胎体厚重而细腻,釉面青亮而坚致,光润平滑,多为似玉的细砂底;器物肩部与足上通常有暗花纹边饰;所绘人物大都工丽,意境深邃;一般无款识。另一类是淡描青花,其画法受木刻版画或国画中白描画法的影响,以勾线为主,并极少分水或渲染。这类装饰题材常以云凤纹、云龙纹或各类花卉为主。这类器物底部通常施白釉、铁色釉、铁红釉,或为无釉细砂底,瓶类底足为高深的细砂圈足,尤具时代特征。还有一类系仿明代青花的器物,其中以仿宣德青花为主,有仿进口青料的效果,其绘制的青花,色泽浓重深蓝,晕散明显,色浓之处有人为用笔点染出的黑点,目的是要仿宣德青花中自然形成的铁锈斑点,但由于是人为所致,其斑点只是漂浮于釉的表面,而非如宣德青花那样自然形成、深入胎骨。

雍正时期主要产品除粉彩瓷、青花瓷之外,还有曾在康熙时盛极一时的五彩。这时的五彩瓷,由于粉彩的兴起,大有被取代之势,尤其是官窑,这一时期很少生产五彩瓷,但在民窑瓷中,仍然还有它的一席之地。这一时期民窑的雍正五彩瓷虽不如康熙五彩有那么多丰富优秀的作品出现,但仍有其独特的面貌——受粉彩影响,色彩一改前时的浓艳为淡雅,纹饰由繁复化为疏朗,画笔由遒劲趋向纤柔。另外,外销瓷的生产也给景德镇的陶瓷装饰带来新的品种与风尚,当时除粉彩是由于学习欧洲而产生的一种新品种之外,还出现了一种完全用欧洲的陶瓷颜料来绘制的釉上彩瓷,在景德镇被称为"洋彩"。景德镇传统的颜色大都是用水及胶调和而成的,而且颜色之间不可以调配。所以康熙五彩的颜色大多是原色,非常艳丽,但没有中间色。而洋彩就不一样,其是用油来调配颜色,颜色之间可以相互调配,这样不仅颜色丰富,而且有深浅和明暗之分。尤其是清代以后,欧洲人大量到景德镇和广州定制纹章瓷,而纹章的设计需要红色,且需要红色和黑色混合才能生成,是洋彩的使用解决了这一问题。康熙五彩只有矾红一种红色,但在洋彩中有许多不同的红色,不仅有浅红、深红,还有胭脂红、玫瑰红、洋红等。在康熙五彩中,黑色需要罩一层大绿,才不会容易被剥落,非常麻烦,但洋彩的黑色可以直接放在火中烧烤。

雍正时期的陶瓷业,除以上介绍的品种之外,在各种高温色釉、各种釉色地加彩绘的综合装饰方面也都有所成就。

(二)乾隆时期

乾隆时期是中国古代封建王朝的最后一个盛世,在其表面的繁盛下,已暗藏了衰败的危机,表现在景德镇官窑的追求上,其装饰和造型奢华奇异,繁缛富丽;其工艺技巧鬼斧神工,令人叹为观止。这种追求其实未必是一种真正对美的追求,不过是出于皇帝和一些贵族阶层的喜好和显摆,但正是这种喜好、显摆和对奢华的追求,将景德镇的陶瓷艺术最终推向了一个死胡同,为以后景德镇陶瓷业的衰败埋下了隐患。当然,这一切此时并未显示出来,表面显示出的只是一派繁荣的美好景象。

1. 青花瓷

乾隆时期的青花瓷仍然是景德镇窑最主要的产品之一,青花呈色稳定、浑厚、沉着。但其早期到晚期的色调呈现出一定规律性的变化,早期青花仍保留着雍正时期呈色不稳、晕散出廓的特征,它是前后两朝接替过渡的必然现象,此后逐渐形成正蓝明快的色调,呈色稳定,纹饰清晰。乾隆中期还有另一种青花,蓝中泛黑,纹饰往往层次不清,但色泽仍然凝重,制作精细,釉面呈色青白或较白,而较青者居多。晚期的青花,色泽稍显青灰,以民窑器最为突出。因受粉彩影响,装饰精细而讲究明暗效果,主要画面均以当时名画家的绘画为蓝本,兼具西方绘画技法,勾染皴擦,浓淡分水,清新明艳,立体感强。

民窑有堂名款的器物和大器类的青花色调大体同于官窑器,但款识不如官窑器规整。民窑器青花色调有的与雍正时期的大体相同,如仿宣德缠枝莲盘,底部施釉或为细砂底。大器底部多不施釉。

2. 粉彩

到乾隆时,不仅是官窑,民窑也在广泛制作粉彩并有所发展,品种除白釉地粉彩与色地粉彩外,还有加绘釉下青花的。受当时文人画的影响,瓷器上绘出的粉彩纹饰常写有名家诗句,绘有各式金石印章。此时的装饰图案中山水画较少,题材以人物、花卉、翎毛等为主。当时粉彩器的制作有细腻与粗糙之分,过粗之器,一般称"糙粉彩"。民窑中有大量的糙粉彩瓶、罐、盘、碗、杯、碟及文具类,大件器物亦很多。制作细腻的多为各类陈设品,也有供上层贵族、地主富人家用的各式盘、碗等以餐具为主的轧道或色地开光粉彩器,俗称为"什锦"。当时还盛行在天蓝、霁红,粉青、松石釉等一色釉器上加绘粉彩纹饰。

3. 青花釉里红

乾隆时期釉里红与青花合绘的器物呈色都很稳定,深浅浓淡相互补充,和谐统一,所绘的花鸟和青叶红花更接近于写实。民窑器很多,常见的有青花釉里红云龙天球瓶、三果梅瓶,以及松鹿、云蝠、八仙人物瓶、罐、盘、碗、盒等。此时出现的新品种,还有豆青釉地或天蓝釉地青花釉里红。此类器物官窑、民窑中都有生产,造型多样,表现内容丰富,以大瓶为多见。开光装饰较多,有豆青釉地开光,多绘青花釉里红松鹿纹;有蓝釉地开光,绘有青花釉里红松鹤等纹饰。蓝釉地有深有浅,浅者类似天蓝,其中釉面混浊的又有"砖蓝"之称。底足有的涂以黑褐色釉,有明显的切削痕,呈跳刀样。

4. 金彩

金彩是明末在日本文化影响下出现的釉上彩品种,乾隆时期金彩瓷更加流行。金彩或用以描绘山水、人物、翎毛、花卉,或书写整篇辞赋文章,或勾描轮廓线及施于口足,或用于款识,等等。所见加金彩的器物不胜枚举,如佛像、观音尊、锥把瓶、天地交泰瓶、小瓶、小盒、唾盂、玲珑瓷盘、碗、镂雕、雕塑等,黄澄醒目,金碧辉煌,色泽远胜过清后期同类器物色泽。乾隆时期造瓷所展示的这种不惜资财、动辄加饰金彩的工艺,体现了崇尚华贵艳丽的典型时代风尚。

5. 广彩瓷

康熙时期,外销瓷,包括青花瓷和五彩瓷,都在景德镇生产,然后运到广州销售,雍正时期也大都如此。1728 年后,令欧洲人震惊的粉彩器烧制成功,这种釉上彩瓷器首先从北京皇宫窑场转移到景德镇御窑生产,然后景德镇民窑纷纷仿制。

1729 年,英国东印度公司被允许在广州建立第一个工厂。乾隆皇帝从1736 年开始执政,共执政 60 年。在他执政之初,最可能在 1740 至 1750 年,粉彩瓷开始在广州出现,并发展成织金彩瓷,即广彩瓷。

三、清晚期瓷器从高峰滑向低谷

18 世纪,英国发生了产业革命,法国发生了启蒙运动,美国经历了独立战争而诞生,这些历史事件震撼和改变了世界,世界开始从农业社会向工业社会跃进。这时的中国正值清代的康乾盛世,但与西方国家比较起来,一个是资本主义的青春,一个是封建主义的迟暮。康乾盛世貌似太平,实则正在走向衰败。如果说这种凄凉在乾隆末年便有所显示,那么到嘉庆以后便日益明显起来。

乾隆皇帝将一派困难局面留给了后代嘉庆皇帝与道光皇帝。此时,政权腐败,人口不断增长,财政困难不断加重,皇帝为了节约开支,再也不能如前朝的几位皇帝那样将一部分兴趣放在奢侈品的制作上。因此,从嘉庆时期开始,景德镇等多地御窑场便无专司其事的督陶官,而是由地方官兼管。虽说官窑已走向衰败,但民窑仍然有着宽广的海外市场。道光二十年(1840 年)震惊中外的鸦片战争爆发了,从此中国进入了半殖民地半封建社会。随着封建社会自给自足经济的解体和对外开放,清王朝国势衰颓、民力耗竭。咸丰年间爆发的太平天国运动,沉重地打击和动摇了清王朝的统治;西方列强与清政府订立了许多不平等条约,掠夺了多种特权。在这些内忧外患的冲击下,乾隆之后日趋衰落的清王朝,国力衰弱至极。

景德镇等多地的制瓷业也每况愈下,由盛世的高峰滑向衰败的低谷,民窑也受到了极大的影响而一蹶不振。同样是王朝末年,为什么明末的景德镇等地民窑不仅没受到朝廷动荡的影响,反而因为没有了官窑而变得更加兴旺发达了呢？此时景德镇等地的民窑走下坡路，除了国力的衰败外必然还有其他更重要的原因。

（一）农业文明制度的桎梏

当整个西方世界已经迅速向近代工业社会发展时，中国还是处在传统的农业文明时代。虽然早在明末中国已产生了资本主义的萌芽，但进入清朝以后，由于专制主义中央集权的进一步加强，资本主义萌芽始终未真正蓬勃发展起来。以景德镇来说，陶瓷业中的行帮组织一方面是早期资本主义萌芽的产物，在行帮形成的早期，其打破了以往家族世擅技艺的狭小范围，乡族专擅比家族世擅扩大了技术的传授面，有利于瓷业资本和陶工人数的增长。但由于其中所残留的保守性，发展到后期又制约了景德镇陶瓷业的进一步发展。首先，景德镇制瓷各业自成其帮，以地域血缘关系相集结，瓷业行帮对陶工的就雇自由和按件计值仍有一定的限制。其次，技艺只传本帮人，有的甚至只限于家传，因而传统的工艺难以发扬，有的甚至失传。元明以来专擅结窑的魏氏嘉庆以后便不再传。祭红到近代只余一家，后来也失传。不仅如此，在行规的束缚下，制瓷者墨守成规，少有改进。日用瓷生产"因陋就简，对于普通用品，不知改良品式，投其所好"。清末，"有人改用印绘法"，"工省而效速"，"群愤其将夺绘画者生计，遂至斗殴打人，酿大祸焉"。行帮的束缚，使景德镇的民窑业难有所创新。

（二）市场的萧条

明末，虽然国家动荡不安，景德镇等地的民窑却有着广阔的国内外陶瓷市场。清末的景德镇民窑所面临的是国内外市场的日益萧条，18世纪以后，欧洲的法、意、德、英和奥地利等国纷纷仿造中国的瓷器，至清末已获得成功，加上日本制瓷业经过近2个世纪的努力又有了很大的发展，这些都从根本上影响了景德镇民窑瓷的对外输出。不仅如此，到清后期，鸦片战争的结果使得外国产品进入中国只征5%的统一税，而免收"厘金"（内地过境税），中国产品却背负"厘金"重担，这种极其不平等的条件使得进口贸易额大增。如果说，在这之前景德镇民窑所生产的瓷器虽然已失去了国外大部分市场，但其在国内市场上依仗其近千年的制瓷技艺和享有的盛名，其他产地还一时难以与其相争的话，那么洋瓷的输入（以日本为主），就使得其在国内的市场也受到威胁。景德镇瓷业于是走向衰落，民窑的数量由雍乾年间的二三百区降为百余座，而且开工不足，制瓷工人数大减。

（三）高岭山采矿业的衰落

清后期,高岭山采矿业的衰落也是景德镇等地窑业滑坡的一个重要原因。刘新园先生在其《高岭土史考》一文中认为,自乾隆五十九年(1794 年)之后,高岭山已不见大量开采高岭土的记载,高岭山一带虽有近代矿坑和尾砂堆积,但和明末清初相比已微不足道了。同治版《南康府志·卷四·物产》附"白土案"条录道光十九年(1839 年)文书谓:"景德镇各窑制造瓷器。所谓高岭,即庐山所出白土,无论粗细瓷器,必须以之配合,即御窑制造上用瓷器亦须配用。"可见,此时庐山白土已取代了高岭山的高岭土。庐山离景德镇 200 公里,水路经鄱阳由昌江至景德镇,其航程比麻仓或高岭要远到 4 倍以上,并且进昌江后又是逆水,其延长的时日便可想而知了。庐山高岭土的出土率低,运输线路长,其价格数倍于明代和清初的麻仓土与东埠高岭土,由此可知晚清瓷器的生产成本比明末清初要高得多。而且就连庐山白土到道光二十年(1840 年)也因开采瓷土要堵水淘洗有碍灌溉,尾砂流失致使沃土贫瘠,影响田赋收入,而几次遭到官府封禁。

复习与思考

1. 康熙时期盛行的陶瓷主要有哪些特点?

2. 乾隆时期盛行的陶瓷主要有哪些特点?

3. 清代主要有哪些海外贸易管理制度?

4. 清代晚期我国瓷器衰败的主要原因是什么?

5. 浅析雍正时期粉彩瓷的形成过程。

第六章 中国陶瓷对海外文化的影响

【案例导入】

17世纪后期,法国宰相马萨林按照国王路易十四的命令建立了"中国公司",在广东定做了大批带有甲胄、军徽、纹章图案的瓷器,他还委托法国商人在江西用景德镇瓷制造国王、王后夫妻俩的瓷塑像,表现路易十四和夫人身穿中国丝绸织锦做成的中国式服装载歌载舞的情景。此后纹章瓷便在欧美等地盛行起来。俄国彼得大帝也在中国定做瓷器,绘制双鹰国徽。直到现在,故宫博物院还收藏有康熙年间烧造的有俄国国徽的彩瓷。曾经有许多墨西哥人来中国定做绘有自己家族标志徽记或勋章图案的成套餐具。

【学习目标】

通过本章学习,可以:

1. 了解中国陶瓷文化的形成。

2. 理解中国陶瓷对海外文化的影响。

3. 了解雅文化向俗文化的转变之路。

第一节 中国陶瓷文化的形成

文化其实包括技术、社会和思想意识三个系统。技术系统对文化的进化起着决定性的作用。同时通过对陶瓷史的考察,我们发现在文化发展的过程中技术的革新固然重要,思想意识系统往往也是技术革新的动力。任何技术的发展与革新都必然承载着一定的思想意识,是思想意识指引着技术发展的方向。

中国陶瓷的每一次品种、造型和纹饰等方面的创新与审美变化,与其说是因为技术的改革造成的,不如说是被当时的审美导向所左右的。在宋以前,中国陶瓷审美的主导力量有官窑的皇权思想,也有当时的文人思想。这些皇权思想和文人思想中所具有的价值观,就是当时中国的核心价值观。其主要体现在儒家和道家的哲学思想上,而这些哲学思想反映到美学思想上是有区别的。如儒家的代表人物孔子,主张人的本性在于社会性,因此,提倡与质符合的文。而且因为其注重礼,也就是文质相契,所以对于外化的文饰也就是人工的美和内在质地美的结合比较重视,它体现的是一种雄浑、浓烈的阳刚之美。道家的代表人物老庄,则认为人的本性在于自然,因此,一切社会的修饰、一切文都是对人本性的束缚,一切加在质上的文都是多余的、有害的,而且自然天性并非一定要改造得像模像样才是美,只要是自然而来的都是美的。道家注重的是质,道家之美追求的是"真",是"淡"。所谓的淡就是保持事物的本质,也就是我们所说的原汁原味,剔除人工的雕琢,实际上也是追求一种真,一种朴素、自然的美,一种淡远、寂静的美。孔子之文和老庄之质,一阳刚一阴柔,形成了美的两种境界。这两种美学思想,一直影响着历代中国美学思想和陶瓷艺术风格的衍化,只是在不同的时代,儒道两家的哲学思想占据着不同的地位罢了。

在秦汉时期至唐以前,中国的陶瓷器装饰多是表现在胎体表面的刻、画、印、贴塑、模印、镂空等方面,体现的是儒家文化的一种雄壮和阳刚之美。在秦汉时期最令人震惊的陶瓷艺术,是出土于秦始皇陵中的兵马俑,那种恢宏的气势,那种惊心动魄的壮观场面,那种一丝不苟的写实方式,在中国后来的陶塑艺术中再也没有出现过。中国的陶瓷艺术,虽然是陶瓷工匠们创造的结晶,但主导其审美方向的,一个是官窑,一个是市场,还有就是中国的文人思想,而文人的喜好不仅能影响市场,同时也能影响皇室。中国的文人士大夫受儒和道的影响,并以这两种哲学来规范自己的行为,往往是年轻气盛、意欲有为之时偏重于儒,历经磨难、熟谙世事之后又偏重于道,有人则是"外以儒行修其身,中以释教治其心"。可以说,中国的士大夫就是伦理人格与自然人格的对立统一。在伦理人格方面,他们孝父忠君,齐家治国,以尽对宗法社会的责任;在自然人格方面,他们雅意林壑,寄情山水,以获得精神上的休息或解脱。一边是他们的正式工作,一边是他们的业余生活。他们就以这两种人格的对立统一,保持着自己生活和心理的平衡。而这两种人格的对立统一在晚唐至宋的文人中表现得尤为突出,这一时期的文人们一方面提倡的是儒学,另一方面在审美的情趣上却是道家和禅学的。

这种文人情趣反映到陶瓷方面则是到唐代以后,陶瓷装饰开始更多地注重釉色本身的表现,而不是注重外在的雕琢。中唐以后的越瓷开始转向秀美,优美的造型与翠绿的色泽相搭配,自然便有了极高的美学品位。例如,邢窑内丘白瓷异军突起,类雪似银,以其釉色本身的魅力博得人们的赞赏。其特点是胎质厚重细密,釉色洁白晶莹,给人以朴素大方之感。唐代除青瓷和白瓷外,在不同的窑口中还生产有花釉瓷、褐釉瓷、绞胎釉瓷、黑釉瓷、黄釉瓷等,都是没有任何雕琢而以自然形成的釉色变化取胜,并在不同程度上使单一釉色进一步提高,向复杂的多色釉方向发展,为日后宋代出现的钧窑窑变,建窑的油滴、兔毫,吉州窑的玳瑁釉等打下了基础。

如果说,从魏晋到中唐以前,体现了儒家思想的浓烈雄浑、形神兼备的美学风格,体现了道家淡雅清远、以神写形的美学风格,两者交相辉映,互放异彩,那么,进入宋代以后,文人心态几乎整体倾向了亦道亦释的艺术思想。这时表现在绘画方面的是宗教画的衰落和人物画的退居其次,心灵的安适享受占据首要位置。人的心境意绪成了艺术和美学的主题。而这种心境和意绪的追求,正是道家和禅宗的美学追求。这种追求的最大特点,就是对自然美的领悟和对自然美的体验,这是一种脱离有形的活动而专注于一种无形的生命境界的体验。在道家哲学中所阐明的生命理想的最高和最完美的形态,就是在自然中展开一种属于单纯精神性的东西。在道家这种思想的影响下,宋代的艺术往往不满足于感官的愉悦,不屑于经营声色的华丽,而以发厚浓于简古、寄至味于淡泊为佳境。这一时期的美学境界是重新回到自然表现的世界,在静穆和枯寂中体验自然之内在的韵律之神秘的展开过程,因此,反对人为的雕琢藻绘之工,追求自然天趣成为这一时期的艺术标准。这种追求在宋代的瓷器中表现得尤为突出。

在宋代最被推崇的五大名窑是哥窑、汝窑、官窑、钧窑、定窑。从这五大名窑的产品特征中我们不难看出当时的宫廷贵族与文人士大夫们的美学倾向。在五大名窑中,除了定窑的白瓷有刻花和印花的装饰之外,其他几个窑口的产品都是清一色没有装饰的素面瓷。当然,这种没有装饰并不意味着是一览无余的平板,而是一种更讲究的、追求自然天成的美学思想的体现。在这里,哥窑、官窑、汝窑均属于青瓷系统,并且都是利用自然的开片釉进行装饰。开片纹是由于胎釉的收缩系数不同,在火的烧炼过程中所形成的一种釉表面的龟裂现象。这本来可能是在烧制过程中所出现的缺陷,但陶工们巧妙地利用了这一缺陷,反倒使其成为一种自然天成的、人工难以控制的趣味无穷的装饰。一般来说,哥窑的纹片釉最密也最深,而且在开片中有深浅之分,较深的呈黑色,较浅的呈米黄色,人们常将这两种交织在一起的裂线叫作"金丝铁线"。官窑的开片纹比哥窑的要稀、大、浅,却比汝窑的明显。因为其开片比哥窑的浅,大多数只有呈金黄色的一种,所以被称为"金线"。而汝窑的裂纹浅而且细,隐隐约约地呈透明的冰裂状态。

北宋官瓷还有"紫口铁足"的艺术特征,即选用含铁量极高的瓷土制胎,经高温还原烧制,胎骨颜色泛黑紫,故作品器物口所施之釉微有下垂,致使内胎微露,便产生了"紫口"特征;足底无釉之处,由于还原气氛,则成为黑红色,是为"铁足"。官窑和汝窑、哥窑产品虽然都属于青瓷,却有不同的呈色,汝窑的呈色多为天青、香灰色;官窑和哥窑的颜色较接近,釉色有粉青、月白、油灰、青黄等。虽然颜色各有不同,但都统一在青色的色调之中。这种青色并不是一览无余的青,其通过胎质的变化来使釉色丰富多彩,这些胎色有黑灰、深灰、浅灰、土黄等,不同的胎色会使瓷器呈现出不同的青色。这种由材质本身特性不同而产生的呈色意境正是当时文人们所追求的感觉。

我们再看看钧窑的瓷器艺术,其实也是这一追求的结果。钧窑属于北方青瓷范畴,但由于它在釉中引进了氧化铁和微量的氧化铜做呈色剂,在烧制的过程中这种釉色极富变化,有的呈玫瑰红色,有的呈海棠红色,有的呈月白色,有的呈天蓝色,有的在天蓝色之中出现形如晚霞的紫红色……在中国的陶瓷界有一句话叫"钧瓷无双",也就是说,即使在一个窑里所烧出来的钧瓷也没有完全相同的,大多数的釉色是人工难以控制而自然形成的,这种自然造就正符合当时所追求的最高美学境界。

道家精神皆由崇尚自然而引出,强调顺其自然,反对强制妄为、烦扰物性、矫揉造作、虚伪浮华、繁文缛节,赞美事物原始的自然状态,显示事物的本来面目。老子以"朴"形容道,朴则是未经雕琢的天然状态,"见朴抱素"是他的理想。朴素从此成了后世文人所认定的最美状态,也就有了"灿烂至极复归于平淡"的说法。朱熹在《太极图说解》中说:"上天之载,无声无臭,而实造化之枢纽,品汇之根柢也。""无声无臭",其境界类似于老子所说的"大音希声"。"大音希声"也可以说是无声之声。这也正是宋瓷艺术的精髓所在。从以上所举例的宋瓷产品中,我们可以看到那种淡泊汪洋的朴素,那种素面无雕的本色之色、无言之言、无声之声,还有那种自然天成的缺陷和瑕疵,也成了不美之美,这其实是一种大美、至美。这种美学追求是要让人们的思维不受到任何束缚,在宽阔无垠的自然境界中自由地翱翔,去体验那种无言境界中的无数语言。这是一种无限的境界,也正是这种无限性,使得一切规则、构架这些人类心智能够企及的存在方式都被消解,使人获得一种对于更深奥的存在方式的领悟。庄子说:"得至美而游乎至乐,谓之至人。"在这里,"至美"实际上就是自然万象之大化的深刻蕴意,沉浸在对其的体验中,就是人生精神之最高愉悦,而能领会这种最高愉悦的人,才算得上是"至人"。在宋代所有艺术品类中,瓷器艺术是最能体现这种精神境界的,可以说,是瓷器艺术把中国文人的美学追求推演到了一个最高的境界。而这种美学境界的达到绝不仅仅是技术所能奏效的,而是需要一定的思想意识支配。

中国历史上向来有雅文化和俗文化之分,雅文化是在中国传统的儒、释、道精神合流中产生的,在意识形态上以儒家思想为主导,但在审美情趣上,则是以道家和禅宗的追求为意境的。但自元以后到明清时期,这样的思想意识的主导又让位给了市场经济与市民文化。中国文化史上以雅文化为主导地位的局面至元代宣告结束,俗文化逐渐上升为主流,这种交替是中国文化走向近代的先兆。在陶瓷艺术上的体现则是宋瓷中体现的以釉色之变化所展现的哲学思想,开始被元青花瓷以及后来出现的明清五彩瓷、粉彩瓷以画面上直白展现的世俗物象所代替,这是中国陶瓷艺术史上的一大转折。

在这样的背景中,我们看到的是,无论南方的窑口还是北方的窑口,其所烧制的瓷器都有一个共同的特点,那就是与宋代比较起来,不重视釉面本身的质地,而重视表面的装饰纹样与效果,装饰的手段与技法的丰富远远超过以往的任何朝代,其一方面继承了前代刻、画、印、贴、堆、镂、绘等多种装饰方法,另一方面又在此基础上进行了创新与发展。

另外,在元代,北方的窑口都趋于衰落,唯有磁州窑仍有生气,这与其产品的风格有关。在元代,磁州窑产品中产量最高、影响最大的是白地黑花瓷器。这一品种在北宋时就很有特点,黄河流域一些窑口纷纷仿造,宋南渡后,吉州窑也加以仿造,甚至景德镇的青花瓷也深受其影响。其白釉黑花器至元代后得到了更进一步的发展。元代装饰题材中最突出的一方面是戏曲故事情节与人物,另一方面是文学作品与书画艺术。元代戏曲文学的繁荣必然影响到瓷绘艺术,以戏曲文学题材为装饰内容不仅是元代磁州窑的特色,在元代景德镇窑的青花瓷上也有相似体现。

同时,在元磁州窑黑花瓷和元景德镇青花瓷中出现的一些体现元曲故事场面的绘画,也是当时商品经济发展的一种结果,是俗文化得到充分发展的一种表现。元青花人物故事题材大多取材于历史剧,其中有蒙恬坐帐、萧何月下追韩信、桃园结义、三顾茅庐、周亚夫、唐太宗与尉迟恭等。元代这些绘有人物故事的青花瓷,基本上是罐、梅瓶、玉壶春瓶之类的陈设瓷,多为观赏之用。而在磁州窑的白地黑花瓷器上的元曲人物故事主要是表现在平面的瓷枕上,此类器物既实用也可赏玩。大量的历史人物形象和元曲中的人物故事出现在磁州窑的白地黑花瓷器和景德镇窑的青花瓷中,这是元代的时代风尚,也是中国陶瓷装饰艺术的一大历史转折。

在唐宋以前,以人物形象为装饰内容的瓷器实不多见。唐宋以后,在瓷器上虽然开始出现人物形象装饰,但其表现的对象大多是婴戏,只有少量仕女,须眉健儿则几乎不见。所以,元磁州窑和景德镇青花瓷中人物故事画面的出现在中国陶瓷装饰艺术史上有着重大的意义,这是在中国历史上第一次将历史传说以及戏曲中的故事场面那么完整和那么细腻地描绘在瓷器上,为明清以后在陶瓷装饰上反映帝王将相、才子佳人、道家仙人、男耕女织等各种以不同人物活动为中心的画面的出现打下了基础,也是中国陶瓷艺术主流由"雅"走向"俗"的重要开端。

到明代,以彩绘为代表的俗文化装饰内容不仅体现在民窑产品中,也开始在官窑产品中出现。明代官窑生产的青花瓷不仅被馈赠给外国做礼品,也同样用于制作祭祀的礼器,这与前朝官窑所追求的"一色纯净"完全不同。因此,明代在中国陶瓷史上是一个非常重要的时期。在这以前中国的陶瓷可以说是以素瓷为主,虽然早在宋代磁州窑等窑口就开始生产铁锈花、黑地剔花等彩瓷,元代的青花又使中国的彩绘瓷更上一层楼,但一方面这些彩绘瓷颜色品种单一,前者是以黑白为主,后者则是以青白为主。另外,这些彩绘瓷都不是当时陶瓷艺术的主流,虽然在民间得到广泛的认同,却未得到当时的宫廷和文人士大夫及上层贵族社会的认同。到明代以后,中国的陶瓷艺术可以说是由一个以生产素瓷占主流的时代,进入了一个以生产彩绘瓷为主流的时代。尤其是景德镇,在青花瓷的基础上发展出了三彩瓷、红绿彩瓷、金彩瓷、斗彩瓷、五彩瓷等,其装饰的纹样、表现的主题、绘制的手段、工艺制作的工具和材料等都得到了空前的丰富,进而带动了国内外许多地方的青花瓷生产,使中国成为世界制瓷中心。

通过以上的梳理,我们会看到,传统人类学的考察偏重于偏远的土著部落,在一个封闭的、与外界接触非常少的社区,文化的变迁也许只有思想意识系统、社会系统、技术系统。但在一个开放的文明社会里,还应该加上外来的信息系统。通过研究我们发现,越是在人类早期社会越封闭,对外的交流越少,信息系统的作用不是太明显,社会流转的速度也相对缓慢。但越是接近现代社会,人类各个国家和各个民族的交流就越频繁,社会流转的速度就越快。明清以后,随着中国对外交流和贸易的发展,中国陶瓷艺术的发展必然会加速,而且更加商品化和世俗化,其中信息系统所施加的作用是不可忽视的。

第二节　中国陶瓷对海外文化的影响

元、明、清以后,中国陶瓷艺术文化受到了外来的西方文化的影响。从明中晚期开始,欧洲瓷商就到景德镇订购瓷器。由于中西文化与中西方居民生活习惯的差异,瓷商们除了选购景德镇原有的瓷器品种外,还要求景德镇民窑的匠人们根据国外市场和顾客的需要,设计大量符合西方审美情趣和生活习惯的新造型和新图案。这些来样订货的造型和式样,不仅使景德镇的陶工们被动地开展创作,其反过来也极大地影响着景德镇新的陶瓷艺术风格的形成。欧洲文化也影响了中国皇室的审美导向,如清代乾隆皇帝不仅请欧洲的艺术家在宫中为皇室服务,参加圆明园建筑的设计,还命欧洲的艺术家和中国的画家及工匠们一起制作瓷胎珐琅器。同时,景德镇御窑厂烧造的瓷器,不少是由宫内的"造办处""如意馆""钦天监"的画师提供的图样和造型。而所有在清宫任职的欧洲艺术家,也都在此与中国的画师、匠师们朝夕相处,相互影响和启发。正是欧洲艺术的影响,使清中期以后以景德镇为中心的中国陶瓷艺术出现了一派华丽、纤巧和繁缛之风格。而这种风格在清中期以后成为一种社会风尚,并直接影响到陶瓷艺术风格的形成和发展。同时,质朴和自然形成的天趣之美,不再是中国陶瓷艺术追求的主要旨趣,华丽和人工矫饰成为此时的主流,并一直延续到清末甚至民国时期。

通过中国陶瓷上的美丽装饰,欧洲人不仅感受到了中国美丽的青花瓷、五彩瓷、三彩瓷和粉彩瓷等陶瓷艺术,还感受到了令人陶醉的中国人的生活方式与自然环境。19 世纪上半叶之前的中国在欧洲人眼里是一个高度文明的礼仪之邦,是西方人向往的理想之国。从 18 世纪初开始,一方面随着欧洲传教士来华并受重视,康熙皇帝对西方科技文化大加赞赏,希望和西方保持长久和深远的联系,中国和欧洲的联系逐渐紧密起来;另一方面欧洲的启蒙运动到 18 世纪逐渐进入高潮,文化艺术也进入了一个广泛地学习和吸收各种外来营养的时期,当时的中国以其强大的实力和凝聚了上千年底蕴的高度文明散发着无穷魅力,再加上东西方在地域上的距离,中国由此被视为唯一堪与西方媲美的遥远的文明国度,令欧洲人着迷。在欧洲许多艺术作品中,从未踏足中国的作者们总是用美好的言语来描绘这个想象中的世外桃源。

与此同时,中国饮用茶叶的传统也开始传入欧洲,茶文化西渡,又为花色年年翻新、式样层出不穷的瓷器外销开辟了空间,在欧洲掀起了一股追求中国瓷器的热浪。在这股热浪中,从遥远的中国传来的不仅仅是精美的瓷器,还有与之俱来的古老国度博大精深的文化和艺术,这一切无不体现着一种潇洒飘逸和高雅的气息。很多国王和宫廷贵族是中国瓷器忠实的收藏者,路易十四曾经在大特里亚农宫中用瓷器建造了一个狄安娜(罗马神话中的月亮与橡树林女神)房间。路易十五甚至要掀起一个日用品的变革运动,用中国的瓷器代替传统的金银器皿。瓷器成为欧洲贵族家庭中最为时髦的奢侈品,成为正在上升的欧洲"中国热"的顶点,并在此后几十年中一直引导着贵族们的品位。东方所具有的完全陌生和新鲜的文化艺术也令欧洲人拓宽了眼界。

中国清代的青花瓷成为欧洲人生活的一部分,在当时许多油画中我们随处可以看到青花瓷的装饰,以及青花瓷对欧洲人生活的影响。如在美国波士顿博物馆中就有几幅油画:一幅名为《青花杯》的油画(图 6-1),上面画的是一个年轻的女佣,在为主人擦拭一些青花瓷器,当她拿到一个薄如蝉翼的青花茶杯时,感到很新奇、很美,一个人静静地在对着光欣赏着。另外一幅油画(图 6-2)描绘的是两个妇女在闲聊,在旁边的桌上放着一个来自中国的青花罐。还有一幅

图 6 - 1

图 6 - 2

画(图 6 - 3)画的是一个少女在读书,前面的柜子上放着一只青花罐和一个青花壶。最后一幅油画画的是几个女孩在玩耍,后面有一对高大的画着山水图案的青花大瓶,一个女孩靠在花瓶旁边,那花瓶比女孩还高了一大截。博物馆还将画面上的两个真实的花瓶和油画放在一起展览(图 6 - 4)。

图 6 - 3

图 6 - 4

在美国波士顿博物馆的这个厅里展示的全都是 16 世纪到 19 世纪中国器物对西方欧美国家的影响,当然除了这些油画、瓷器外,还有不少中国家具。由此来看,当时中国文化对西方的影响是全方位的,从价值观、审美观之类的精神层面,到瓷器、茶叶、丝绸、家具、金银器等物质层面,当然,还包括了其中蕴藏的生活理念。

　　正因如此,中国人的生活和文化也成为当时艺术家创作的源泉,中国人的生活场景常常出现在欧洲艺术家的作品中。在这些对中国满怀憧憬之情的艺术家中,画家布歇就是最具代表性的一位。在 1742 年的画展上,布歇展出了他绘制的小油画,其中主要有《中国皇帝上朝》《中国集市》《中国舞蹈》《中国庭院》和《中国钓鱼》。他的作品中充满着浓郁的异域风情,人物尽是亚洲人面孔。这些艺术家们笔下所表现的只是他们想象中的中国,他们以精湛的技艺将西方的场景改头换面,表现被幻想出来的亚洲风情。

　　这种西方人对中国文化的向往和描述同样体现在陶瓷上。相关研究人士到德国德累斯顿的茨温格宫陶瓷收藏馆考察,看到了博物馆里不仅有大量的中国瓷器,还有不同历史时期的迈森瓷。迈森瓷厂成立于 1710 年,1720 年研制成功釉上彩。1720 年至 1750 年,迈森瓷厂绘制的瓷器基本是在仿制中国瓷器,无论是装饰风格还是题材内容,都是中国式的。在装饰的画面中,常常出现中国人的生活场景。在当时的欧洲人看来,中国人生活在天堂般的国度里,他们按照自己的想象,在瓷器上描绘着"幸福的中国人"的生活。在这些画面中,中国人穿着美丽的丝绸,悠闲自得地住在华丽的建筑中,有着仙境般的花园,四周围绕着鲜花飞鸟。为了烘托幸福的气氛,瓷绘采用的是红色、金色、黄色和蓝色等一些艳丽的色彩。

　　西方欧洲人笔下中国人的生活,实际上未必是中国人真正生活的写照。在交通和传媒并不发达的时代,欧洲人描绘的只是他们想象中和憧憬的中国人的生活,而正是这些想象和憧憬,促成了他们的社会变革,推动了他们对中国艺术的热爱,以及对中国人的精神生活和物质生活的进一步向往。也正因为如此,在中国文化和艺术的影响下,此时的欧洲艺术脱离了古典主义时期那种空洞无物的宏伟壮观,转而钟情于更加精巧和柔美的曲线。其装饰图案大量采用贝壳、水草、花环和花束等物象,受中国传统的"天人合一"思想的影响,形成了一种崇尚自然的风格。在庭院设计手法中,欧洲人打破了古典主义的对称和均衡,认为花园是最自然、最有家庭感的形式,采用了整体进景观相对不对称的形式。欧洲人对自然植物进行几何化修剪的习惯一直保留在园林的设计语言之中。从 16 世纪末便开始流行的中国热,在 18 世纪达到了高潮,一直延续到 19 世纪初。这一时期是中国文化影响欧洲的重要时期,而中国的陶瓷贸易在其中起到了巨大的作用。与此同时,欧洲的艺术品位也通过这种贸易影响中国,中国清代以后的陶瓷装饰艺术比以往任何时期的陶瓷装饰艺术都更加繁缛、更加华丽,也正是受到当时欧洲艺术风格影响的缘故。也就是说,世界不同国家文化艺术的发展都是相互影响的,你中有我,我中有你。

但有些民族特性是无法学习的,就如当时的欧洲人,尽管他们欣赏中国的文化艺术,学习中国的文化艺术(包括中国的陶瓷艺术),但由于文化传统和审美趣味的不同,在欧洲宫廷中所欣赏的并不是中国艺术真正的美,他们无法真正理解中国美的精髓和真谛所在。他们在收藏瓷器的过程中,是完全按照自己的趣味来收藏和布置的,他们注重的是感官的美、视觉的美。中国传统文化中对瓷器把玩的那种触觉美、寓意美、材质美的理解,是欧洲人体会不到的。但这并不妨碍欧洲人从中汲取营养,从中升华出自己新的艺术风格,也就是当时欧洲流行的洛可可艺术风格。

复习与思考

1. 中国清代是如何通过陶瓷艺术等影响西方欧洲人的文化的?
2. 请简要阐述雅文化和俗文化的不同之处。
3. 结合本章内容,谈谈文化在历史长河中所发挥的作用。

第七章　中国制瓷技艺向国外的传播

【案例导入】

　　英国著名的陶瓷学专家柯玫瑰曾经写过一篇《16—19世纪的中国"瓷都"景德镇》，在文章中她写道：最先在出版的书中提到景德镇的欧洲人是那些传教士们，他们通常也只到过澳门、广州这些中国南部的地方。信息搜集对于宗教及贸易来说都很重要。一位葡萄牙属多米尼加的修道士克鲁兹（Gaspard da Cruz）在其1556年逗留广州期间，获得了关于景德镇瓷器制作相当完整和精确的信息。1569年他出版了一本《中国游记》，此后在西方广泛流传并被广泛引用。在书中他描述道："有另外一个省份叫作江西……在那个省的景德镇，是所有精美瓷器制作的地方……在我看来，瓷器是由一种白色柔软的石头制成的……在完全敲打冲击后被放置在一缸缸水里……在水中完全浸透后，他们用漂到上部的精华制作精美的瓷器……他们在太阳下晒干，等干了就在上面绘画，他们喜欢用一种非常漂亮的靛蓝色颜料，等颜料干了之后，就可以上釉再烧制了。"

（资料来源：《中国陶瓷史》，作者方李莉）

【学习目标】

　　通过本章学习，可以：

1. 了解中国制瓷技艺向国外传播的开端及鼎盛期。
2. 了解迈森瓷厂、代尔夫特窑、韦奇伍德瓷厂等是如何仿制中国陶瓷的。

第一节 中国制瓷技艺向国外传播的开端

中国在对外输出陶瓷物品、艺术的时候,也在不断地输出制作陶瓷物品、改良陶瓷艺术的技术,这是中国对世界的一大贡献。自7世纪唐代开始向外输出陶瓷制作技术后,世界多国迅速掀起一股中国瓷器热。然而仅靠远涉重洋来中国贩运瓷器,因运输能力所限,往往供不应求,所以世界多国争相仿制中国瓷器,各地仿制之举蔚然成风。

中国陶瓷制作技术最早对外传播的品种是唐三彩陶器,世界上许多国家都曾仿制过唐三彩器。

日本的奈良三彩。日本仿制唐三彩与派往中国的遣唐使有关。日本派往中国的遣唐使主要学习唐朝先进的文化及艺术,大批留学生和从事专门技艺的人才在中国主要学习各种手工艺制作,有的待上一年半载,也有的居住长达数十年,他们学成之后往往带着一身绝技回到日本并将技艺广泛传播。奈良三彩在造型上不仅与唐三彩十分相似,而且其鲜艳流淌的釉面、光艳美丽的色调也非常接近唐三彩器物。日本学者称这是日本"最初真正独立风格的施釉陶器产生的划时代事件"。奈良三彩以奈良、滋贺、大阪出土最多,窑址据推测应在奈良、滋贺等地。当唐三彩在中国衰落后,奈良三彩在日本也已过时,这是日本仿制中国瓷器并与其同步兴衰的典型例子。

韩国新罗三彩。据传,新罗三彩是被请到新罗首都的唐朝工匠指导新罗匠人制作的,因此其在风格上更多地融入了本民族的特色。

埃及三彩,也称"波斯三彩",它是在黄褐色胎体上先施一层化妆土,再用绿釉、黄釉点绘成几何图案或花卉纹饰,釉色异常斑斓,与我国唐三彩非常相似。

除唐三彩外,当时中国制作青瓷的技术也引起了不少国家的关注。最先学习中国青瓷制作技术的是朝鲜。唐代,在越窑青瓷销入朝鲜的同时,其制瓷技术也被引进。朝鲜工匠在学习的基础上,终于在918年于康津设窑,成功地烧成了高丽秘色瓷,又称翡色瓷器。韩国考古研究资料表明,在韩国600多个地区考古发现的1700余处青瓷窑址中,与高丽青瓷诞生密切相关的早期青瓷窑址有黄海南道峰泉郡圆山里窑、黄海南道平川郡凤岩里窑、京畿道龙仁西里窑、京畿道始兴市芳山洞窑等。它们的特征是："首先,与越窑一样建在山坡上。其次,是砖筑窑,全长大概 38 至 44 米,宽 1.8 至 2.2 米,与越窑唐宋第五期以后的窑炉形态几乎相同。再次,从最初的窑的规范化形态上看,其窑炉的结构起了变化。即经过数次的修补后,窑的规模缩小了,经过一定的时期后向土筑窑形态发展。"可见,朝鲜半岛最初出现的这些青瓷窑址,无论是窑炉的构造、规模、用材,还是窑床、窑具的排列,器物装烧的工艺与产品形制等,都与越窑类似。五代时期,吴越凭借海上交通的便利,与朝鲜半岛的高丽交往密切,尤其是吴越国王钱弘俶统治时期,两国来往更加频繁。高丽青瓷在朝鲜半岛的迅速烧制成功,是吴越国向高丽进行技术传播并全盘移植越窑制瓷技术的最直接结果。

图 7 - 1　青瓷带盖壶

　　图 7 - 1 所示为在美国大都会博物馆所见的 12 世纪上半叶韩国高丽时期所制的青瓷带盖壶,其釉色光润,壶身布满仰莲纹,并于每片莲瓣中心雕刻叶形纹样,十分精美。虽然这是中国宋代的高丽青瓷,其技术却是从唐代就开始传入朝鲜半岛的。

　　唐代越窑青瓷还对日本与埃及的制陶业产生了很大的影响。随着越窑青瓷源源不断地输入,9 世纪起,日本的制陶业盛行模仿越窑青瓷。位于京都附近的播枝窑、西贺茂窑、筱窑、大原野窑、石作窑,远离山口县的周防铸司窑,滋贺县的山神窑以及十禅谷窑、日野窑和爱知县西部一带的灰釉陶窑,多以越窑青瓷为仿造对象。其中又以名古屋东边的猿投窑仿造的越窑青瓷最为成功,其烧制的罐、瓶、碗、钵等器物在造型、釉色、纹饰上都与越窑器十分相似,只是质地仍为陶胎。

总之,唐代以后,中国的陶瓷制作技术不断地向外输出,尤其是中国的制瓷技术,先是影响了朝鲜、日本,再是越南、泰国等东南亚的邻近地区,最后是西亚和非洲。所以,可以说,中国的陶瓷史也是一部中国陶瓷和中国制瓷技术不断输出的历史。

第二节　中国制瓷技艺向国外的传播的鼎盛期

前文我们已经了解到,中国陶瓷制作技术最早对外传播的品种是唐三彩陶器,先是影响了朝鲜、日本,再是越南、泰国等东南亚的邻近地区,最后是西亚和非洲。到 16 世纪,欧洲国家已经意识到到中国购买大量瓷器,路途远、成本高、价格贵。另外,在明末清初战乱时期,中国国内局势混乱,生产难以开展,对外贸易方面还一度封闭国门,减少了瓷器的出口。为了满足市场的需要,17 世纪中叶,荷兰人也开始研制自己的瓷器产品,以打破中国瓷器在欧洲市场的垄断格局。

仿制生产中国青花瓷的是荷兰的代尔夫特窑。代尔夫特是荷兰的一个城市,位于鹿特丹附近,其仿制的中国青花瓷并非瓷,而是一种低温釉陶,它生产的兴盛期在 1660—1730 年。受中国青花瓷的影响,代尔夫特陶工汲取了诸多灵感,如图 7-2 的大口水罐,其制作明显具有中国风格,但又有自己的

图 7-2

特点。一些最优秀的代尔夫特陶器,于1650至1710年得以制造出来,纹饰有明朝晚期流行的青花瓷图案,如森林奔鹿图、亭台楼阁、山水仙女等,装饰技法多为中国常见的开光装饰形式。那时荷兰东印度公司大量进口此类瓷器。代尔夫特窑仿制的中国青花瓷,在不透明的锡釉上两次施釉,获得了类似于中国瓷器的一种表象。代尔夫特窑还带动了荷兰其他地区的窑场相继仿制中国的青花瓷。之后,代尔夫特又烧制五彩陶器,以模仿中国南方的"汕头瓷"为主,并注重增添自身的文化元素,以迎合欧洲人的生活习惯。

严格说来,代尔夫特窑生产的是陶器,而不是瓷器,远不能满足欧洲上层对中国瓷器的需求。为了取代中国瓷器的进口,满足人们对中国瓷器的欲望,欧洲人开始建立自己的瓷业生产工场。他们通过各种途径搜集中国瓷器生产的秘方。在搜集中国陶瓷生产秘方情报的过程中,深入中国内地的传教士起了很大的作用。

虽然殷弘绪以法国籍传教士的身份最早在中国景德镇收集情报,但在欧洲最早建立起陶瓷厂的却是德国人。前面,我们已经多次介绍过18世纪德国的奥古斯特王热衷于中国瓷器的收藏,为此他花了不少财富和心思。随后这位帝王在德累斯顿郊区迈森建立了瓷器工厂,生产过程高度保密,1710年迈森瓷厂成立。之后相当长一段时期内,整个欧洲瓷器制造业都受迈森瓷器风格的影响。

迈森瓷厂绘制的瓷器基本是在仿制中国瓷器,无论是装饰风格还是题材内容都是中国式的。如图7-3,该茶壶彩绘的中国人物,以铁红、粉釉和描金纹饰为边框,这是18世纪20年代早期至40年代许多迈森瓷器的彩绘特色。这件茶

图7-3

壶是迈森瓷的早期作品,茶壶上中国人物的特殊造型以及用釉上满彩表现人物的设计都是由艺术设计师约翰·格里戈里厄斯·赫罗特创新推出的,此人曾任职于维也纳瓷器厂。在西方具有中国艺术风格的物品上,中国被描绘成一个富有异域情调的童话世界,有穿着锦衣华服、过着悠闲生活的人们。他们将其称为"幸福的中国人",这件茶壶上所描绘的正是欧洲人所想象的中国人的幸福生活。这是这一时期很有代表性的作品,其从模仿中国人的绘画风格转化到表现中国人的生活方式。到1750年以后,迈森瓷摆脱中国风格的影响,开始形成自己的风格,如图7-4就是一件完全摆脱中国风格的德国迈森瓷。

图7-4

继迈森瓷之后,法国也成功烧制瓷器,成为瓷器生产大国。路易十五统治时期的1765年,法国中部利摩日附近的圣伊利埃盛产制造白瓷的一种黏土(高岭土),于是许多工厂在此建立,一边继续模仿中国青花瓷器,一边开发法国式瓷器。

制造法国本国风格瓷器最著名的是塞夫勒瓷厂,其起初的装饰风格多来自中国样式,并与洛可可风格融为一体。到了1767年,该瓷厂用瓷土成功烧造硬质瓷。到1777年,虽然该瓷厂已经摆脱中国瓷器风格的影响,但器型、形制,包括图案如勾勒青花边等,仍然带有中国元素的影子。其生产的彩绘描金茶壶,中国风格影响还很深,描金方式、中国国画构图的大面积留白以及樱桃盖钮等,显然还保留着中国艺术的元素。其不仅学习中国景德镇的瓷器,也受中国其他窑口的影响。

17世纪下半叶,英国在荷兰代尔夫特窑仿中国瓷器的影响下,也开始尝试烧造中国瓷器,特别是在布里斯托附近的地区生产的釉陶大量采用中国瓷器的装饰图案。

1640年,布里斯托釉陶厂汲取了代尔夫特釉陶制造法,之后还在利物浦、格拉斯哥、都柏林建立了代尔夫特釉陶厂生产基地,满足了大多数英国人的日用所需。这个局面一直到1770年,才被韦奇伍德生产的奶油色陶器所打破。

韦奇伍德瓷厂最早在英国采用机械化来生产陶器,其生产的奶色陶器被宫廷看中,被称为"女王陶器"。1769年,韦奇伍德在英国斯塔福德郡建立了欧洲第一条瓷器生产线,这条生产线推行了新颖的全面劳动分工制度,每项工作的负责者都必须是某道生产工序的行家里手,这在当时是非常具有革命性的观念。韦奇伍德建立的瓷器生产线是在熟读传教士殷弘绪有关中国瓷器生产的书简之后受到启发建立的。

还有英国的伍斯特瓷厂也是当时仿制中国瓷器的重要厂家。如图7-5,伍斯特瓷厂生产的软质瓷瓶造型就是仿自中国古代青铜酒器"觚"。瓶上所绘青花中国仕女图是欧洲人对中国的一种想象,边缘所绘纹样则是纯粹欧式的。这类瓷瓶一般成套烧制,其中3件式带盖的柱形瓶多用作壁炉上的装饰。

18世纪中叶,欧洲工厂发明了青花转印技术,开始大规模地生产青花瓷器。斯塔福德郡很多瓷厂都是英国较早致力于模仿中国瓷器的窑场,它们也想创造出自己的产品。虽说陶胎和斯塔福德郡瓷厂的产品釉下氧化色很有特点,但总的来说,早期器物原创性很差,基本上都是按照中国陶瓷的模子来做的。

仿制中国瓷器不是目的,最终目的是要生产出自己的瓷器,并要与中国瓷器竞争。从欧洲开始的工业革命催生的技术发明使原本手工制作的瓷器可以批量生产。到了19世纪早期,英国斯塔福德郡的韦奇伍德瓷厂、伍斯特瓷厂的机械化工厂已能制造优良的瓷器。

我们看到的是中国制瓷技术向欧洲传播的过程。中国是世界上最早发明瓷器的国家,从唐宋开始,中国制瓷技术就向周边国家传播,直到18、19世纪传至欧洲。一部中国陶瓷史同时也是一部中国制瓷技术向世界传播的历史。

图 7 – 5

复习与思考

1. 早期仿制过我国唐三彩器的主要国家有哪些? 请简要阐述。

2. 浅析迈森瓷厂是如何仿制中国瓷器的。

3. 试讨论中国制瓷技艺向国外成功传播的原因。

第二篇 中国近现代陶瓷贸易

20世纪初,由于国内经济的日渐衰败和战乱影响,中国瓷器在国际上的地位每况愈下。原本以产外销瓷著称的中国,反倒成了大量洋瓷倾销的市场。内忧外患的社会现实,使得中国陶瓷在国内外市场上节节败退,兴旺数千年的中国陶瓷业奄奄一息,濒临绝境。幸运的是,即便举步维艰,中国的陶瓷业仍然顽强地生存了下来。清末到民国初年,一些民族工商业者高举"振兴实业"的大旗,对中国陶瓷手工业进行了一些改革,创办了一些新式瓷厂。

第八章　民国时期中国陶瓷的外销

【案例导入】

2012年5月,滦南县渔民反映滦南县东坑坨发现一条沉船,随后文物部门对这个线索进行了走访调查,初步了解沉船的位置和基本情况,并在线索提供人家中见到两件据称是沉船附近出水的瓷器。2012年10月底,河北省文物研究所对沉船线索进行补充调查,并印证了前述线索的真实性。河北省文物研究所于2013年7月至9月对东坑坨沉船遗址进行了重点调查。在东坑坨西南侧、距离海岸线30多公里的海域发现了水下沉船2处,分别编号为"东坑坨Ⅰ号"和"东坑坨Ⅱ号",并初步确认"东坑坨Ⅰ号"沉船为清代晚期至民国时期的铜皮夹板船。"中国考古01号"于9月4日在青岛中苑旅游码头首航,首航第一站的任务是赴辽宁省丹东港海域开展水下沉船遗址重点调查工作,在丹东执行完考古任务之后,10月初航行到唐山执行"东坑坨Ⅰ号"沉船的考古工作。考古工作者通过潜水探摸等手段试图了解船体结构,剖析该船装载并研判沉船性质和价值。"此次水下考古除了测绘记录船体相关数据外,还有几个船体构件以及盆、碗等少量瓷器出水。"时任河北省文物研究所副所长毛保中说,此次水下考古基本确定"东坑坨Ⅰ号"沉船是货船,于民国时期沉没,"发现的瓷器数量很少,经研究判断为民国时期的瓷器,瓷器有些碎裂,还发现其中有日本瓷,但是否意味着该船到过日本还有待研究。"

(资料来源:中国新闻网转载《燕赵都市报》,2014年10月29日,节选)

【学习目标】

通过本章学习,可以:

1.了解民国时期社会经济概况。

2.了解民国时期我国陶瓷业衰败的原因。

3.掌握民国时期景德镇陶瓷的外销情况。

4.了解民国时期我国陶瓷的发展情况。

第一节 社会经济概述

民国时期国内经济的发展经历了一个复杂的过程,这其中包括了北洋政府时期(1912—1928)、南京国民政府时期(1927—1937)、全面抗战时期(1937—1945)、解放战争时期(1946—1949)这四个时期。每个时期我国的经济发展所体现出来的特点都不一样,而且每个时期的发展都有所不同。

一、北洋政府时期国内社会经济

第一次世界大战不仅对西方世界产生了深远影响,而且对中国的经济发展和社会生活的各方面产生了相当大的影响。"一战"爆发以后,欧洲资本主义国家卷入战争,放松了对中国的经济侵略。但是,日、美两国对中国的侵略并没有放松。日本在这一时期运用政治、军事、经济多种手段,急剧扩张其经济势力,对中国进行了大规模的掠夺,为其进一步扩大对华侵略做了准备。与此同时,美国也加大了对华的经济侵略。

北洋军阀统治时期,中国政局动荡,战争频繁。由于北洋政府采取自由主义的经济政策,政权更迭又使国家强权对工商业的干涉降到了极低的程度,再加上国内外多种因素的作用,中国资本主义经济反而有了长足的发展。到第一次世界大战前后,即1914—1921年,中国出现了一个私人资本主义发展的"黄金时期"。

北洋军阀统治时期,中国民族资本主义经济发展的因素是多方面的。第一,封建专制统治被推翻,为私人资本尤其是中小资本开办企业解除了来自封建制度的许多束缚。国家对经济领域的干预减少,使得当时的经济活动享有更多的自由。第二,第一次世界大战为中国经济的发展创造了一个有利的外部环境。第一次世界大战的爆发扩大了世界市场和中国国内市场,外国输入中国的商品逐渐减少,同时也造成了世界市场对中国产品的需求急剧增加。第三,国内发展民族经济的热潮和基础建设的发展,为中国经济发展提供了良好的现实基础。国内民族资本的投资热潮、群众各种形式的爱国主义运动以及国内交通建设等的发展,在不同程度上推动了中国经济的发展。

因此,北洋政府时期的经济发展,既有内部原因,也有外部原因;既有政治因素,也有经济因素,需要综合分析。

二、南京国民政府时期国内社会经济

1929—1933 年的资本主义经济危机给中国带来了严重不良影响。1931 年以后,中国也发生了经济危机,中国经济危机并不是资本主义生产过剩的经济危机,而是由于帝国主义转嫁危机引起的,这主要是由中国的半殖民地性质决定的。

资本主义列强扩大资本输出,加强对中国经济命脉的控制。这十年,特别是 1931 年后,帝国主义对华投资增长加快。1914—1930 年,帝国主义在华投资增长了 54%,达 34.8 亿美元,年均增长 3.38%;1931—1936 年投资又增长了 23%,达 42.8 亿美元,年均增长 4.6%。20 世纪 30 年代,资本主义国家在中国控制的企业不仅有重工业,还有轻工业。在这种背景下,中国民营工业陷入空前的困境,大批工厂破产倒闭。根据国民政府实业部公布的材料,1928—1934 年注册的工厂不论数量还是资本额都呈明显的下降趋势。各国对华投资中,贸易性垄断洋行的直接投资增长较快,洋行数量也不断增加。日本在华商行最多,仅在上海就有 677 家,大都建立于 1931 年。到 1936 年,除日本外,外国在华贸易性商行共有 1603 家,其中英国 501 家,美国 400 家,德国 293 家。

三、全面抗战时期国内的社会经济

1931 年日本关东军制造了震惊中外的九一八事变,1932 年东北全境沦陷。1937 年七七事变后,日本发动了全面侵华战争。华北、华东、华中、华南占中国 80% 的国土相继沦陷。抗日战争期间,除中国西南、西北及华中、华南部分地区外,其他地区均为沦陷区。日本对华狂轰滥炸的同时又对华展开疯狂的经济掠夺,中国的国民财富几乎丧失殆尽。战争导致 70% 的近代工矿业和 2/3 以上的铁路、公路等交通运输线以及全部的海上对外贸易口岸丧失。近代经济最发达的上海,工厂被毁达 2270 家,损失总额 8 亿元左右;上海以外的长江三角洲地区,工业设备 50% 毁于战火,华中武汉三镇被毁工业也达 12% 以上;全国耕地被毁达 6 亿亩,占全部耕地总面积 11.4 亿亩的 52.6%。133400 公顷的桑树被毁,一半以上的丝织厂被炸毁,中国传统的蚕桑业遭到致命的打击。

自 1840 年以来,中国被迫开始的近代化进程被中断,中国又变成了一个殖

民地、半殖民地和半封建的社会。中国政治、经济再次遭到分割,中国的对外贸易也被分割为沦陷区的殖民地贸易和国统区的半殖民地贸易。同时,随着沦陷区的扩大,中国广大地区沦为日本的殖民地。过去由西方列强共同控制的半殖民地中国变为日本的独占地,欧美国家在华大量的政治经济特权名存实亡,其在华企业大量撤离,留在中国的企业大多被日资吞并或为日伪控制。太平洋战争爆发后,少数仍在维持的欧美洋行也被日军实行了军事管理,外国在华资本几乎全部变为日本在华资本。占中国对外贸易80%的沦陷区对外贸易自然为日本所控制。太平洋战争爆发后,国民政府加强了与美、英等国的军事联盟。1942年10月,美、英两国与国民政府就历史上不平等条约问题重开谈判,次年1月达成协议,中国与美、英两国分别签署了《关于取消美国在华治外法权及处理有关问题之条约及换文》《关于取消英国在华治外法权及其有关特权条约及换文》,据此,美、英两国放弃的在华特权有领事裁判权、租界(上海、厦门、天津、广州)、条约口岸、沿海及内河航行权、驻军权及使领馆界的行政与管理权等。但在日本的占领下,这些主权并未能依约收回。直到抗战结束后,中国才正式收回了一部分鸦片战争后丧失的国家主权。

四、解放战争时期国内经济发展

抗战结束后,中国陆续恢复了与西方盟国的海上交通,联合国善后救济总署向中国提供了3亿多美元的物资援助。国民政府积攒了8亿至9亿美元的黄金与外汇储备,同时接收了日本投降时在沦陷区留下的价值20亿美元的工厂和设备。其中,既有消费品工业,又有基础工业,国民政府接收后将其改组为国有企业。战后,国民政府对国家经济的控制能力显著提高,广大民众对中国经济前景普遍抱有乐观的态度。

然而,1946年起,第三次国内革命战争爆发,大量社会财富被用于战争。短短的三年时间里,军费开支占国民政府全部支出的65%—70%。同时,战争对社会经济造成严重的破坏,交通设施及工矿设施遭到摧毁,国民政府财政收入锐减,由此导致空前严重的财政赤字,用于恢复工矿业生产的资金更加严重不足,因而经济恢复与复兴进展缓慢。1947年6月,国有企业生产总值比接收时仅增长了1.6倍,相当于抗战时期日本人经营产值的35.1%。生产恢复的迟缓,进一步影响了国民政府的财政收入。如此恶性循环,一方面使财政支出扩大,另一方面使财政收入减少,政府赤字愈加严重。为弥补赤字,国民政府无限制地发行货币,导致物价狂涨,使抗战时期本已严重的通货膨胀更加恶化。

据记载,从 1945 年 12 月至 1948 年 8 月,中国经济的中心——上海的物价上涨了 5334 倍,外币汇率猛增 7122 倍。与 1937 年相比,物价上涨 470 余万倍,汇率上涨 310 万倍。解放战争中,国民党军队的溃败,进一步促使抗战胜利后经济走向彻底崩溃。为挽救经济的崩溃,1948 年 8 月 19 日,国民政府匆忙进行货币改革:废除法币,以一种不能兑换的货币——"金圆券"代替;规定"金圆券"与法币的兑换率为 1:300 万,与美元的兑换率为 4:1;同时还规定民间持有的黄金、白银及所有外汇均需售予国民党政府;物价被强行固定于当日水平。然而,随着国民党军队的节节败退,民众对经济前途丧失了信心,加之货币的超额发行,此次货币改革迅即失败。1949 年 7 月 2 日,撤退到广州的国民政府被迫宣布废除金圆券,实行银圆制。毫无效果的币制改革随着两个月后国民党军队逃离大陆而宣告结束。

三年内战使国民经济遭受严重破坏,与全面抗战爆发前相比,主要工农业产品产量锐减,国民收入及人均收入严重下降。到 1948 年,重工业产量减少了 70%,轻工业产量减少了 30%。重要出口商品的产量下降更为剧烈,如生丝在全面抗战爆发前的产量约为 297460 担,到 1948 年降至 82400 担,仅相当于之前的 27.7%。全面抗战爆发前茶叶产量每年为 170 万担左右,到 1947 年降至 21.6 万担,仅为全面抗战爆发前的 12.7%。据估计,从抗战胜利后到 1948 年,中国农村放弃耕地逃亡者由 20% 增加到 40%;1946 年农作物的总产量只有 1932—1936 年年均产量的 2/3。1949 年与 1936 年相比,国民收入由 257.98 亿元降至 189.48 亿元,降幅达 26%,年均增长率为 -2.4%。人均收入也由 50.51元下降到 34.98 元,降幅为 31%,年均增长率为 -2.87%。

综上所述,抗战胜利后中国国际地位的提高和美国的扶持政策为中国提高对外开放水平、发展对外贸易创造了条件。敌伪资产的接收和转化为国家资本使国民政府对国家经济的控制能力大为提高,有助于增强发展对外贸易的自主性。然而,第三次国内革命战争的爆发,导致社会经济状况严重恶化,国民经济秩序极度混乱,对外贸易的物质基础不断瓦解。

第二节 民国时期的外贸管理体系

一、对外贸易政策

(一)北洋政府时期

1. 积极争取关税自主

北洋政府建立初期,出于增加收入、缓解财政危机的考虑,关税自主问题成为关注的重点。正如当时的农商总长张謇在国务会议上所说的:"至国际贸易,全视关税为之损益,各国通例,出口货多无税。吾国则不然,若丝若茶若棉,若其他土货有国际之竞争者,莫不有税,是抑制输出也。抑制输出,是为自敝政策。惟关税有条约之关系,尚待协商。若厘金常关,为国内之恶税,抱持不舍,则百业日以消沉,悠忽数年,而国民生计斫丧无余矣。"因此,北洋政府从增加政府财政收入出发,为提高海关税率展开了一系列关税自主的活动。

2. 鼓励进口替代,发展出口贸易

民国之前,中国所谓的对外贸易,实际上是各国倾销商品、掠夺原料的贸易,是典型的半殖民地贸易。就 1865—1894 年来看,进出口总值由 1865 年的 111.597 百万海关两增长到 1894 年的 284.259 百万海关两,增长了 1.55 倍。其中,进口贸易值从 1865 年的 49.271 百万海关两增长到 1894 年的 139.569 百万海关两,增长了 1.83 倍;出口贸易值从 1865 年的 62.325 百万海关两增长到 1894 年的 144.699 百万海关两,增长了 1.32 倍。在这个时期,进口货物中,消费资料占很大比重,其中直接的消费资料占 80% 左右,生产资料仅占 8%,近代化生产所必需的机器及大工具几乎没有。在出口货物中,手工制品、半手工制品及农产品占了主要地位,即制品值在出口总值中只占 2% 左右。

3. 自开商埠,以开放促发展

中国最早的商埠都是外国通过各种不平等条约强行开设的。到了民国初年,北洋政府开始变被动为主动,试图用自开商埠的办法来改变中国经济发展不平衡的局面。

自开商埠不同于被迫开放的通商口岸,其主要特点有三:在土地制度上,取消了界内土地的永租制;本国政府在行政管理上享有独立管理权;司法和立法也可以独立。自开商埠是商品经济发展的必然结果,北洋政府自开商埠是从有利于经济发展的角度来抉择的,可以抵制外来商品的侵袭,挽回国家利权,更重要的是可以发展中国的商务,增强国力。北洋政府在 1915—1925 年开放了 16 处口岸,其中 20 世纪 20 年代开放的 11 处口岸基本上是自开。其地域分布多向内陆腹地延伸,涉及华东、华北、华中、西南、东北和西北。用当时海关报告中的话来说,这一时期新设口岸"在把外国商品带到中国内地广大和富饶的人口的面前以及在便利外国人所需要的中国产品的收购和运输方面的共同作用,对这些年贸易的迅速扩展而言……是重要的影响因素"。

4."开放门户,利用外资,振兴实业"的经济政策

在北洋政府时期,著名实业家张謇出任农林、工商总长。他认为,中国实业步履艰难,推原其故,"无法律之导之故也",故"农林工商部第一计划,即在立法"。在张謇的主持下,北洋政府开始系统地制定颁布经济法规。张謇为发展实业,制定颁布了一系列相关法规,其中主要有鼓励创办企业、发展工商业的《公司条例》《商人通例》《公司条例施行细则》《商人通例施行细则》《公司注册规则》等,鼓励发展采矿业、垦荒业及棉、糖等农牧业的《矿业条例》《矿业条例施行细则》《矿业注册条例》《矿业注册条例施行细则》《国有荒地垦殖条例》《植棉制糖牧羊奖励条例》等。

(二)南京国民政府时期

1.关税自主权的恢复

关税自主是指一个国家根据本国的经济、政治、文化的需要,独立自主地制定本国关税制度、管理海关行政和处理关税收支的权力。这是国家独立主权的重要体现之一。近代以来,中国的关税受不平等条约的束缚,所有的进出口货物应收的税率,一律"值百抽五"。另外,还有存票退税及边关减税等特别制度,仍妨碍国内产业的发展。自关税条约协定以后,我国在国际贸易上受了极大的打击,"洋货销售的数量,总较国货为多"。巨额的贸易入超使工商界人士十分痛心,关税已失去保护国内工业和商业的壁垒作用,关税自主是近代对外贸易发展的关键。

2.进、出口关税政策

关税自主后,协定税则变为国定税则。关税自主后,南京国民政府根据经济、政治、国际关系等方面的变化对进口税率进行了多次调整。工商界人士普

遍希望修改进出口税则,采取保护贸易的政策。国民政府顺应民意,多次修改进出口税则,调整进出口货物的税率,以求真正达到关税壁垒的作用。1927—1936 年,中国的关税政策可以大体分为两个阶段。1926—1931 年,关税政策向着自主的方向发展,特别是 1931 年税则所确定的税率水准已经突破了 1925 年关税会议所限定的最高限额。所以,这一时期可以看作中国向关税自主过渡的阶段。1932 年以后,中国的关税政策比较规范化,为关税自主的稳定时期。"1933 年后,南京国民政府已能不受外国干涉,自行较大幅度地提高进口税率或减免出口税,这对鼓励中国商品在国际市场上的竞争、保护中国的工商业多少还是起了有益的作用。"

(三)抗战胜利后

1. 参与创建"关税与贸易总协定",实施关税减让政策

第二次世界大战结束后,世界各国均希望重建世界贸易秩序,扭转贸易保护主义盛行的局面。1946 年 2 月,联合国经社理事会召开贸易与就业会议,希望建立一个国际贸易组织(International Trade Organization,简称 ITO)。随后,联合国秘书长赖伊邀请中国、美国、英国、苏联、澳大利亚、法国、比利时(包括卢森堡在内)、巴西、加拿大、古巴、捷克、印度、荷兰、南非、新西兰、挪威、智利、黎巴嫩 18 个国家组成筹备委员会。苏联拒绝了该邀请,而当时的国民政府认为,在世界已分裂为美、苏两大对立集团而中国不可能参加苏联集团的形势下,若对于西方欧美国家主导的活动"亦复拒绝参,势必完全孤立,自非时势所许",因而国民政府决定积极参加会议。

2. 加强对外贸易的国家垄断,实施贸易管制政策

为加强对经济的控制,战后国民政府对对外贸易继续实行政府管制,且管制措施日趋严格。

(1)加强对外贸易中的国家资本

抗战时期,重工业品及重要农产品出口的统制机构——资源委员会和中央信托局的实力进一步增强。例如,资源委员会战后通过接收日伪重工业企业,垄断的行业范围进一步扩大为矿业、电力、钢铁、石油、机械、电子、建筑材料、化工、糖和造纸业,下设国外贸易事务所,垄断经营重要的重工业品和矿产品的进出口。此外,战后国民政府还将接收的敌伪纺织企业重组为一家国有公司——中国纺织建设公司,该企业规模庞大,几乎是当时世界最大的纺织企业,控制了

当时全国 70% 左右的棉、麻、毛纺业。相应的棉花进口及棉纱和棉布的出口也由其控制,这样中国最主要的制成品出口基本由国家资本所垄断。

(2)实施商品及外汇管制政策

抗战胜利后,国民党政府废止了战时对外贸易统制政策,解除了对进出口商品的管制,撤销了贸易委员会和复兴贸易公司等对外贸易的统制机构和专营公司,恢复了私营对外贸易活动。但随着经济环境的恶化,国民政府从外汇、进出口商品上逐步加强了对对外贸易的控制。

二、对外贸易地理方向

(一)北洋政府时期

这一时期,中国的对外贸易不但在数量上有所增加,而且在世界贸易总额中所占的比重也有所上升。第一次世界大战前,日本在中国对外贸易中已经占据首位,但中国出口贸易的地理方向仍以欧美国家为主。第一次世界大战期间,西方列强对落后国家和地区的政治、经济控制削弱,其在中国对外贸易中所占份额下降。中国与周边国家的联系加强,对外贸易的地理方向趋向多元化。

表 8-1　各国(或地区)在中国进出口贸易中所占的比重(%)

年份	英国		英属地		日本		美国		俄国		法国		德国		其他	
	进口自	出口到	进口自	出口到	进口自	出口到	进口自	出口到	进口自	出口到	进口自	出口到	进口自	出口到	进口自	出口到
1913	16.5	4.1	10.2	3.7	20.4	16.2	6.0	9.3	3.8	11.1	0.9	10.1	4.8	4.2	8.1	12.3
1919	9.5	9.1	1.4	1.2	36.3	30.9	16.2	16.0	2.1	3.4	0.5	5.4	—	—	11.4	13.2
1927	7.3	6.3	3.9	1.9	28.4	22.7	16.1	13.3	2.2	8.4	1.4	5.6	3.8	2.2	16.3	21.1

(二)南京国民政府时期

1927—1937 年,中国和世界主要资本主义国家都有对外贸易来往,其中主要的贸易对象国是日本、美国、英国和德国。"20 世纪以来,中国外贸大致上构成了 4 种类型并逐渐清晰起来,形成了以英国为代表的欧洲、美国、日本和南洋 4 种中外贸易格局,前三个贸易形态占据支配地位;南洋贸易数值比重不大,却是中国工业化的另一类外部条件。"我们认为,当时的中德贸易也是一个非常重要的贸易类型,它和中英贸易是不同类型的贸易。

(三)全面抗战时期

这一时期对外贸易的渠道严重受阻,政府统制的易货偿债贸易成为主要贸易方式,因而对外贸易的地理方向亦主要集中于向中国提供信用贷款的国家,即苏联、美国、英国、德国。1940 年,德、意、日轴心国集团形成,中、德停止易货贸易,次年中、德断交,中德贸易彻底中断。此外东南亚、印度与国统区间也经由中国香港、越南海防、缅甸仰光开展间接贸易往来。

1937 年 8 月,中、苏签订《中苏互不侵犯条约》,成为两国加强贸易关系的政治基础。1938 年 3 月中、苏签订了第一个易货贷款合同,双方的易货偿债贸易由此开始。到 1939 年 6 月,双方共签订了 3 个易货贷款合同,总额达 25 亿美元。同时,中、苏两国还签订了平等互惠的《通商条约》,双边贸易获得快速发展。1936 年中国自苏联进口额仅 37 万美元,而 1937—1941 年中国自苏联进口总额达 1.7 亿美元,年均 3464 万美元。同时,中国对苏联的出口亦相应增加。

(四)抗战胜利后到新中国成立前

第二次世界大战极大地改变了世界的格局,西方列强实力对比发生了急剧的变化,因而抗战胜利后中国对外贸易的地理方向也出现了相应的改变。1936 年,美国在中国对外贸易中占 22.6% 的份额,同期英国占 10.64% ,日本占 15.5% 。到 1946 年,美国在中国对外贸易中的比重升至 53.19% ,英国及日本分别降至 4.55% 和 0.99% 。作为世界头号经济强国,美国无论在中国的进口贸易还是出口贸易中均独占鳌头。

三、通商口岸城市化

对外贸易发展过程中,通商口岸城市化也因为贸易的发展而兴盛。城市化,指社会人口不断向城市集中,从而使城市在数量和规模方面不断扩大的过程与现象。城市化是人类文明的进步现象,是社会变迁和现代化的重要表征之一。近代中国是一个特定的过渡型社会,所以近代中国的城市化有着自己的特点。近代中国城市化的最初动力,不是源于自身的工业化,而是来自外力推动下的中外贸易。1912—1927 年,是中国城市化获得初步发展的时期,作为商品进出口的中转城市,不仅在物质层面发生了很大的变化,而且在社会生活、观念以及制度层面也发生了变迁,由传统向近代化演变。举凡外洋事物、价值观念、生活方式、婚丧礼俗、岁时节令等都从通商口岸城市转销内陆。民国时期,中俗与西俗的交汇已成为一种趋势,通商口岸城市居民对于异域的"洋俗"从疑惧、排斥到欣赏、接受直至推崇、追求。中国近代出现和兴起的城市,如沿海的上海、天津、广州、青岛等都是进出口贸易的中心。近代工商业的发展是城市近代化的核心。

通商口岸城市的贸易发展迅速。广州、上海、汉口、天津、大连五座城市成为全国贸易发展的中心。1929—1931年,五通商口岸城市的年均贸易额占全国对外贸易总额的75.6%,此后,一直保持在70%以上。由于贸易地位的变化,上海由区域性的国内贸易中心发展为全国性的贸易中心,奠定了上海城市发展的基础。大规模的资本主义商品经济的发展是近代上海以及其他各主要通商口岸城市兴盛的重要原因。

第三节　民国时期景德镇陶瓷的外销

一般认为,民国时期也是瓷器的萧条期。但是大量的实物证明,这一时期也生产了不少的精品瓷器。民国时期虽不足40年,但以景德镇为代表的瓷器生产几乎遍及全国,烧造了大量不同风格的瓷器。民国瓷器延续前朝款识,表现内容丰富,瓷器绘画、烧造等技术水平较高,其艺术表现力并不逊色于清代。由于有不少仿品也可以和清代媲美,近年来,民国瓷器的拍卖正在悄然升温。

民国时期景德镇生产的瓷器代表了民国瓷的最高水平,民国瓷中精品大多出自景德镇。从这些民国精品瓷器中也可以看到制瓷工艺的传承、融合、创新,并给当时的制瓷业注入了新的曙光和希望。民国瓷器是中华民族2000年制瓷史中的重要一环,没有这一环节,瓷器发展史就是不全面的;没有这一环节,新中国瓷器的发展就无法与历史连接。

诚然,民国时期,上层腐败,外敌入侵,经济萧条,民不聊生,但这并不能证明陶瓷就必然衰败。简单的"衰败"一词,不符合陶瓷发展史上的艺术规律。以清代瓷器为例,康雍乾三朝是瓷器生产的顶峰,清中期开始走向下坡,但这中间有个过程,那就是嘉庆早期的瓷器仍有清乾隆盛世的风格,而不是一下就从峰顶跌入谷底。晚清瓷器生产每况愈下也是事实,但光绪时颇有中兴的趋势,而宣统瓷器就"各类官窑来说,其制作可谓少而精,瓷质优良,胎薄体轻,器型规严,绘工精细",虽然数量和品种较少但制作水平并不低于前朝,工艺技法还有所提高。尽管清王朝已经山穷水尽,濒临灭亡,但由于景德镇天然瓷土优良,生产的瓷器质地仍然很细腻,加上千百年来工艺积累的深厚基础,艺术上虽无创新,但瓷器成型仍然相当规整。仅短短 3 年的宣统朝瓷器人们便给了如此多的溢美之词,而清"官窑良工四散",在民国仍从事瓷业生产,他们中的一部分人既是晚清瓷器的生产者,也是民国瓷器的生产者,怎么会一夜之间随着统治者的江山易手,连自己生存的手艺都荡然无存了呢?严格来讲,艺术品尤其是工艺品,有它的规律,一般情况下受政治约束较少,特别是它的艺术成就是附着于器物本身的。政治对它的影响力可以说是微乎其微。虽然民国时期内忧外患频繁,景德镇屡遭打击,瓷器生产一度跌入历史的低谷,瓷器的造型因循守旧,但是如果就此认为民国瓷器没有发展,甚至是无可称道,那就失之偏颇了。

民国时期景德镇制瓷业经历了清末的下滑之后总结经验、调整管理机制,在九江设立海外贸易总局,设分局于各通商大埠,景德镇瓷器经九江、上海、香港、南洋,最后抵达欧洲。此外,景德镇还派经验丰富的瓷商多人,常常提带瓷器样品巡回巴黎、伦敦等地广泛宣传推销。这种推销的方式,一方面能将景德镇瓷器推向国外市场,另一方面又将国外的新式瓷器带回景德镇,提高了景德镇瓷器的制作技术,从而扩大了国内和国外瓷器的销售。这从很大程度上扭转了清末瓷器被洋瓷压倒的局面,使景德镇制瓷业焕发新的生机。

(一)民国时期景德镇瓷器对内销售

民国景德镇瓷器销售采用在各省设立销售点的方式开展。销售点通过行帮来把持,各省行帮与景德镇行帮之间形成点对点发货,随着各地瓷商购销业务的扩大,其利润极为可观。以往的分销批发户也纷纷来景德镇设行,使瓷器行逐渐形成规模,形成了一定的销售链,因此在国内的销售相对清末还是有所上升。

1. 对内销售数量

民国时期,由于受战争的影响,景德镇瓷器对内年销售数量根据国情不同而有所变化,并不是呈逐年递升之势,而是时升时降。战争导致的人口的迁徙使得运往各地的瓷器需求量不一,销售的金额也相差甚远。

从 1927—1929 年景德镇瓷器每年销往国内各地的情况来看,民国景德镇瓷器的销售数量还是以南方地区和沿海城市居多,至于销售的金额则由于各地消费水平的差距各有不同,比如上海的年销售金额几乎为安徽、四川、广东三省的总和。

2. 对内销售品种

瓷器在国内各省的销售各不相同,其原因归纳如下:一是国内各地经济的发展程度不同;二是各地风俗习惯也略有区别;三是各地受西方思想和洋瓷的影响程度不同。各地销售的瓷器质量和品种也不尽相同,如:运销山西的以青花喜字坛为主;广东帮以高级细瓷和艺术瓷为主;宁绍帮多为灰可器(日用粗瓷);无锡帮以二白釉(产品为大小盘、碗、盅、碟)、灰可器为主;辽宁帮以嫁妆瓶和帽筒为主;马口帮以灰可器为主。以1947年江西省的实地调查为例,各帮的从业户数、运销地、产品及数量如表8-2所示。

表8-2　各帮的从业户数、运销地、产品及数量

帮别	经营者籍贯	从业户数	瓷器品种	对内销量(百担)	运销地
同庆	湖北鄂城	80	脱胎、四大器	160	沪宁
马口	湖北汉川	40	灰可器	120	四川、湖北
江苏	江苏	35	二白釉、四大器	105	苏南、浙北
桐城	安徽	20	脱胎、二白釉	80	云南、贵州、广东、香港
四川	成都	15	脱胎、二白釉	35	四川
宁绍	宁波、绍兴	13	脱胎、四大器	45	上海、浙江
河北	天津	16	脱胎、二白釉	8	北京、天津
南昌	南昌	14	脱胎、二白釉	20	南昌
川湖	浙江嘉兴	8	脱胎、二白釉	5	杭州、嘉兴、湖州
内河	江西	30	青釉、二白釉	10	江西各县
古南	都昌	17	脱胎、灰可器	35	芜湖、南京
省会	江西丰城	7	脱胎、二白釉	15	上海
新安	婺源	2	二白釉、灰可器	5.5	皖南
过山	浙江	24	二白釉、灰可器	50	温州、台州
广东	广东	4	脱胎及艺术瓷	5	广东
西南	江西临川	1	灰可器	5.5	广西、贵州
河南	河南	5	二白釉、灰可器	4.5	河南
三邑	湖北	6	脱胎、二白釉	5	芜湖、苏州
良子	湖北	4	灰可器	5	芜湖、苏州
金陵	南京	23	脱胎、二白釉	15	南京

续表 8 - 2

帮别	经营者籍贯	从业户数	瓷器品种	对内销量(百担)	运销地
黄家洲	江西都昌	25	二白釉、灰可器	25	江西各县
甘肃	甘肃	1	灰可器	5	甘肃
粮帮	—	5	脱胎、二白釉	5	北京
江黄	湖北	4	灰可器	15	鄂北
金斗	安徽巢县	1	灰可器	4	皖北

(数据来源:吴秀梅著《传统手工艺文化研究:以陶瓷、杭扇为例》,光明日报出版社,2013年版。)

从表 8 - 2 可知,民国景德镇瓷器在上海、宁波、杭州一带以销售细瓷居多,而在欠发达的地区以粗瓷居多,销售数量以长江下游一带最多。可见,各地销售品种的分布与当地的经济状况和生活风俗是分不开的。

另一方面,由于洋瓷在南方沿海地区最先引进,英国所制加有蓝边的乳白色的碗、盘、碟形状、花样、配色都很精致,深受上海等地人的喜欢,而日本的瓷器以咖啡色碗最多,档次稍差,通常运至内陆省份。这些洋瓷的输入极大地影响了国内瓷器的审美。因此,景德镇在民国中期也以洋瓷为样品大量地进行生产,并销售到沿海周边城市。

(二)民国时期景德镇瓷器对外销售

民国景德镇瓷器出口总数以从九江出口的瓷器最多,为 77376 担,计 2858669 海关两。粗瓷与细瓷出口亦有差异,以 1930 年为例,粗瓷出口以销往暹罗(泰国)最多,计 48809 担,价值 339045 海关两;其次为印度,计 1863 担,价值 12266 海关两。细瓷出口,主要为爪哇等东南亚地区,计 335 担,价值 31837 海关两;另有英国计 230 担,价值 30444 海关两,粗细瓷器之销路由此可见一般。下面对景德镇瓷器对外销售的数量和品种进行分析。

1. 对外销售数量

在洋瓷倾销国内市场的同时,景德镇瓷器也有运往国外销售的,尤其是艺术瓷的销售数量较为可观。江西近代史学家吴宗慈在《江西通稿》第二十一册中,辑录了景德镇从清同治二年(1863 年)至第二次世界大战前的逐年外运瓷器数据,另据 1948 年出版的《江西工业概况》和 1934 年的《江西之瓷业》所记载的瓷器输出情况,计算清末至民国各个时期的瓷器输出数量如表 8 - 3 所示。

表 8 – 3　清末民国各时期瓷器输出数量

年别	输出数量（百担）	指数①
同治	17	—
光绪	30	—
宣统	60	—
1911	60	8706
1912	44	1365
1913	69	10000
1914	67	9709
1915	69	10092
1916	72	10426
1917	76	11045
1918	57	8239
1919	47	6811
1920	47	6850
1921	52	7641
1922	64	9337
1923	76	11066
1924	66	9622
1925	77	11295
1926	83	12037
1927	103	15017
1928	110	16098
1929	128	18615
1930	77	1128
1931	99	14394
1932	72	10484
1933	55	7394
1337	71	—

（数据来源：吴秀梅著《传统手工艺文化研究：以陶瓷、杭扇为例》，光明日报出版社，2013
年版。）

---

① 指瓷器出厂价格变动趋势和变动程度，也就是瓷器输出价格的变化率。

表8-3数据显示,民国早期景德镇运出瓷器量比清末要多,这些数据同样表明民国时期景德镇瓷业生产较之前相对稳定,瓷业也相对有所发展,故瓷器外运数量相应增长。

2. 对外销售品种

民国景德镇瓷器对外销售的品种因为各国的审美情趣及对品种的需求差异而不尽相同。如英国人喜欢冰梅纹瓶、罐;泰国人喜欢青花瓷,多为30件和80件的瓶、罐、缸、凉墩等;土耳其人喜欢绘有古彩刀马人物和戏曲人物的瓶、缸;瑞士人喜欢纹饰淡雅的咖啡具等。归结起来,其输出品种主要为表8-4各类。

表8-4　瓷器输出品种(1919—1930)

种类 数量 年份	粗瓷器		细瓷器		陶瓦器		总计	
	数量	价值 (银两)	数量	价值 (银两)	数量	价值 (银两)	数量 (百担)	价值 (千两)
1919	—	—	198772	3780295	211772	752757	410	453
1920	—	—	246032	4923157	19399	700507	44	562
1921	—	—	218444	4610993	179517	666311	397	555
1922	—	—	218930	3000730	182568	648045	401	3164
1923	—	—	141760	3298352	213197	95060	456	4149
1924	—	—	35594	2798974	217177	1202892	432	4001
1925	—	—	200266	2199696	145157	768637	345	2635
1926	158049	1419487	15535	631733	118877	850193	352	2901
1927	141596	134838	15113	561194	19036	882828	352	2799
1928	53906	865139	17884	840891	186707	848424	258	2554
1929	74341	1201689	15417	770822	162966	679085	152	265
1930	50072	826179	1362	961090	151784	778961	221	2566

(数据来源:吴秀梅著《传统手工艺文化研究:以陶瓷、杭扇为例》,光明日报出版社,2013年版。)

除了以上所列销往国外的粗细瓷之外,景德镇的传统艺术瓷和仿古瓷器在海外销量也较好,还接受国外来样订单瓷器。江西临川人范乾生1923年创办的范永盛瓷号就是一家集生产与销售于一体的红店(从事彩绘业的店),主要生产品种为天主教圣品瓷,另外也生产祭祀用的花瓶、花钵、烛台等。这些产品都印有红彩中英文"中国景德镇范永盛瓷号出品"字样,在国外畅销达15年之久。我们对范永盛瓷号的外销数目及售价虽然难知详情,但从其鼎盛时期曾经拥有百万大洋的瓷产来看,该瓷号生产之盛、获利之丰亦可想见。范永盛瓷号在欧洲创造了较强的品牌效应,直到1980年后,仍有来景德镇洽谈业务的外商打听"中国景德镇范永盛瓷号出品"的情况。这足可见其影响之大。

从以上关于民国景德镇瓷器销售所列各表的分析情况中,我们可以归纳出以下几点:

其一,民国景德镇瓷器销售在品种上较清末有所增多。因为受西方文化的影响,民国时期的中国不再故步自封,而是吸收国外的精华,将国外新式的瓷器装饰运用到国内传统瓷器的创新中。

其二,上海、广州等沿海地区由于与国外接触的机会甚多,生活质量和经济基础相对较好,审美观念也注重精细,因此,人们对细瓷的需求量相对内陆省份较多。

其三,民国景德镇瓷器销售数量较清末有所上升,从中可以窥见制瓷业由清末的危机转而发展平稳,究其原因主要是民国时期一批仁人志士及时采取了各种措施,吸收国外制瓷经验,调整制瓷政策,引进先进制瓷技术,从而使制瓷业得到一定的发展。

其四,受战争的影响和国内外形势的变化,民国各时期瓷器销售的数量呈不定量的变化,如1927年英国侵略者将汉口、九江英租界交还中国,1928年南京国民政府宣告废除中外不平等条约,这两年瓷器对外销售相对以往达到了新高。

第四节 民国时期陶瓷业的发展

一、新粉彩

民国时期,最具创新意义的是新粉彩瓷的产生,它把粉彩瓷器发展推向新的层面,也是民国粉彩的一大亮点。新粉彩打破了传统粉彩瓷的工艺流程,画图案、画"堂子"、"堂子填色""图案填色"不再是由多个手工艺人合作完成,制瓷完全成为个人的创作过程。它把传统粉彩从手工制作领域提升到艺术创作层面,制瓷名家亦成为艺术大师。当然,新粉彩并未彻底颠覆传统粉彩的制瓷方法,它是在粉彩和浅绛彩的基础上发展而来的,综合两者之优点,描线和填色为一人完成,工艺更为简便,色彩对比更为强烈鲜艳,既有粉彩的细腻,又有浅绛彩的开放,而且极具个性风格。民国新粉彩的巨大成就在于摆脱了传统粉彩的守旧与古板,从20世纪初的"海上画派"中吸收了艺术养分,创作出了艺术性更高的瓷画。

从用料和工艺而言,传统粉彩所具有的特征新粉彩也具备。但随着御窑的没落,景德镇官搭民烧的现象越来越多,宫廷对瓷器的监管力大大减弱,这使得许多绘瓷工匠能够跳出原来的条条框框,随心所欲地在瓷器上作画,于是彩绘瓷的装饰内容渐渐丰富起来,取材也更加广泛。自晚清的浅绛彩绘瓷家把元代的浅绛山水移植到瓷器上后,新粉彩瓷绘艺人们大都有自己取法的对象,各领风骚。

民国新粉彩瓷不同于传统粉彩瓷器,与传统粉彩相比,新粉彩更接近于绘画形式。它在造型、线条、色彩明暗等方面借鉴了近代绘画的风格,实现了"瓷"与"画"的完美结合。作品以工见长,色彩浓艳,更符合大众市民的欣赏习惯。新粉彩在传统的基础上由于采用"三烧法"等技术,所绘色彩不易脱落。与清代彩瓷相比,新粉彩瓷在形式上更偏重于色彩,设色更加浓艳,追求一种明快夺目的效果;更加注重瓷画的使用功能,"把瓷绘艺术品从以往贵人雅士特有的馆阁中引向阳春白雪与下里巴人相融合的广阔市场,符合新兴的广大市民阶层的欣赏习惯,因此能够风行一时"。新粉彩瓷在民国瓷里占有很大的比重。彩绘艺人们以瓷当纸,于其上尽情描绘刻画,创造出许多瓷器精品,其艺术性完全可以与画家在纸上、绢上的作品相媲美。彩绘题材除传统的山水花鸟变体纹饰以外,更增添了一些颇具时代特色的题材,如时装人物,多描绘妇人着民国服装,或携伴闲游,或相聚嬉戏,或居家教子,或琴棋书画,活泼灵动,生趣盎然。另外还有口号、旗帜、新兴器物等题材,均是对当时社会生活时政等诸多方面的具体反映。

民国新粉彩的发展历程大致可以划分为前期、中期和后期三个阶段。20世纪20年代,是新粉彩的发展前期。这个时期的代表人物主要是汪晓棠和潘匋宇。他们的书法和绘画修养,并不亚于比他们稍早的浅绛彩名家。他们在浅绛彩的基础上确立了新粉彩的绘瓷艺术。汪晓棠以人物画最为著名,所画仕女,俏丽妩媚,姿态轻盈,衣褶如行云流水,设色精细淡雅。潘匋宇笔下的彩瓷作品,无论是人物还是山水、花鸟均甚精湛,笔法清新奇丽。

20世纪20年代至30年代中叶是新粉彩发展的中期,这个时期是新粉彩发展的黄金时期,出现了大量的新粉彩瓷艺人,其中以"珠山八友"为代表。1928年,在画师王琦的倡导下,由8位新粉彩瓷画高手联合组成"月圆会",此举标志着中国瓷绘艺术和陶瓷装饰艺术进入了一个新时期。以"珠山八友"为代表的艺人当时都有较高的技艺和声望,各有专长,风格迥异,作品名扬海内外,共同把民国新粉彩艺术推上了一个新高峰。"现今若美术家,则有王琦、汪野亭、邓碧珊、朱寿芝等。制作家则有吴霭生、鄢儒珍、李子衡等,皆能极深研几,独出新意,乃陶界中之佼佼者。""珠山八友"继续采用汪晓棠和潘匋宇的新粉彩技艺,但是他们作品的风格与汪晓棠和潘匋宇有所不同。汪、潘多仿宋、元、明及清初的绘画,而"珠山八友"则多参考近代名家特别是"海上画派"的绘画。

新粉彩的鼎盛期结束于1937年。这一年从政局看,抗日战争全面爆发,时局动荡对瓷艺市场产生了巨大的冲击;从瓷画界看,"珠山八友"领袖人物王琦的去世,对"月圆会"的正常活动带来诸多的不利影响。

20世纪30年代中期以后是新粉彩发展的后期,这时抗日战争爆发,紧接着又是解放战争,社会环境恶劣,国内瓷业受到严重的冲击,新粉彩的产量急剧下降。根据《景德镇陶业纪事》等相关资料,景德镇的红店由20世纪30年代中期的700多家,锐减到1947年的300多家。20世纪30年代画坛领袖王琦去世,加上其他艺人的变动,给瓷画销路带来一定影响。但瓷画的艺术水准并未因而下降。"珠山八友"以后,仍然是人才辈出的时代。这一代画师的艺术创作一直延续到20世纪五六十年代,对新中国的景德镇现代瓷画艺术产生了直接影响。作为"珠山八友"的后继画家,最有影响力的有汪大沧、张志汤、余翰青、张沛轩、汪小亭、程芸农等。这些画师作品风格有两种不同情况,有些师承"珠山八友",甚至直接取法于民国初的汪晓棠和潘匋宇,以潘匋宇的学生汪大沧、汪野亭之子汪小亭、邓碧珊门人张沛轩等为代表;有些与"珠山八友"同时,但造诣略欠,名声略低,在"珠山八友"之后才为世人所重,在以后的艺术创作中,因不断进取,超越前人,也取得了相当可观的成就。

许多人认为民国距今不足百年,且粉彩瓷器传世量较多,所以收藏价值不是很高,其实粉彩瓷器具有自身不可替代的特点和价值。

首先,民国真品的器型传承有序,民国时期仿古风盛行,无论什么年代、什么窑口,无所不仿,仿古范围包括瓷质、釉色及彩绘等各方面,不管是官窑还是民窑,多是按各朝已有的器型仿制,十分完整地再现了皇家的器型样式,使得一些流失的明清器型得以呈现。民国粉彩的脂质较松,故在手感上通常比较适中,胎质不过分细腻。民国粉彩瓷器釉面莹润,新粉彩瓷器烧制的釉质都较精细,但生活用瓷的釉面常有不同的棕眼。其次,民国粉彩瓷器在绘制技巧上有其独特的样式,不管是人物还是山水、花鸟都表现得简洁疏朗,并富有层次感。再次,民国粉彩瓷有较高的艺术审美价值,在瓷器画面上要么是虚实相间、云雾缭绕的高山流水,要么是林中花香鸟语,都给人以无限想象的空间,自然舒展,意境深远。还有,描金工艺是民国瓷的一大特色,通常在器口、壶嘴、瓶的双耳、底款等部位实施描金。好的民国真品描金的金色都十分纯正,保存良久不褪。另外,从装饰的艺术效果来看,其具有秀美、俊雅、持重、朴实而又富丽堂皇的特点。凡绘画中所能表现的一切,无论工笔还是写意,用粉彩几乎都能表现。粉彩画出来的人物、花鸟、山水等,都有明暗、深浅和阴阳向背之分,增加了层次和立体感,从而形成了淡雅、精细的效果。需特别指出的是,民国瓷器的画面往往潜藏着特定的吉祥寓意,比如,喜鹊与梅花,即喜上眉梢;喜鹊与莲叶,即喜登连科;等等。同时还有人物与山水,在山清水秀、牧歌般的风光中,有的是对酒当歌的饮者,有的是淡泊名利的垂钓者,有的是负重前行的樵夫,散发着桃花源般的怀古幽思。民国新粉彩瓷器的款识都很规整而清晰,字序都是从右向左排起,写法自然流畅。很多民国瓷器虽无款识,却也不乏精品。

总之,民国新粉彩是人类文化艺术宝库中的一颗明珠。先人们创造了这一文化遗产,应该得到我们的重视和很好的保护。它无论是在传承性上还是在艺术性上,都具有不可忽略的独到之处。

二、仿古瓷

仿古是仿制前人的艺术成就,是一种技术和艺术,也是继承与发扬。仿古作品如果达到炉火纯青的程度,就已经是艺术品,可以具有较高的价值,具有欣赏收藏意义。瓷器仿古之风颇烈且源远流长。早在宋代即有人模仿制作当时的五大名窑瓷器,明清时更有专仿宋代名窑的名瓷器出现。晚清以降,历史上诸般名瓷更成了仿制者追逐的目标。

民国仿古瓷颇为兴盛。特别是仿清代康熙、雍正、乾隆"清三代"的瓷器,制瓷过程大都遵循古人制瓷的规律,从而在胎土、拉坯、釉色、纹饰、造型、重量等方面,都极力效仿古瓷的风范和神韵。其中景德镇最后一个督陶官郭世五所监制的瓷器,不亚于历代的皇室官窑器物。这批瓷器除增加一些新的造型外,基本沿用传统制作工艺,但彩绘比清代瓷器更胜一筹,表现了高深的造诣。其胎质轻薄而且釉面白润,纹饰绘画细腻,色彩清淡,有山水、人物、花鸟纹饰,给人以玲珑轻巧、工致雅静的美感。仿古瓷是民国瓷器生产中的大宗产品,以前代青花、古彩、粉彩及色釉器等为对象进行仿照生产,多为当时的达官贵人所定烧,另有一部分为牟利之徒所烧造。民国仿古瓷不仅在器型、纹饰、色釉等方面以前代器物为本,并且多署以相应的朝代款识。民国仿古瓷基本上代表了民国瓷器生产水平,在一定程度上保持了传统瓷器的风格。这些瓷器达到了一定的艺术水平,保存至令的尤其稀少,可以视之为百年的珍品。民国时期的仿古瓷是对中国传统瓷器的继承,在继续发展的同时又有所创新。

民国瓷器虽总的来说技艺并不高超,但是仿古竟堪称一代绝响,在收藏者眼里就是中国瓷业史上的一朵"奇葩"。许之衡原著、叶喆民译注的《饮流斋说瓷译注》中,谈到清末民初仿古瓷时说:"自末期(清末)至近日,所仿的制品非常进步,一是由于官窑的能工巧匠四处分散,而且禁令废止或松弛,从前所不敢仿制的贡品,近日则无所不敢了。""仿乾隆的瓷器以五彩为最多数,其中画人物者有非常精到的作品,必然是用旧日的贡品当作标本的了。""关于从瓷器的质地……所难于识别的是近年来精致的仿品直逼乾隆,如果与道光相较更有过之而无不及。"从釉色论,则是"光致之极,几似乾隆"。民国伪托乾隆款的粉彩瓷器,多出自流落民间的清末官窑工匠与艺人之手,往往仿得惟妙惟肖,一般不仔细分辨是看不出来的。民国仿古瓷有明清官窑瓷器之风韵,仿器和原作相比,艺术上亦步亦趋力求肖似,技术上精益求精。从收藏价值看,仿器无法和原物相比;从欣赏角度讲,仿器则毫不逊色。

仿古瓷的出现不是偶然的,是在一定的历史条件下产生的。归纳起来,民国仿古瓷的流行主要有以下五个方面原因:

一是物以稀为贵。这是历代仿古瓷出现的重要原因。唐、宋、元、明、清时期,哪种瓷器传世稀少,价格一定昂贵,直至今天亦如此。苏富比、佳士得等几大拍卖行在拍卖文物时,凡是稀少的文物,其价格就贵;流传下来的瓷器越少,其价值就越高。人们为牟取暴利，就进行仿制。我国瓷器烧制已有两千多年的历史，清代及清代以前，每个时期都有新的发明创造。但是，清代嘉庆后瓷器烧制业开始衰退，民国时期持续下滑，几乎没有新的发明创造，这就使得前朝精品瓷器更显珍贵。

二是文人品评。历代收藏家以及文人墨客在研究、欣赏陶瓷之余，留下了不少笔记，这对仿古瓷的出现也起了一定作用。如明代笔记中记载神宗御案上的一对成化斗彩鸡缸杯，当时值十万钱。此记载文字虽简单，却导致出现了仿成化斗彩鸡缸杯的事实。明代有关瓷器的文献记载有沈德符《敝帚轩剩语》、王世贞《觚不觚录》、张应文《清秘藏》、谢肇淛《五杂俎》、田艺蘅《留青日札》等。清代文献中也有许多记载，对明代永乐、宣德、成化、嘉靖等时期的瓷器都有评价。这些评论对仿古文物影响很大，出现了仿永乐、宣德、成化各朝代的作品，数量很多，世界各大博物馆都收藏有这类仿品。

三是历代帝王爱好。注重传统是中国文化的基本特征，崇古心理一直左右着物质和精神产品的生产。历代帝王对科学技术和文化艺术结合的瓷器的爱好，则集中体现了这种心态。宋徽宗，明代永乐、宣德皇帝，清代康熙、雍正、乾隆皇帝对文物非常喜爱，上行下效，形成风气。为迎合这种风气，大量仿古瓷出现。宋代考古风气日重，出现了仿商、周、春秋、战国时期的铜器。瓷器也不例外，五大名窑的作品中有很多器型是仿汉代器物的。如大维德基金会和北京故宫博物院各收藏一件汝窑三足樽，即是仿汉代铜樽形制特征烧造的。还有仿周代的三足鼎、四足方鼎等，都是在帝王爱好古物、考古风气盛行的情况下产生的。北京故宫博物院和台北故宫博物院都有明代永乐、宣德仿前代的作品，如永乐仿龙泉窑尊、三系盖罐，宣德仿汝窑盘等。清代仿古风气更为盛行，大规模仿制宋代汝、官、哥、定、钧五大名窑的作品。康熙、雍正、乾隆御窑厂都大量仿烧，实物收藏于北京故宫博物院、台北故宫博物院，多者达数百件。由此可见，帝王的爱好与提倡使仿古之风愈演愈烈。

四是市场需求量大增。民国时期国际和国内市场对我国古瓷器需求量增大，致使仿古瓷之风盛行。以景德镇窑为主的各大窑口烧制出大量仿古瓷器，无论什么年代、什么窑的瓷器都仿，而仿明、清两代瓷器最为多见。清末民初，经济的相对繁荣和中外文化交流的增加，使古陶瓷市场急剧扩大。陶瓷的供不应求和市场价格的上扬，使唯利是图的商贾和身怀绝技的巧匠投身于仿古瓷的生产。

19世纪后期,很多国家大量掠取中国文物,瓷器是其中的大宗。英国搜罗历代青瓷和素三彩,法国搜罗珐华与郎窑红,日本搜罗唐三彩、宋元磁州窑、嘉靖五彩、万历五彩。由于这些国家对上述陶瓷的特殊爱好加之传世瓷器数量有限,故不少窑口投其所好,大量仿制。英国20世纪30年代出版两大本《康熙素三彩图录》,其中有黄地、绿地、紫地、黑地素三彩大瓶,五件一套的很多。这种五件套的大瓶,康熙时期本来没有,是民国时为迎合英国需要而大量烧制的。珐华、郎窑红(法国称牛血红)的仿品也很多,也是民国时仿制的,其仿品在国内外很多博物馆都有。日本喜欢宋代磁州窑的产品,从20世纪前半叶开始大量收购,直至今日。其收藏的磁州窑精品在世界上也是首屈一指的,但其中也有一部分是仿磁州窑的作品。不仅仅是日本,多国博物馆都有仿磁州窑的作品。近十年出版的陶瓷图录中仍有民国时期仿磁州窑的作品,这说明仿磁州窑的器物相当多,也有一定的迷惑性。

民国时期,景德镇明清两代制瓷御窑厂,历经500多年旺盛的窑火之后,随着封建统治的灭亡终于火熄烟灭了。这一时期,一方面被皇家禁锢垄断了5个多世纪的制瓷戒律被冲破,另一方面大批原先在御窑厂劳作的瓷业艺人重新回归民间作坊,历史契机和环境条件使然,仿古瓷生产便应运而生,并达到了前所未有的历史高峰。受利益驱使,社会上对仿古瓷的需求量大增,给仿古瓷者带来了可观的利润。

五是社会巨变。民国仿古瓷风行全国,还有一个重要原因,就是受当时的社会巨变及好古之风的影响很大。清室灭亡、官窑瓦解之后,官窑良工四散而流入民间,为生计只得干其本行。封建制度土崩瓦解,从前想仿而不敢仿的物品,如今是但仿无碍。同时一些宫廷御用瓷流入民间,使仿者有本可依。仿古瓷主要是以明清时期的青花、五彩、粉彩为蓝本而生产,多为达官贵人所定烧,如徐世昌定烧的仿雍正官窑器等。

民国时仿古瓷达到了新的高峰,这不但在于对制瓷先进技术的有效学习,还在于对中国传统陶艺的全面继承。在这一强大的物质技术力量的支持下,仿古瓷能高水平地达到"乱真"的地步是理所当然的。"精制之品,直逼乾隆,若道光更有过无不及",这是恰当的评价。仿古瓷基本上代表了民国瓷器生产的水平。

第五节 民国时期陶瓷业的衰败

民国瓷,是指 1911 年辛亥革命推翻了清政府后,至 1949 年中华人民共和国成立前那一段时间内的瓷器。这 38 年,称为民国时期,中国处于社会动荡、百业衰败之中。民国时期,随着外国大量机械工业产品的入侵,中国的传统手工业生产一片凋零,曾经在世界上占有广大市场的传统陶瓷业也无法避免此命运。景德镇的陶瓷生产除前面所介绍的一些仿古瓷,以及一些名家工匠的艺术瓷还略有生机外,许多陶瓷作坊因无法与机械陶瓷竞争而停止生产。而远处沿海的广东陶瓷业,也同样由兴盛走向衰落。例如,石湾、饶平、大埔、潮安等历史名窑虽然具有优越的制瓷条件,但在抗战前后已趋衰落。仅以石湾一地而论,广大陶瓷工人迫于生计而背井离乡,长期失业。

昔日驰名中外的"广彩"瓷器竟成为明日黄花,甚至号称"陶都"的江苏宜兴窑,当时也有很多陶工改业,几乎陷入人亡艺绝的困境。其他南方陶瓷产地,如浙江龙泉窑、福建德化窑、湖南醴陵窑、重庆荣昌窑等,也多失去了历史上的光辉,处于不景气甚至停产的状态。北方陶瓷业的遭遇亦无例外,百余年来虽仍维持一些传统产品的生产,不绝如缕,此时同样被摧残殆尽。例如具有数千年光辉传统的陶瓷之乡,赫赫有名的"仰韶文化"遗址,汝、官、钧等名窑的故地——河南,却只在渑池、临汝(今汝州市)、禹县(今禹州市)、新安等地有一些较大的手工业作坊保留粗瓷的生产而已。再如河北省的磁州窑尽管有着悠久的"磁山文化"陶器、北朝青瓷,乃至震铄古今的"磁州窑型"制瓷传统,同样厄运难免,粗制滥造,生意萧条,技艺几近失传。不仅是中国各窑口的瓷业生产难振,就是曾经的世界瓷都景德镇的陶瓷业生产也深受影响。究其原因,主要是:

其一,清末至民国时期的中国陶瓷业及工商业还没有从农业社会的手工业生产躯壳中蜕化出来。不仅是生产方式,包括社会的运行模式都还是处于农业文明之中,血缘、地缘、业缘这种带有浓厚的乡土社会结构的群体关系仍然是当时陶瓷艺人们基本的社会关系。而与此同时的西方各国正处于自由资本主义发展的巅峰时期,致使事情已经发展到这样的地步:今天英国发明的新机器,一年以后就会夺去中国成百万工人的饭碗。此时的欧洲不仅掌握了制瓷技术,而且走上了机械化、现代化的制瓷道路。不仅如此,当时与西方近代资本主义大规模工厂化生产相对的,是中国相沿已久的小规模的手工作坊式生产;与西方以强大的热能、电能作为动力的机器生产相对的,是中国以人力或自然力为动力的手工操作;与铁路网相对的是中国的骡马;与汽船相对的是中国陈旧的帆。在这样的历史背景和社会背景中的中国手工业陶瓷,在西方机械陶瓷的冲击下,迅速地从清中期的高峰滑落下来也就是理所当然的了。

其二,洋瓷的倾销。咸丰以来轰轰烈烈的太平天国运动,在清政府和外国列强的联合镇压下终告失败;清末同治皇帝幼年登基,垂帘听政的慈禧太后独揽国家大权;以英国为首的侵略势力,在北京直接控制了清王朝的封建政权,从而使中国社会进一步半殖民地化,民族工业从此日益衰退,而且中国开始成为列强倾销其工业产品的巨大市场。

在这样的背景下,帝国主义列强凭借着他们的实力和不平等条约,加剧了对中国的洋货倾销,猛烈地冲击了中国的民族经济。凡进口的洋货,除在海关完纳"值百抽五"的进口税外,另须缴 2.5% 的子口税,就可以代替沿途所经内地关卡应征的各种捐税和厘金。这样,洋货就在中国领土上畅通无阻,可以推销到任何角落,而不必再缴纳任何捐税。他们还强迫清政府允许中国商人可以自由贩卖洋货,享受子口税的保护,免于重征任何名目的捐税。这就使洋货的内销更加肆无忌惮。中国的海关已失去了保护本国工商业发展的作用。这种不利于民族工业生存和发展的形势,对景德镇瓷业的打击,尚不如对其他手工业的打击惨重,这是因为陶瓷原料的得天独厚和劳动力的工价低廉,使民族瓷业面对洋瓷在中国的倾销仍能在一段时期内顽强抵抗,所以,在中日甲午战争之前,景德镇瓷业所遇到的困难还不是十分严重。甲午战争之后,根据《马关条约》,帝国主义者可以在中国开办工厂,可以利用中国的原料和廉价的劳力,这就使中国瓷失去了最后的倚仗。列强经营的瓷厂所生产的机制瓷价格低廉,又不受关卡厘税的束缚,得以大量流入各地,抢占国产瓷的市场,至此中国的陶瓷业面临巨大的挑战。外国人经营的瓷厂,都用机器制造,他们又利用中国的原料和廉价劳力,使中国瓷无力与之竞争,这是导致中国陶瓷业陷入困境的一个重要原因。

其三,不合理的瓷器征税手续。造成清末民国时期中国陶瓷业衰落的另一个重要原因,是官府的税收,以及种种摧残和掠夺。资本主义、帝国主义在对中国进行商品侵略和资本侵略的同时,从政治上、经济上支持中国的封建势力,把中国政府改造成为封建的、买办的、官僚资本主义的政权。他们给予洋货和外资工厂的产品以种种特权,任其充斥各地,泛滥全国,排挤国产商品,同时又肢解国内的统一市场,使本国的工农业产品必须逢关纳税、过卡抽厘。在这样的环境下,陶瓷业自然难以幸免。

总的来说,一方面是生产的成本高,另一方面是税务的加重,还有一方面是外来洋瓷的竞争,民族陶瓷业自然也就一蹶不振了。

复习与思考

1.民国时期我国陶瓷业衰败的原因。

2.民国仿古瓷流行的主要原因。

3.简述民国时期我国的对外贸易政策。

第九章 改革开放前的中国陶瓷贸易

【案例导入】

承先启后的"新中国瓷"

所谓"新中国瓷",是指自 1949 年至 20 世纪 90 年代近半个世纪来,全国各主要陶瓷产区创作、生产的各类日用瓷、陈设瓷、国家礼品瓷等陶瓷器,其中尤以瓷都景德镇制瓷为主。随着收藏界对新中国瓷历史和价值认识的不断深化,新中国瓷这个已经断层的收藏板块将会迅速崛起。

三个阶段,完成市场化蜕变

新中国成立之初,景德镇的瓷业发展百废待兴。1950 年成立的景德镇国营建国瓷厂,专门生产传统颜色釉瓷和日用瓷等,包括曾维开、邓希平、王云泉、姚永康等在内的老一辈陶瓷艺术家都曾是建国瓷厂的职工。其后 10 多年间,景德镇又相继成立了人民瓷厂、新华瓷厂、红星瓷厂等 10 家大型陶瓷生产企业,统称为"景德镇十大瓷厂",由"十大瓷厂"创作生产的精美陈设瓷和日用瓷俗称为"厂瓷"。随着"十大瓷厂"的成立,景德镇瓷业生产发展突飞猛进,烧制工艺也经历了由手工到机械和柴窑、煤窑、油窑到气窑的转变,续写了制瓷业的辉煌。新中国"十大瓷厂"培养出了一大批技艺超群、德艺双馨的陶瓷艺术家。由于当时都是集体创作,作品大多无人名款,只有瓷厂代号,这些作品主要是为一些文博机构做的复制瓷。

1954 年 3 月,景德镇成立了研究和生产相结合的美术陶瓷工艺社,成员共27 人,除"珠山八友"中的田鹤仙、刘雨岑以及"青花大王"王步等享誉民国瓷坛的大师外,还有曾龙升、王晓凡、时幻影、刘仲卿、王锡良等绘瓷名家。他们不仅肩负创作任务,还与中央美术学院陶瓷科师生密切合作,创作出口艺术瓷,改进了传统陶瓷装饰方法。同年成立的陶瓷研究所(以下简称"陶研所"),作为景德镇陶瓷史上首次出现的高规格科研机构,承担了与国外的技术合作任务。当时,景德镇瓷业生产的方针就是"提高实用美术瓷,保持工业用瓷",并开展了轰轰烈烈的技术革新运动。

　　新中国成立后,景德镇就一直出口瓷器,1949 年至 1952 年属于陶瓷生产的恢复阶段,以个体手工作坊为主,没有正规瓷厂,都是国家收购小作坊的产品,统一外销。1953 年至 1953 年通过逐步公私合营,一些陶瓷体制和生产体系才逐步建立,此阶段出口产品为精细瓷。1958 年至 1965 年国有陶瓷企业逐步成型,开始步入计划经济时期,出口精细瓷的同时,开始生产并出口民用瓷。为适应海外日益高涨的陶瓷消费需求,陶研所的陶瓷艺术家们联合景德镇各大瓷厂的瓷研所、设计室、试验组等共同开发设计,不计名利、精工细作,通过集体创作,在继承传统纹饰图案的基础上,进行合理改进,使得图案纹饰与器型、瓷胎等工艺达到更完美的结合。因此,"厂瓷"中日用瓷和陈设瓷的界限被进一步打破,精湛的绘瓷技艺更完美地用于日用瓷上,使日用瓷有了陈设艺术瓷那样夺目的光彩,而在陈设瓷器型设计上也更加兼顾其实用性,正所谓"日用瓷陈设化,陈设瓷日用化"。大约从 20 世纪 80 年代开始,私人陶瓷作坊陆续出现,一些陶瓷老艺人、陶瓷工艺美术大师、技术工程师等也选择脱离瓷厂,独立进行创作、研发和销售。

价值回归,收藏投资渐升温

　　现当代陶瓷收藏投资板块经过近年来的持续发展,无论是以"珠山八友"、王步等为代表的民国文人绘瓷,还是诸如张松茂、王锡良、戴荣华、李进等当代名家大师绘瓷,价格都已到达了高位,精品价格堪比明清御瓷。一批中青年学院派陶艺家也正逐渐成为市场新宠。相比于以上的当代陶瓷收藏板块,新中国瓷收藏投资市场才刚起步。虽然新中国瓷板块中有历来受到藏家和市场追捧的"7501"瓷,但这并不能代表新中国瓷板块的整体行情。真正能够代表新中国瓷的依然是那些烧制精美的"厂瓷"陈设瓷和日用瓷。

　　"厂瓷"作为新中国成立后景德镇制瓷历史中的重要一环,对现当代中国陶瓷艺术的发展起到了承先启后的作用,它的地位与意义不言而喻。一般国内公立博物馆的馆藏陶瓷器的年代下限到清末民初为止,年代再往后的就鲜有收藏。然而,中国陶瓷史对于新中国成立之后 65 年来的成绩是无法忽视的,目前学术界对新中国瓷历史和艺术价值的挖掘、保护和研究还远远不够。

　　关于新中国瓷的收藏鉴赏,需要把握好两大原则:一是日用瓷的收藏要成套成系列,且 1986 年以后研发出的低铅粉彩日用瓷由于色彩及艺术性较之前的日用瓷较低,收藏价值不大;二是艺术陈设瓷的收藏之重当为20世纪七八十年代的重工粉彩瓷,尤其是墨彩描金作品。重工粉彩瓷是高难度的制瓷工艺,受限于胎、釉、色、工的难以复制而备受关注。要想成功烧制成一件高水准的重工粉彩瓷是非常难的,尤其是墨彩描金作品,当时能熟练掌握这项技艺的陶瓷老艺人可谓是凤毛麟角,作品也较少,非常珍贵。另外需要注意的是窑火,在20世纪五六十年代主要用柴窑烧造;到了20世纪七八十年代,越来越多的瓷器用煤窑来烧;从20世纪80年代后期开始逐渐改用气窑。不同窑火中的瓷器有着微妙的区别。

(资料来源:节选自2014年3月15日《中国文化报》第10版,有删改)

【学习目标】

通过本章学习,可以:

1. 了解对外贸易或国际贸易的含义、对外贸易的统计指标。
2. 理解改革开放前的中国陶瓷贸易的发展状况。
3. 准确掌握国际贸易的各种概念,为以后的学习打下初步基础。

第一节　国际贸易的基本概念

一、出口贸易与进口贸易的概念

1. 出口贸易

出口贸易(Export Trade)是指将本国生产和加工的货物因外销而运出国境。不属于外销的货物则不算,如运出国境供驻外使领馆使用的货物、旅客个人使用带出国境的货物。

2. 进口贸易

进口贸易(Import Trade)是指将外国生产和加工的货物购买后,因内销而运进国境。不属于内销的货物则不算,如外国使领馆运进供自用的货物、旅客带入供自用的货物。

二、对外贸易额的概念

对外贸易额是指以金额表示的一国对外货物贸易值(Value of Foreign

Merchandise Trade)与服务贸易值(Value of Trade in Commercial Services)相加之和。

一定时期内一国从国外进口货物的全部价值,称为进口货物贸易额;一定时期内一国对外出口货物的全部价值,称为出口货物贸易额。两者相加为货物进出口贸易额,它是反映一国对外货物贸易规模的重要指标之一,一般以国际货币(如美元)来表示。把世界上所有国家以国际货币表示的进口货物贸易额或出口货物贸易额相加,就得出了世界货物贸易额。但由于一国货物的出口就是另一国货物的进口,因此,从世界范围来看,所有国家进口货物贸易额应等于所有国家出口货物贸易额。故通常以世界货物贸易出口额代表世界货物贸易额。

服务贸易额通常以各国国际收支经常项目中的服务额为代表。服务包括运输、旅游和其他服务。因服务的对外出口和进口部分不易与国内服务剥离,故统计中的国际服务贸易额常常低于实际价值。

三、对外贸易差额的概念

1. 概念

对外贸易差额(Balance of Trade)是一定时期内一国出口(货物与服务)总额与进口(货物与服务)总额之间的差额,用来表示一国对外贸易的收支状况,是其国际收支经常项目中最重要的组成部分。

2. 贸易顺差与逆差

当出口贸易总额超过进口贸易总额时,称为贸易顺差,也可称为出超;当进口贸易总额大于出口贸易总额时,称为贸易逆差,也可称为入超。通常贸易顺差以正数表示,贸易逆差以负数表示。

3. 贸易平衡

若出口贸易总额与进口贸易总额相等,则称为贸易平衡。

此外,为了表明货物贸易和服务贸易各自进出口贸易额之间的关系,还可进一步细分为货物贸易差额和服务贸易差额。

四、对外贸易/国际贸易结构的概念

1. 广义的对外贸易/国际贸易结构

它是指货物、服务在一国总进出口贸易或国际贸易中所占的比重。如2017年国际贸易出口总额为230560亿美元,其中,货物贸易出口额为177070亿美

元,所占比重为 76.8% ;服务贸易出口额为 53510 亿美元,所占比重为 23.2% 。

2. 狭义的对外贸易/国际贸易结构

它是指货物贸易或服务贸易本身的结构比较,可分为对外货物/国际货物贸易结构与对外服务/国际服务贸易结构。

(1)对外货物/国际货物贸易结构

对外货物贸易结构是指一定时期内一国或世界进出口货物贸易中以百分比表示的各类货物的构成。如 2020 年世界货物贸易出口额中制成品比重为70% ,农产品比重为 10% ,燃料和矿产品比重为 15% ,其他为 5% 。

(2)对外服务/国际服务贸易结构

对外服务贸易结构是指一定时期内一国或世界进出口服务贸易中以百分比表示的各类项目的构成。如 2020 年世界服务出口贸易额中,与货物有关的服务比重为 3.5% ,运输比重为 17.6% ,旅游比重为 24.8% ,其他商业服务为 5% 。

3. 意义

广义和狭义的对外贸易/国际贸易结构可以反映出一国或世界的经济发展水平、产业结构的变化和服务业的发展水平等。通常,服务贸易比重高、货物贸易中制成品比重高的国家经济发展水平高于其他国家。为了进行深入比较,还可对货物贸易和服务贸易结构进行细分。

五、对外贸易地理方向的概念

1. 概念

对外贸易地理方向(Direction of Foreign Trade)表明一国出口货物和服务的去向地及进口货物和服务的来源地。计算公式为:

(对某国家或地区的出口或进口贸易额 ÷ 对世界出口或进口贸易额)×100%

2. 意义

对外贸易地理方向表明一国和地区与其他国家和地区之间经济贸易联系的程度。如 2017 年发达国家货物出口中,对发达国家本身的出口占 70% ,对发展中国家的出口占 27% ,对经济转型国家的出口占 3% ,这说明发达国家本身是制成品贸易的相互对象。

六、国际贸易地区分布的概念

1. 概念

国际贸易地区分布(International Trade by Country or Region)是指世界各洲、各国或地区在国际贸易中所占的比重。

2. 意义

国际贸易地区分布表明各洲、各国或地区在国际贸易中的地位。其影响因素主要有:世界各国和地区的国内生产总值、经济贸易的发展和所处的地理位置等。如2017年在世界货物贸易出口比重中,北美洲所占比重为13.8%,欧洲所占比重为37.8%,非洲所占比重为2.4%,亚洲所占比重为34%。

第二节　改革开放前的中国外贸管理体系

一、对外贸易政策

1949年10月1日,中华人民共和国成立,结束了一百多年半殖民地半封建社会的屈辱历史,中国的对外开放也进入了一个新的时代。中华人民共和国成立后,立即废除了帝国主义在中国境内的一切特权,收回了长期被外国人把持的海关管理权,取消了外国资本在金融、航运、保险、商检、公证、仲裁等方面的垄断,没收官僚资本对外贸易,改造民族资本主义对外贸易,新建国营对外贸易,实行了对外贸易的统制和保护贸易政策。从此,中国的对外贸易恢复了独立自主的地位,以崭新的面貌跻身国际市场。

1. 实行国家对对外贸易的统制

为了迅速改造半殖民地性质的经济,尽快恢复和发展民族经济,新中国实行国家对外贸易的统制政策。1949年9月通过的《共同纲领》规定:"实行对外贸易的管制,并采用保护贸易政策。"

中华人民共和国成立后,在建立集中统一的对外贸易管理机构体系的基础上,我国陆续颁布了一系列统制全国对外贸易的法令和法规,并制定了有关的具体规定和实施办法。遵照统制对外贸易政策,对外贸易部门会同其他有关部门,采取商品分类管理、进出口许可证制度、外贸企业审批、外汇管制、出口限价、保护关税、货运监管、查禁走私、商品检验等行政管理措施,运用信贷、税收等经济手段,并逐步加强计划管理,把全国对外贸易活动置于国家集中领导、统一管理之下,统一地开展对外经济活动,维护国家独立自主,促进国民经济的恢复和发展,保证社会主义改造和社会主义建设顺利进行。

2.实行贸易保护政策,对进出口统筹兼顾

新中国成立初期对进出口实行了"奖出限入"的贸易保护政策,即凡是可以输出的货物,都要奖励输出,以推销国内物资,争取外汇,换回生产资料;凡是无益于生产建设的物品,或国内可以生产的物品,一定要限制或禁止输入,以保护国内工业,稳定国内物价。

奖励出口的办法有减免出口税、贷款扶持、减低运费、举办埠际转口押汇等。限制输入的办法主要是通过许可证制度、关税政策和批汇管理,严格限制非生产需要和非必需品的进口申请。"奖出限入"的商品种类不是一成不变的,准许、特许、统购、统销、禁止五类商品的货单根据国内市场情况在不断调整。

1953年,中国开始进行工业化建设,根据经济发展的新需要更加强调生产资料的优先进口。在积极输入经济建设所需物资的同时强调进口须以保护国内生产为原则,进口什么、进口多少应根据国家的经济力量、生产和市场的需要安排,绝不能打击国内生产。凡国内生产能满足供应,或经努力可满足供应的,或国内有代用品的应不进口或少进口。

另外,对外贸易部在1953年提出出口工作中必须遵守以下原则:凡对国计民生关系重大的商品(如粮食),应首先满足国内需要,如有剩余才可出口;凡对国计民生关系较小的商品,应积极组织出口,有的商品(如肉类、油籽)应适当节减国内消费,挤出来用于出口。这一原则后来被逐步明确为"内销服从外销"原则,并于第一个五年计划时期及之后相当长的时期内作为出口工作的指导性原则被反复强调。

3.在尊重主权、平等互利的基础上与世界各国开展通商贸易

为了迅速恢复和发展国内经济,中国政府坚持以自力更生为主,同时尽量争取国际援助,充分重视、建立并发展与各国的对外贸易关系,但这种对外贸易关系必须建立在尊重主权、平等互利的基础上。

(1)制定独立自主的关税政策和税则税率,保护民族经济发展

1951年5月10日,政务院批准了重新制定的《中华人民共和国海关进出口税则》和《中华人民共和国海关进出口税则暂行实施条例》。根据税则规定,关

税一律从价计征,出口货物只有一种税率,进口货物按需要程度和国内市场情况分为必需品、需用品、非必需品和奢侈品4类共20级。此外,对于进口货物,根据出口国与中国是否订立贸易条约、协定或最惠国条款,分别实行较低税率或普通税率。新税则的分类和税率的厘定都是以保护国内生产和发展对外贸易为目的,体现了《共同纲领》规定的统制贸易和保护贸易的政策,维护了国家和人民的利益。

（2）管制贸易外汇

中华人民共和国成立后,国家制定了人民币对外汇的兑换率,并实行了外汇管理。国家外汇管理的基本办法主要有:严禁外币的计价流通和使用,消灭外币黑市;办理外币存兑,根据公私兼顾原则,订立外币收买价,允许以自备外币经营进口贸易;组织外汇交易所,集中进行外汇交易;指定国家银行经营外汇业务,对私营外商和华商银行采取利用与管理政策;出口所得必须结汇,即出口商输出商品所得外汇,必须移存中国银行,开取外汇存单(私商),或由银行按当日买入价兑换人民币结存(国营外贸公司);进口货品必须办许可证,申请批给外汇额度,以此管制外汇的使用、掌握外汇牌价、跟随物价变化调整汇率,以促进本国产品输出。

（3）实行进出口商品许可证制度和商品分类管理

1950年12月8日政务院公布的《对外贸易管理暂行条例》规定:"进出口厂商输入或输出任何货品,均须事先向所在地区之对外贸易管理局请领进口或出口许可证,经核发后,方得凭以办理其进出口手续。"进出口许可证的签发以商品分类为主要依据,在商品分类管理方面,国家根据国内生产和消费的需要,对进口商品分为准许、特许、统购、统销、禁止5类。

（4）掌握进出口商品定价的自主权,支持国内生产

1951年7月5日,中央对外贸易工作组工作总结中,规定了审价的参考依据、原则和方式。同年9月14日,中央人民政府贸易部、海关总署、中国银行总管理处发布了《对外贸易管理局、海关、中国银行办理进口货物联合审价及估价办法》。这一办法在进口商品方面,对进口商酌情规定了进口基价和费用、利润标准,同时配合国内需求情况在审价上给予机动掌握。在出口商品方面,为了恢复和发展出口商品的生产,政府一方面提高了农副产品的收购价格以及一些出口商品的价格,另一方面对出口商品实行限价审价,以避免出口商之间过度

压价竞争。对于一些国内能够大量生产的产品,在一个时期里采取低价出口的政策,以扩大这些商品的销路,使其占领国际市场,从而刺激国内出口商品的生产。

(5)取缔外商对进出口商品检验的垄断权,建立独立自主的进出口商品检验制度

1949年10月,在中央人民政府贸易部国外贸易司内设立了商品检验处,并在天津、上海、武汉、青岛、广州、重庆等口岸先后设立商品检验局和商检处。从1950年起,中国政府陆续停止各地外商检验机构的活动,由中国有关机构接办其工作。

1950年3月,中央人民政府贸易部召开全国商检会议,制定了《商品检验暂行条例》,统一了全国进出口商品检验的规章制度、商品检验范围。1952年,中央人民政府对外贸易部成立后,下设商品检验总局,统一领导和管理全国的进出口商检机构和商检工作。1954年1月3日,政务院又公布了《输出输入商品检验暂行条例》,以国家法规的形式将进出口商品检验工作纳入了国家行政管理轨道。

二、进出口管理机构

1. 成立中央人民政府对外贸易部

根据国家统制对外贸易的政策,1949年10月,中央人民政府贸易部成立,下设国外贸易司,统一管理全国的对外贸易工作。随着各地的先后解放,政府在开放进出口贸易的口岸相继设置了对外贸易管理局及分局。1951年12月,经过调整,确定在上海、天津、青岛、武汉、旅大(今大连)、福州、广州、昆明8个主要9口岸城市设立对外贸易管理局。对外贸易管理局受中央人民政府贸易部与各大区或直属省市财经委的双重领导,负责执行对外贸易的法规命令,并管理各口岸及其腹地地区的进出口事务。由于国内对外贸易事业发展的需要,1952年9月,政务院决定撤销中央人民政府贸易部,分别成立中央人民政府对外贸易部和中央人民政府商业部。中央人民政府对外贸易部作为中国政府统一领导和管理对外贸易的行政机构,下设办公厅、综合计划局、进口局、出口局、第一局、第二局、第三局、对外贸易管理总局、全国商品检验总局、财务会计局、人事局以及其他专业职能部门,分别负责管理有关的对外贸易业务和行政工作。这样,新中国统一集中的国家对外贸易管理体系基本建立起来。

2. 建立人民海关

1949 年 10 月 25 日,中央人民政府海关总署在北京宣告正式成立,由中央人民政府政务院直接领导,负责统一领导与管理全国海关及其事务。各解放区海关先后与海关总署建立了联系。到 1950 年 5 月,全国各海关都已由海关总署直接领导。1950 年 1 月 27 日,政务院通过了《关于关税政策和海关工作的决定》,对海关的性质、任务做出了明确的规定,规定海关总署是统一集中的和独立自主的国家机关。海关的主要任务是对各种货物和货币的输入输出执行监督管理,有效地征收关税,查禁走私。

1950 年 12 月 14 日,中央人民政府政务院发布了《关于设立海关原则和调整全国海关机构的指示》,确立了各地海关的设立原则,调整了全国设关地点,撤销了一些内河关所。在调整机构的同时,统一了全国海关财务,各区关税皆解缴中央(东北地区暂除外),各关经费一律由海关总署统筹拨付。

1951 年 3 月 23 日,中央人民政府政务院通过了《中华人民共和国暂行海关法》(以下简称《暂行海关法》),于 1951 年 4 月 18 日公布,5 月 1 日起实施。《暂行海关法》系统地规定了新海关的组织机构、任务、职权和统一的海关工作方法,规定了进行对外贸易和运输的公私企业、机关、团体对于海关规章的责任和义务,以及海关与它们之间的相互关系,规定了查处走私的处理办法,为全国海关工作提供了法律依据。

三、对外贸易地理方向

随着国内外形势的变化,1949—1978 年中国对外贸易国别、地区关系的发展经历了几次转变。

新中国成立之初,由于西方国家的敌视和经济封锁,新中国在对外经济关系方面不得不实行"一边倒"政策,即倒向以苏联为首的社会主义阵营。总的来看,这一时期中国进出口贸易的市场主要是苏联和东欧国家。20 世纪 50 年代,中国对苏联和东欧国家的出口额分别约占出口总额的 50% 和 16%,自苏联和东欧国家的进口额分别约占进口总额 60% 和 17%。其他的出口市场有中国港澳地区以及东南亚、西欧国家和日本、朝鲜、越南、蒙古人民共和国等。

20 世纪 60 年代初,中苏关系恶化,东欧一些国家也追随苏联疏远了同中国的关系,中国对苏联和东欧的贸易额急剧下降,整个贸易格局发生很大变化。中苏贸易额由 1960 年的 16.64 亿美元,占中国进出口贸易总额的 49.7%,急剧下降为1965年的4.1亿美元,占中国进出口贸易总额的9.6%。到1970年,中苏双边贸易额只有4723万美元,在中国全部进出口贸易额中所占比重降至1.03%。

所以从20世纪60年代开始,中国进出口贸易重点转向西方资本主义国家和发展中国家市场。整个20世纪60年代,西欧国家的进口额和出口额在中国进口总额和出口总额中所占的比重平均都在20%左右,最高年份达到30%。在此期间,中日之间的贸易也在逐渐恢复和发展,1965年对日本进口额和出口额在中国进出口总额中所占比重分别上升至13%和9%,到实现邦交正常化前夕的1971年,中日贸易总额达8.74亿美元。与此同时,中国与东南亚地区的贸易也有所发展,1965年对东南亚的进口额和出口额在中国进口总额和出口总额中的比重分别上升至3.2%和7.8%。在这一时期,中国还开展了与加拿大和澳大利亚的贸易,1965年中国对加拿大和澳大利亚的进口额在进口总额中所占比重分别上升至6%和10%以上。而香港以其特殊的地理位置和转口条件,对内地进出口贸易的发展有重要作用,20世纪60年代内地对香港的出口额有了显著增长,在出口总额中所占比重上升至20%以上。20世纪60年代,中国的对外贸易陷入了低谷。虽然如此,到1970年同中国有经济贸易关系的国家和地区发展到了130个。

20世纪70年代初,中国的外交关系获得了突破性进展,发展与西方经贸关系成为中国追求的重要目标之一。1966—1976年,中国与西方发达国家贸易额从19.2亿美元增加到63亿美元,年均增长12.6%,比同期中国对外贸易总额11.3%的平均增速快了1.3个百分点。其中,中国与联邦德国的双边贸易额从1.9亿美元增加到9.5亿美元,年均增速为17.7%;中国与法国的双边贸易额从1.8亿美元增加到6.1亿美元,年均增速为13%;中国与澳大利亚的双边贸易额从1.3亿美元增加到4.3亿美元,年均增速为13.1%。年均增速都明显高于同期中国对外贸易总额的年均增速。

而中国与亚洲国家的双边贸易额从20.1亿美元增加到69.4亿美元,年均增长14.3%,比同期中国对外贸易总额年均增速快了3个百分点。其中,中日双边贸易额从6亿美元增加到30.4亿美元,年均增速17.6%,比同期中国对外贸易总额年均增速快了5.3个百分点。

1972年,中美发表《中华人民共和国和美利坚合众国联合公报》,其双边贸易关系得到迅速发展。到 20 世纪 70 年代中期,美国在中国进口总额和出口总额中所占比重分别上升至 5% 和 1.7%,70 年代末进一步上升至 11.8% 和 4.3%。

到 1978 年,同中国有经济贸易关系的国家和地区发展到了 160 多个。

第三节　改革开放前的中国陶瓷贸易概况

新中国成立后,政府通过改造资本主义工商业和个体手工业,使我国陶瓷业得到了迅速的恢复和发展,并建立起了社会主义的陶瓷工业体系。尤其"一五"时期,被视为我国陶瓷工业顺利发展的"黄金时期"。但 1958 年到 1962 年,以及 1966 年到 1976 年,我国陶瓷业遭遇了 2 次重大挫折。直到改革开放后,陶瓷工业才真正进入了一个平稳的新发展时期,并迅速开创了产销两旺的好局面。进入 20 世纪 90 年代以后,我国陶瓷工业更有了长足的进步与发展。

一、新中国成立初期的陶瓷贸易

新中国成立之初,陶瓷的出口对打破当时西方的经济封锁、创造外汇收入、支援国家经济建设等方面都起到了十分突出的作用。

1. 出口商品结构

当时我们出口的主要是日用陶瓷和陈设艺术陶瓷,在工业陶瓷和建筑卫生陶瓷上还是主要依赖进口。1950 年我国日用陶瓷出口额仅为 0.021 亿美元,出口瓷换汇排在世界陶瓷生产国出口瓷第 19 位;1960 年我国日用陶瓷出口额上升至 0.065 亿美元,出口量为 1.7 亿件,单件换汇 0.046 美元;1970 年我国日用陶瓷出口量为 4.46 亿件,出口额为 0.196 亿美元,单件换汇 0.046 美元。这时期的出口外销日用瓷主要还是依靠我国丰富的原材料资源和廉价劳动力,主要是单件商品结构和少量配套茶餐具构成的低、中档产品。

2. 出口主要产区

这一时期出口产区的数量在不断增加。1956 年以前,全国出口瓷的生产主要集中在景德镇、汕头和佛山这三大产区,到了 1956 年,才增加了唐山、醴陵、长沙、宜兴、温州等产区,1957 年又增加了德化、肇新、宜化等瓷厂,至 1959 年全国已有 9 大集中陶瓷产区。下面我们以景德镇产区为例,来看下这一时期日用陶瓷的外销情况。

表9-1　1949—1965年景德镇陶瓷出口统计表

年份	日用瓷实际出口量(万件)	日用瓷出口换汇额(万美元)	年份	日用瓷实际出口量(万件)	日用瓷出口换汇额(万美元)
1949	220	20	1958	4314	559
1950	443	3	1959	4187	485
1951	203	14	1960	440	405
1952	26	2	1961	3008	172
1953	8	1	1962	2362	262
1954	567	60	1963	4299	358
1955	667	70	1964	5189	517
1956	2455	276	1965	3824	612
1957	3942	487			

（数据来源:陈帆主编《中国陶瓷百年史:1911—2010》,化学工业出版社,2014年版。）

从表9-1中可以看出,除了1950年到1953年抗美援朝时期、1959年到1961年三年困难时期,景德镇的日用瓷外销数量及金额呈整体上升趋势。1949—1965年,景德镇日用瓷外销总量为36154万件,创汇总额4303万美元。其中,1964年的外销数量为5189万件,是1949年的23倍多,1965年的出口换汇额为612万美元,是1949年的30倍多。单件换汇率也有所提升,1949年单件换汇0.09美元,1965年单件换汇上升至0.16美元。

3.出口市场

这一时期我们的外销市场也在不断扩张,国际市场份额也在逐年增加。尤其是1958年以后,由于中国陶瓷品质提升、品种由粗到精,我们的出口目的国和地区由16个增加到了73个,出口数量也有了明显提升,超过我国历史上的最高水平。

4.技术引进

这一时期国家为了建立、完善我国的陶瓷工业体系,引进了一些国外陶瓷生产的新技术。比如在电瓷行业引进的西安高压电瓷厂,该厂是根据中、苏两国政府协议,由苏联援建的两个项目合并,成立西安高压电瓷厂筹建处,1958年投入试生产,1960年全部建成,成为我国电瓷行业五大生产基地之一。该厂属于综合性瓷绝缘子生产企业,生产品种包括线路瓷绝缘子、电站电器瓷绝缘子、套管等。改革开放后,该厂更是多次从国外引进先进的制造技术和制造设备,产品全部采用国家标准和 IEC 标准,成为我国超(特)高压输电设备配套用电瓷绝缘子产品生产、研制的主要基地。西安高压电瓷厂是国内有影响力的电瓷绝缘子专业生产公司,其产品出口包括北美、欧洲在内的五大洲的 20 多个国家和地区。

比如在日用陶瓷行业引进的景德镇瓷厂。1958 年,由捷克斯洛伐克援建的景德镇瓷厂开始筹建,它的设计规模当时是远东最大的。虽然由于历史原因未能全部投产、正常运转,但它的许多设计理念及新技术、新设备,还是让正处于从手工作坊式生产向机械化、现代化陶瓷工业转变的国人大开眼界,对中国陶瓷工业的日后发展有着不可磨灭的贡献和作用。特别是现代化煤气隧道窑是国内日用陶瓷行业第一条用气体燃料烧成的日用瓷隧道窑,它对于我国陶瓷窑炉的现代化和热工技术的进步更是有着不同寻常的作用和意义。

除此之外,陶瓷作为中国的一张名片,也常常在我国领导人出访或者是国外贵宾来访的时候,作为国礼赠送给国外领导人或组织,我们称这类陶瓷为国礼瓷。景德镇、醴陵、潮州、汕头、宜兴和淄博等产区的陶瓷器是入选国礼瓷最多的,其中 90% 以上的国际外交礼品瓷都是由景德镇烧制的。有着"瓷都"美誉的景德镇生产的瓷器曾是中国陶瓷制品的高端水平和上等品质的代表,对中国乃至世界瓷业的发展都产生过重大影响。新中国成立后,景德镇瓷业在继承和科学总结传统制瓷工艺的基础上,不忘创新,不断地追求进步和发展,在 20 世纪 50 年代,终于试制成功白度高达 83.45% 的高白釉,创中国历史上的白釉瓷之最。20 世纪 60 年代以后,景德镇的传统制瓷工艺得到进一步发展,"建国瓷"的制作取得成功,许多传统名贵高低温色釉得到恢复,青花、青花玲珑、颜色釉、薄胎瓷、仿古瓷、彩瓷、雕塑瓷及特种工艺瓷等传统产品均赶上甚至超过历史最高水平;大件郎窑红、大型色釉瓷壁画、成套青花和青花玲珑瓷、大型薄胎瓷、具有时代气息的粉彩与古彩、凤凰衣釉、雨丝花釉、彩虹釉等新产品层出不穷。作为我国陶瓷主要产区之一的景德镇,无论是日用瓷产量,还是出口瓷创汇额均居全国前茅,单件瓷的换汇水平更是国内最高,其陶瓷产品在国际舞台上也屡获金奖。

二、20 世纪六七十年代时期的陶瓷贸易

20 世纪六七十年代,由于种种原因,进出口等各项业务难以正常开展,各主产区的陶瓷生产和外销也受到不同程度的影响。

景德镇在这一时期瓷业虽受到较严重的破坏,但仍取得一定的成果,也引进了一些国外先进设备。

表 9 - 2　1966—1977 年景德镇日用瓷出口量和换汇额情况表

年份	日用瓷实际出口量(万件)	日用瓷出口换汇额(万美元)	年份	日用瓷实际出口量(万件)	日用瓷出口换汇额(万美元)
1966	4177	514	1972	11650	1394
1967	3385	432	1973	11656	1486
1968	3366	287	1974	8352	1162
1969	5247	524	1975	7797	1091
1970	5304	503	1976	5948	905
1971	7062	908	1977	10878	1656

(数据来源:陈帆主编《中国陶瓷百年史:1911—2010》,化学工业出版社,2014 年版。)

从表 9 - 2 可以看出,1966—1977 年,景德镇日用瓷外销总量为 84822 万件,创汇总额 10862 万美元。

而广东省的陶瓷产业在这一时期非但没有受到影响,反而有较大发展,主要通过外贸贷款及自筹资金进行厂房扩建及窑炉建设、推广滚压成型,开始走向机械化和半机械化生产,成为中国陶瓷重要的组成部分。

复习与思考

1. 什么是对外贸易额?

2. 什么是对外贸易地理方向?

3. 改革开放前的中国陶瓷贸易的主要产区有哪些?

4. 改革开放前的中国陶瓷贸易的商品结构是怎样的?

第十章　改革开放后至"入世"前的中国陶瓷贸易

【案例导入】

佛山瓷砖出口历史概况

一、补偿贸易出口时期(1983—1990)

1990 年之前,石湾的建筑陶瓷产品出口不多。

1983 年之后,建筑陶瓷的出口主要是用补偿贸易的方式,直到 20 世纪 90 年代末才停止这种贸易方式。

早期,国外的设备是通过香港公司买的。因涉及外汇问题,工厂就把砖卖给这些公司来补偿买设备的款,再由他们将砖卖到国外。这就是所谓"补偿贸易"。

2000 年之前,佛陶集团、石陶集团比较多地采用这种方式。

二、产能暴涨倒逼企业出口(20 世纪 90 年代末)

1997 年、1998 年,石湾、南庄的国营、集体企业转制,引发了一轮产能大扩张。从这个时候开始,企业出口的主动性增加。到 1999 年,佛山瓷砖和卫生洁具的出口总额为 7000 万美元。

也是从这一年开始,陶瓷和卫生洁具的进口规模大幅下降,出口规模迅速增长,陶瓷产品进出口顺差达到 2000 多万美元。

三、出口全面爆发(2001 年以后)

1."入世"利好刺激出口

2000 年,佛山陶瓷出口 5637 万美元。

2001 年前后是个重要的节点。因为"入世"利好的预期对瓷砖出口产生很大影响。当年,佛山陶瓷出口做到了 1.06 亿美元。

2001 年 12 月 11 日,中国正式加入 WTO。2002 年,佛山陶瓷出口达到了 1.42 亿美元。

也是在这一年,蒙娜丽莎、新中源、东鹏等品牌开始组建出口部。一开始,大家出口的规模都很小。新中源 2002 年出口额仅几十万美元。

此后，佛山陶瓷出口每年都以超过 30% 的速度增长。2003 年出口货值 2.7319 亿美元，增长 92%；2004 年出口货值 4.7728 亿美元，增长 74.7%。

"入世"前五年，全国瓷砖出口年均增长在 20% 以上，佛山陶瓷出口年均增长 30%，尤其是欧洲市场增长快。

新明珠陶瓷对欧盟出口增速这五年平均达到 40% 以上。2004 年，新中源陶瓷出口额达 7000 多万美元，这个数字相当于 1999 年佛山陶瓷的出口总额。

这五年间，新中源出口额增长数百倍。新中源也由此获得广东省陶瓷行业唯一的外向型民营企业贡献奖。

2002 年前，中国瓷砖和卫生洁具出口的目的地主要是东南亚。

由于彼时中国产品价格比意大利产品最多时候低 86%，比西班牙产品低 82%，比菲律宾产品低 38%，比印尼产品也低 25%，因此，连续遭遇印度、菲律宾、巴基斯坦、泰国的反倾销。

好在"入世"把佛山陶瓷引向了更加广阔的国际市场。一些大企业把握这一商机，扩大海外市场份额，出口市场正走向多元化。

也就是从 2002 年开始，欧洲、美洲市场成为中国瓷砖出口的主战场。

2. 外贸公司转制促进出口

20 世纪 90 年代后期，国家推动外贸公司转制，使得企业经营者工作积极性大大提高。由于此前企业都没出口部，一般是以外贸公司名义参加广交会。外贸公司接了订单，再来到企业找产品。而这一时期，做出口的外贸公司少、客户多、利润高。因此，外贸公司转制后，国有贸易公司的业务骨干纷纷跑出来创业，做私营贸易代理机构。

（资料来源：《激荡 40 年·历史篇》，华夏陶瓷网，2018 年 9 月 20 日，有删改）

【学习目标】

通过本章学习，可以：

1. 了解改革开放的相关知识。

2. 理解改革开放后至"入世"前的中国陶瓷贸易存在的问题。

3. 准确掌握改革开放后至"入世"前的中国陶瓷贸易的发展现状。

第一节　对外开放政策的确立与深化

新中国成立以后,随着中国经济形势的发展,高度集中的计划经济体制和封闭与半封闭的对外政策已经越来越不能适应中国经济发展的需要。20 世纪 70 年代末,中国终于打破封闭与半封闭状态,实施对外开放政策。

一、对外开放政策确立的背景

20 世纪 70 年代以来,国际政治经济格局发生了显著变化,这为中国的对外开放提供了良好的机遇。

一是与西方国家外交关系的建立与改善为中国对外开放提供了良好的政治机遇。这一时期,中美关系解冻,中国同日本、西欧等发达国家全面建交,并恢复了在联合国的合法席位。20 世纪 70 年代后期,美苏争霸陷入僵持状态,中国在国际均势中的作用突显,西方国家开始希冀中国发展壮大。由此,中国对外开放的良好政治机遇出现了。

二是中国具备了承接劳动密集型产业的能力。20 世纪 70 年代以来,世界各国间的经济联系日益密切,相互依赖性显著加强,对外开放成为主流政策。随着世界技术进步的加速,发达国家开始新一轮产业升级,需要把失去优势的劳动密集型产业转移出去。具有丰富廉价劳动力和巨大潜在市场的中国具备了承接劳动密集型产业的能力。另外,20 世纪 50 年代以后,日本及新兴工业化经济体通过对外开放顺利承接世界产业转移,经济获得持续高速增长,也为中国的对外开放树立了成功的典范。

从国内情况来看,20 世纪 70 年代中期中国对外贸易的发展成效和调整整顿为改革开放奠定了实践基础,而真理标准问题大讨论,为改革开放做了思想理论准备。

二、对外开放政策的初步实践

1979 年 4 月,在中央召开的专门讨论经济建设问题的工作会议上,广东省委领导提出,希望中央下放一定的权力,允许广东参照亚洲"四小龙"的成功经验,在毗邻港澳的深圳、珠海、汕头举办出口加工业。7 月,经过各方面的充分讨论和准备,中共中央、国务院批准在广东的深圳、珠海、汕头以及福建的厦门试办出口特区。

1980 年 3 月,国务院召开广东、福建两省研究试办出口特区情况的会议建议,将"出口特区"改名为"经济特区"。同年 5 月,中共中央正式确认了"经济特区"这个名称。8 月,第五届全国人大常委会第十五次会议决定,批准广东省的深圳、珠海、汕头和福建省的厦门设立经济特区,标志着中国经济特区的正式诞生。特区经济面貌发生了巨大变化,深圳由一个边境小镇一跃成为初具规模的现代化新兴城市。

在深圳的示范效应下,1984 年 5 月 4 日,中共中央和国务院宣布,进一步开放天津、上海、大连、秦皇岛、烟台、青岛、连云港、南通、宁波、温州、福州、广州、湛江和北海 14 个沿海港口城市。

1985 年 1 月,中共中央、国务院开辟长江三角洲、珠江三角洲和闽南三角区 3 个地区为沿海经济开放区,从而形成一个对外开放的前沿地带,对外开放实现了由线到面的重大推进。

1988 年,中国对外开放又迈出新的一步——设立海南省,创办海南经济特区,赋予海南行政区较多的对外经济合作自主权。

除此之外,1984 年国务院首先批准大连市兴办经济技术开发区,之后陆续批准了秦皇岛、烟台、青岛、宁波、湛江、天津、连云港、南通、福州、广州 10 个城市兴办经济技术开发区,随后又设立上海闵行经济技术开发区、虹桥经济技术开发区和漕河泾经济技术开发区。这样,中国的经济技术开发区已经达 14 个。

至此,中国初步形成了多层次、有重点、递进式的对外开放格局。

三、对外开放政策的深化发展

1992 年,邓小平发表了著名的南方谈话,科学地总结了中国共产党第十一届三中全会以来党的基本实践和基本经验,以一系列振聋发聩的新思想、新观点、新论断,从理论上深刻回答了长期困扰和束缚人们思想的许多重大认识问题,澄清了前进道路上的迷雾,促进了全党全国人民的又一次思想大解放。同年 10 月,中国共产党第十四次全国代表大会在北京召开,确定了中国经济体制改革的目标是建立社会主义市场经济体制。

理论上的创新带来了人们思想的解放,从而推动了实践的发展,中国掀起了新一轮对外开放的热潮。

第二节 改革开放后至"入世"前的中国对外贸易战略的演变

一、扩大出口的倾斜战略（1978—1991 年）

1978—1991 年,中国的对外贸易战略从极端的进口替代型贸易战略逐渐转向扩大出口的倾斜战略。在这一阶段,基于国内改革开放和经济发展的需要,中国集中对出口政策进行了一系列调整。为了鼓励出口,中国先后实施了贸易补贴、减免关税、出口退税、外汇留成等措施,极大地推动了中国的对外贸易发展。这一时期实行进口替代战略所依赖的名义高关税大幅度下降,高估的汇率政策也在 1994 年随着汇率并轨而得以部分校正。因此,在进口政策做出大幅调整的时候,由于出口鼓励政策起到了一定的"抵消性"作用,总的贸易战略逐步从进口替代战略向扩大出口的倾斜战略转变。

这一时期,中国的对外贸易战略表现出如下特征:一是实行相对开放和优惠的经济贸易政策,以鼓励出口。即通过比较有竞争力的制度环境吸引外商到中国投资,以此带动中国进出口的增长。二是汇率政策方面采取了鼓励出口的措施,具体表现为人民币汇率低估。三是产业政策上向出口行业倾斜。鼓励和扶持出口型产业,并进口相应技术设备,实施物资分配、税收和利率等优惠,组建出口生产体系;限制外资企业商品的内销;实行出口退税制度;建立进出口协调服务机制等。国内大部分资源流向出口行业,如机电、纺织、服装等行业。四是限制进口。对于进口仍采取相对严格的审批措施,同时通过关税、进口许可证、外汇管制、进口商品分类经营管理、国有贸易等措施实施进口限制。

1. 进口政策

1986 年 3 月,国务院《关于第七个五年计划的报告》提出,坚持把重点放在引进软件、先进技术和关键设备上,严格控制一般的加工设备和耐用消费品的进口。1990 年 12 月,《中共中央关于制定国民经济和社会发展十年规划和"八五"计划的建议》中再次重申了这个观点。

可见,该时期中国的进口主要围绕引进先进技术和关键设备展开,而对一般商品特别是消费品的进口则采取了严格控制的态度。

2. 出口政策

1981 年,国务院向第五届全国人民代表大会第四次会议所做的工作报告提出,增加出口是扩展对外贸易的关键。要根据中国的情况和国际市场的需要,发挥中国资源丰富的比较优势,增加矿产品和农副土特产品出口;发挥中国传统技艺精湛的优势,发展工艺美术和传统轻纺工业品的出口;发挥中国劳动力众多的优势,发展进料加工;发挥中国现有工业基础的作用,发展各种机电产品和多种有色金属、稀有金属加工产品的出口。

到了 20 世纪 80 年代后期,出口贸易战略发生较大调整。1986 年 3 月,第六届全国人大第四次会议《关于第七个五年计划的报告》提出了扩大外贸出口、创造更多外汇的四大基本战略,即提高出口商品质量、调整出口商品结构、改善出口商品的生产格局以及积极开拓国际市场。1991 年 3 月,第七届全国人大四次会议《关于国民经济和社会发展十年规划和第八个五年计划纲要的报告》又提出要把工作重点放在调整出口商品结构和提高产品质量上。今后的任务是要逐步实现第二个转变,即由粗加工制成品出口向精加工制成品出口转变,强调了机电产品、轻纺产品和高技术商品的出口。

3. 外汇政策

这一时期的人民币汇率制度大体可以划分为两个阶段:第一阶段是 1981—1984 年,人民币内部结算价与官方汇率双重汇率并存时期。1979 年 8 月,国务院决定改革中国现行的人民币汇率体制,除了继续保留对外公布的牌价适用于非贸易结算外,还决定制定适用于对外贸易的内部结算价,同时中央政府还采取了外汇留成方式来调动企业出口的积极性。

第二阶段是 1985—1993 年,取消内部结算价,进入官方汇率与外汇调剂市场汇率并存时期。从 1985 年 1 月 1 日起,中国取消内部结算价,重新实行单一汇率。在此期间,市场汇率(调剂汇率)随着市场外汇供求状况浮动,为官方汇率的调整方向提供重要的参考依据。同时,中央政府允许企业自主使用 50% 的留成外汇,企业出口创汇按规定比例上缴国家的部分,按官方汇率折算,企业留成部分可按市场汇率折算。这就形成了人民币汇率的官方价格和市场调节价格。

4. 外资政策

在改革开放初期,由于缺乏外汇和先进技术,中国引进外资强调的是推动出口和技术进步。比如,《国务院关于鼓励外商投资的规定》中就对外商投资企业中属于"产品出口企业"和"先进技术企业"的,在场地使用费、水、电、运输条件和通信设施、信贷资金、所得税、工商统一税、进口许可证等许多方面给予特别优惠。此外,中国在 20 世纪 80 年代后期提出的"两头在外,大进大出"的发展战略,以及"吸引'劳动力寻找型'外国直接投资,发展外向型经济"的号召,极大地激励了加工贸易的发展。

二、出口产业升级战略(1992—2001 年)

随着国家对贸易作用认识的不断提高和加入 WTO 步伐的日渐加快,市场开放的要求也在提高,从而带来外贸体制改革的进一步深化,国家对进口的控制强度减弱,这是市场化取向和对外贸易自由化的必然要求。随着价格改革的逐步到位、国内市场与国际市场的逐步接轨,中国出口不再以创造更多外汇为首要目的,而逐渐转向了促使国内比较优势的转变上。

1. 进口政策

这一时期中国的进口政策出现了重大调整,进口不再单纯围绕具有比较劣势的产品展开,而逐渐由"调剂型"向"发展型"转变。即从进口那些本国具有比较劣势的产品,以保证国民经济正常发展和人民生活正常供应的"调剂型",转向进口与整个国民经济发展战略相结合,以提高国内技术和产业水平,保证和促进国民经济全面发展的"发展型"转变。

具体而言,这一阶段进口政策的重大调整体现在三个方面:一是更加强调进口是为出口服务的理念,为出口而进口的物资更加针对有出口潜力的产品;二是进口更强调先进技术的引进而不是成套设备的引进;三是进口的重点虽然仍是围绕引进先进技术和关键设备展开,但对一般商品特别是消费品的进口已不再采取严格控制的态度。

2. 出口政策

这一时期国家对出口贸易的认识也有了较大的转变,出口不再以创造更多外汇为其首要目的,而逐渐转向了促使国内比较优势的转变上。促使国内比较优势的转变需要培养资本密集型出口产品的国际竞争力。因此,出口政策的重点就放在了改善出口商品结构、大力发展资本密集型产品的出口、制定有利于资本密集型产品出口的相关优惠政策上。

3. 外汇政策

1993 年 11 月 14 日,中国共产党第十四届三中全会通过的《中共中央关于建立社会主义市场经济体制若干问题的决定》中明确要求"改革外汇管理体制,建立以市场为基础的有管理的浮动汇率制度和统一规范的外汇市场,逐步使人民币成为可兑换的货币",为外汇管理体制的进一步改革明确了方向。

1994 年 1 月 1 日,人民币官方汇率与市场汇率并轨,实行以市场供求为基础的、单一的、有管理的浮动汇率制度。人民币汇率由市场供求形成,中国人民银行公布每日汇率,外汇买卖时允许在一定幅度内浮动。

此外,从 1994 年 1 月 1 日起,国家还取消各类外汇留成、上缴和额度管理制度,对境内机构经常项目下的外汇收支实行银行结汇和售汇制度,并建立起统一的、规范化的、有效率的外汇市场。

4. 外资政策

这一时期中国引进外资以促进国内产业结构的调整为主,开始了"以市场换技术"的引资战略阶段,鼓励外资更多地投入有市场前景的产业。

1992 年,在党的十四大报告中,中央提出要按照产业政策积极吸引外商直接投资;引导外资主要投向基础设施、基础产业和企业的技术改造,投向资金、技术密集型产业,适当投向金融、商业、旅游、房地产等领域。

1995 年,第八届全国人大第三次会议通过的《政府工作报告》表示,要把引进外资同调整产业结构和产品结构、提高技术水平和管理水平更好地结合起来,提高使用效益。

1997 年底,全国外资工作会议提出,应结合中国国民经济的战略调整,逐步改善和优化利用外资结构。

1998 年,中央经济工作会议上,主要由外资进行的加工贸易监管方案首次被写入文件,再次体现了国家对外资引进的有效引导和希望其带动国内相关产业发展的政策取向。

第三节　改革开放后至"入世"前的中国陶瓷贸易概况

近百年来,陶瓷以商品、展品、藏品、礼品、艺术品等形式成为我国对外贸易、国际合作、文化交流等活动的重要载体。1949—1978年是我国陶瓷贸易的恢复发展时期,这一时期由于基础工业建设薄弱,我国陶瓷生产还没有形成专业化分工和标准化生产,企业采取的是从原辅料粗加工开始直至烧成的"一条龙"式生产模式,这不仅使得企业生产管理负担过重,也制约了陶瓷工艺技术和产品质量的提升,陶瓷产品的国际竞争力较弱。这种状况在1978年改革开放以后得到了根本性的改变,我国陶瓷贸易进入快速发展时期。

1979年以后,随着改革开放的深入,我国陶瓷工业整体进入快速发展时期,反映在贸易领域的表现就是:大量引进国外先进技术与设备,合资及外资企业迅速发展,科技创新能力增强,新技术、新工艺、新设备、新产品层出不穷,各类产品产量及出口量迅速增加,产品出口和技术输出质量迅速提高,出口品种趋向齐全,新兴出口产区迅速发展,我国陶瓷产品的国际竞争力得到大幅度提升。

一、改革开放后至"入世"前的中国陶瓷贸易现状

1. 出口商品结构

出口品种不再局限于日用瓷及陈设艺术陶瓷,20世纪80年代以后,我国建筑陶瓷和卫生陶瓷开始大量出口,其数量逐渐超过进口数量。1993年,我国建筑陶瓷和卫生陶瓷产量双双跃居世界首位,并最终成为建筑陶瓷和卫生陶瓷的生产和出口大国。

表10-1　1981—1999年全国建筑陶瓷进出口情况表

年份	出口金额(万美元)	进口金额(万美元)	年份	出口金额(万美元)	进口金额(万美元)
1981	1484.86	122.53	1994	3344.5	3599.5
1982	1234.99	51.12	1995	5020.09	4780.44
1983	1081.01	507.77	1996	6883.66	3724.70
1991	4086.7	1408.6	1997	7922.94	4859.01
1992	3593.3	1776.1	1998	6819.59	2770.94
1993	2985.7	2755.1	1999	5815.73	1831.77

(数据来源:陈帆主编《中国陶瓷百年史:1911—2010》,化学工业出版社,2014年版。)

从表 10 - 1 中可以看出,1981—1999 年我国建筑陶瓷累计出口 50273.07 万美元,其中 1997 年出口金额最多,为 7922.94 万美元,约为 1983 年出口额的 7.33 倍;累计进口 28187.58 万美元,其中 1997 年进口额最多,为 4859.01 万美元,约为 1982 年进口额的 95.05 倍;累计进出口差额 22085.49 万美元,除 1994 年建筑陶瓷进口大于出口,逆差 255 万美元,其他年份均为出口大于进口,1998 年顺差额最大,为 4048.65 万美元。

表 10 - 2 1981—1999 年全国卫生陶瓷进出口情况表

年份	出口金额(万美元)	进口金额(万美元)	年份	出口金额(万美元)	进口金额(万美元)
1981	298.90	248.68	1994	340.8	3986.8
1982	272.23	403.85	1995	451.1	6017.2
1983	130.76	131.14	1996	661.61	3680.44
1991	1260.3	1752.8	1997	1328.31	1633.58
1992	1591.6	2176.9	1998	2416.65	1223.08
1993	455.8	3907.5	1999	3593.63	748.19

(数据来源:陈帆主编《中国陶瓷百年史:1911—2010》,化学工业出版社,2014 年版。)

从表 10 - 2 中可以看出,1981—1999 年我国卫生陶瓷累计出口 12801.69 万美元,其中 1999 年出口金额最多,为 3593.63 万美元,约为 1983 年出口额的 27.48 倍;累计进口 25910.16 万美元,其中 1994 年进口额最多,为 3986.8 万美元,约为 1983 年进口额的 30.4 倍;累计进出口差额 13108.47 万美元,除 1981 年外,1998 年以前我国卫生陶瓷一直是进口大于出口,其中 1995 年贸易逆差额最大,为 5566.1 万美元。1998 年后,我国卫生陶瓷出口才开始持续顺差。

2. 出口产区

我们以景德镇、广东为例来看着这一时期两个主要产区日用陶瓷的出口情况。景德镇的陶瓷外销主要是由江西省陶瓷销售公司来经营,也有部分企业通过海关自主出口。

表 10 - 3 1978—1999 年景德镇日用陶瓷出口情况表

年份	日用瓷实际出口量(万件)	日用瓷出口换汇额(万美元)	年份	日用瓷实际出口量(万件)	日用瓷出口换汇额(万美元)
1978	3904	1069	1989	8588	2701
1979	10407	2622	1990	9080	2820

续表 10 - 3

年份	日用瓷实际出口量（万件）	日用瓷出口换汇额（万美元）	年份	日用瓷实际出口量（万件）	日用瓷出口换汇额（万美元）
1980	9304	2815	1991	10083	3104
1981	10146	3015	1992	9055	2349
1982	9995	3103	1993	6313	2022
1983	7781	2220	1994	6369	2208
1984	6246	2002	1995	4387	1200
1985	7213	2005	1996	3191	1107
1986	10320	2505	1997	2901	1157
1987	10226	2606	1998	2735	1207
1988	8288	3003	1999	3152	1226

（数据来源：陈帆主编《中国陶瓷百年史：1911—2010》，化学工业出版社，2014 年版。）

从表 10 - 3 中可以看出，1978—1999 年景德镇日用陶瓷累计出口量 159684 万件，其中 1979、1981、1986、1987、1991 年出口量均突破亿件，1991 年后出口量下滑明显，1998 年仅出口 2735 万件，是这一时期的最低水平。而累计换汇额 48066 万美元，其中 1981、1982、1988、1991 年换汇额均突破 3000 万美元，1991 年后换汇额也下降明显。这表明 20 世纪 90 年代景德镇瓷业出口陷入困境。与此不同的是，这一时期广东陶瓷出口在全国的地位日益重要，这不仅源于其出口便利的地缘优势和侨乡优势，更源于其陶瓷业的超强创新能力。

表 10 - 4 广东主要年份日用陶瓷（含美术瓷）出口情况表

年份	出口量（亿件）	全国出口量（亿件）	占全国比例（%）	出口金额（亿元）	全国出口金额（亿元）	占全国比例（%）
1978	1.8855	6.29	29.97	0.2435	0.832	29.26
1980	2.1975	8.77	25.05	0.3314	1.4	23.67
1990	9.39	12.52	74.5	1.48	3.5	42.28
2000	10.98	70.79	15.57	8.57	16.78	51

（数据来源：陈帆主编《中国陶瓷百年史：1911—2010》，化学工业出版社，2014 年版。）

从表 10 - 4 中可以看出，改革开放后，广东日用瓷出口量和出口额整体呈上升趋势，其中出口量占全国比例从 1978 年的 29.97% 上升到 1990 年的

74.5%。20世纪90年代后,该比重有所下滑,但出口额占全国比重持续上升,从1978年的29.26%上升到2000年的51%,这反映出20世纪90年代后广东日用瓷的品质上升,单件换汇率提升较快。

5. 出口市场

改革开放后,在政府支持生产、促进出口的多项措施的扶持下,我国陶瓷产品已出口到140多个国家和地区,在国际市场的地位也不断提高。但是,当时我国陶瓷产品的国际市场还是主要集中在东南亚各国,在欧美市场所占市场份额很少。而从当时国际陶瓷市场分布来看,美国才是陶瓷产品消费量最大的市场,所以当时我国陶瓷业也是把美国市场作为我们国际市场开拓的重点。但美国消费者崇尚西欧产品,特别是英国骨质瓷,再加上美国政府为了防止东方瓷器大量涌入本国市场而采取了种种限制措施,这些都大大加大了中国陶瓷开拓美国市场的难度。而当时的欧洲市场开拓也困难重重,一方面是因为欧共体各成员国的陶瓷产品贸易主要集中在成员国内部进行,另一方面则是因为欧共体对我国陶瓷产品进口实行了配额限制,所以当时要扩大欧洲市场难度更大。

6. 国际合作与交流

改革开放后,国外先进技术装备的引进,外资、合资企业的进入,带动了我国陶瓷业的快速发展,这点在我国建筑卫生陶瓷领域表现得尤为明显。1983年,广东佛山市石湾利华装饰砖厂引进的年产30万平方米一次烧成彩釉砖生产线投产,这是国内第一条墙地砖全线引进线,随后掀起了建筑卫生陶瓷行业大规模引进生产线的高潮,大大提高了我国建陶工业工艺技术和装备的先进水平。另外,在全方位优惠政策的加持下,我国建筑卫生陶瓷业吸引了大量外资、外商与国内企业合作。最早进入我国建筑卫生陶瓷业的是美国标准公司,1984年中美合资的华美洁具有限公司在广东清远成立,1987年投产,之后更有众多的合资和外资企业跟进,一时间建筑卫生陶瓷企业中外合资浪潮风起云涌。外资、合资企业的进入,不仅带来了先进的装备和技术,还带来了新的经营管理理念和经验,更带动了行业的技术进步和发展。

二、改革开放后至"入世"前的中国陶瓷贸易存在的问题

改革开放后,我国陶瓷贸易发展迅速,但也存在一些问题。首先,产品质量不稳定,档次低,单件换汇率低。20世纪80年代末,我国日用陶瓷年出口数量达8亿多件,居世界第一位,但单件换汇率很低,居八大陶瓷出口国和地区之末,平均单价是法国的 9.55%、英国的 14.47%、意大利的 16.08%、德国的 56.9%。到了 20 世纪 90 年代,单件换汇率不升反降,1992 年我国出口陶瓷 14 亿多件,出口值 3 亿美元,单件换汇 21 美分;1993 年出口近 20 亿件,出口值反而降到 2.97 亿美元,单件换汇只有 14.8 美分。其次,产品不能适应国际市场特点。20 世纪 80 年代以来,发达国家流行以工艺美术陶瓷馈赠亲友,比如美国进口工艺美术瓷在进口陶瓷总额中占 48%,而我国陶瓷产品出口结构中工艺美术瓷的比重较少,仅占 12%。最后,当时我国外贸体制还不是很健全,出现了向国际市场大量低价倾销水货的现象,这不仅冲击了我国外贸主渠道和进口商的正常经营,也影响了中国陶瓷在国际市场的声誉。

复习与思考

1. 简述改革开放的背景。

2. 简述改革开放后至"入世"前的中国陶瓷贸易的出口市场。

3. 简述改革开放后至"入世"前的中国陶瓷贸易的主要产区。

4. 简述改革开放后至"入世"前的中国陶瓷贸易国际合作和交流情况。

5. 简述改革开放后至"入世"前的中国陶瓷贸易存在的主要问题。

第十一章 "入世"后的中国陶瓷贸易

【案例导入】

"入世"后我国瓷砖出口

一、我国瓷砖出口(2001—2018 年)

自 1985 年我国实行出口退税政策以来,陶瓷产品出口退税率已多次下调,分别是 2000 年从 17% 降至 15%、2003 年降至 13%、2006 年降至 8% 和 2007 年降至 5%。

1. 下调出口退税导致价格飙升

2007 年 7 月起,建筑陶瓷产品出口退税下调至 5%;而陶瓷产品所用的色釉料更是遭受当头一棒,其出口退税率由 13% 降至零,整个行业因此遭受很大打击。

2. 全球金融危机后出口退税率两次提高

2008 年,佛山陶瓷出口货值 13.1997 亿美元,增长 17%。当年下半年,全球金融危机爆发,出口断崖式下滑,国家迅速出台经济提振计划。

自 2009 年 4 月 1 日起,建筑陶瓷、卫生陶瓷税出口退税率提高到 9%,以帮助企业缓解出口困难。

而从 2010 年 6 月 1 日起,出口退税率再次上调到 13%。这相当于出口利润增加 4%,大大刺激了建筑陶瓷出口。

3. 反倾销与瓷砖出口

2001 年 8 月 6 日,印度对中国陶瓷企业立案调查,要求对中国陶瓷瓷砖片产品征收反倾销税。

2001 年 7 月,印度首先对我国抛光砖反倾销案展开调查,国内陶瓷企业应诉的只有一家,但仅有的一家企业却因为印度有关法规不具备应诉资格,结果使我国的陶瓷产品在印度被征收 247% 的高额关税。

2003 年,埃及对从我国进口的瓷器餐具采取反倾销措施,开始征收 305%

的关税,遗憾的是47天无一企业应诉。紧随而来,墨西哥、菲律宾发现了契机,相继对我国陶瓷实施反倾销措施。

2005年4月30日,韩国申请对原产自中国的瓷砖进行反倾销调查,国内9家陶瓷企业被抽样。

2006年3月27日,巴基斯坦国家关税委员会发布公告,对中国瓷砖发起反倾销调查。

2008年10月17日,印度商工部对原产于中国的瓷砖进行反倾销立案调查。

2009年12月3日,泰国对华陶瓷反倾销正式立案,佛山涉案企业多达百余家。

2010年6月19日,欧盟委员会正式发布公告,对中国出口欧盟的瓷砖启动反倾销调查,认定倾销幅度高达430%。从表面来看,欧盟有27国启动反倾销,但实际上,超过20个欧盟国家几乎没有瓷砖产业。

2013年1月2日,阿根廷决定对原产于中国、巴西和西班牙的陶瓷、大理石及玻璃制腰线开启反倾销调查。

2015年2月25日,哥伦比亚调查机关发布公告,对华瓷砖发起反倾销调查。

2015年5月8日,墨西哥对原产自中国的墙砖和地砖发起反倾销调查,涉案产品包括釉面和非釉面瓷砖。

2015年7月14日,应突尼斯国内企业申请,突尼斯对进口瓷砖进行保障措施立案调查。

4. 出口规模和价格

(1)佛山陶瓷出口规模及占比

2007年和2008年,佛山瓷砖出口总额占广东省陶瓷出口额的百分比稳定在83%左右。2009年佛山瓷砖出口额达17.22亿美元,占广东省陶瓷出口额跌落至77.6%,占全国的55%。

2010年,佛山瓷砖出口额22.92亿美元,同比增长33.68%,占全省的74.69%,占全国的52.28%。佛山瓷砖出口市场遍及201个国家和地区,成为全国乃至全球最大的建筑陶瓷生产和出口基地。

也是在2010年,6月19日,欧盟正式对中国瓷砖发动反倾销。2011年、

2012年,中国瓷砖出口欧盟降幅明显。

2012年,佛山陶瓷出口货值28.6亿美元,同比增长4.9%,仅次于空调,位居全国出口产品第二,但出口到欧盟的总货值同比下降了31.9%。

中国建筑卫生陶瓷协会发布的数据显示,到2012年,我国瓷砖出口10.86亿平方米,出口额63.52亿美元。同年,世界瓷砖贸易的总量约22亿平方米,中国出口瓷砖占国际市场贸易量的一半。

即便如此,我国瓷砖的出口仅占国内全年瓷砖总产量的12%左右,可见市场对外依存度并不高。而意大利、西班牙瓷砖出口超过50%,严重依赖出口市场。

(2)出口单价缓慢提升

2002年10月份召开的第92届广交会上,南海陶瓷企业生产的600 mm × 600 mm抛光砖仅卖2.85美元/平方米,而在欧洲,同样的抛光砖售价在20欧元以上。这就是说,中国瓷砖的出口单价仅仅是意大利的十分之一。

但此后,中国瓷砖出口单价还是在一路攀升。到2007年上半年,佛山陶瓷出口明显放缓,并创下2001年以来最小的增幅,出口平均单价为3.7美元/平方米,而2006年同期的价格为3.2美元/平方米。

2010年,佛山瓷砖出口平均单价达到4.44美元/平方米。2011年,佛山瓷砖出口平均单价4.69美元/每平方米,增长5.72%,是量增、价涨、平均单价升的一年。

2012年,佛山瓷砖出口平均单价为5.85美元/平方米,较2011年的4.69美元/平方米,增长了24.73%,继续量增、价涨、平均单价升。

2013年上半年,佛山瓷砖出口平均单价继续大幅度提升,达到6.93美元/平方米,较前一年增长1.08美元/平方米,增幅明显减缓。

5. 自主品牌与瓷砖出口(1985—2010)

东鹏的出口业务始于1999年,当时没有专门的出口部门,隶属石湾的一个出口组,只有一人负责。2000年公司成立出口组,但仅有2人,2002年才组建国际贸易部,才算真正意义上开启了国际化之路。

东鹏海外市场一直在走自主品牌道路。2004年3月,东鹏陶瓷在韩国开设了国外第一个专卖店,进行单一品牌产品销售。

2006年8月,东鹏出击欧洲,在意大利成功注册成立欧洲东鹏公司。

2007年2月,东鹏作为第一家进驻意大利建筑陶瓷核心产区萨索洛(Sassuolo)的中国建筑陶瓷企业,其展厅正式开张。当年,东鹏瓷砖出口额增长60%。

鹰牌1999年在新加坡上市,随即开启自主品牌出口历程。目前,鹰牌已在新加坡、约旦、西班牙、黎巴嫩、阿曼、泰国、韩国、英国等10多个国家和地区注册商标,并在新加坡等地建立了海外办事处。

全球金融危机之后的2010年,新明珠瓷砖出口比2008、2009年好很多。这个时候,管理层开始以自主品牌推广作为新明珠陶瓷集团考核出口部门业绩最重要的因素。因此,过去用OEM(代工、贴牌)方式做,且利润过低的单子就要放弃。

从2010年开始,新明珠提升OEM订单价格,从薪酬制度、业务奖励、产品研发、排产等各环节打出"组合拳",加大自主品牌在国际市场的推广力度。

为了更好地打造自主品牌形象,国外终端经销商的展厅设计装修,新明珠也亲自"操刀"。

在新明珠的带动下,一些大的外贸公司也出现了新变化,出口时捆绑有自主品牌企业产品。

到2017年,金意陶通过海外分公司、海外自主品牌运营两大模式发展出口,目前已经在斯里兰卡、孟加拉国、马来西亚、印度、澳大利亚、美国、泰国、日本、土耳其拥有了自己的专卖店。

二、下一个十年(2019—2029年)

在过去40年的发展历程中,2015年以前,中国瓷砖出口量与出口额基本呈稳步增长的态势。

中国建筑卫生陶瓷协会发布的数据显示,2007—2015年,中国瓷砖出口额从21.3亿美元飙升至83.3亿美元;平均价格由3.61美元/平方米上调至7.31美元/平方米。

不过,自2016年开始,中国瓷砖出口连续两年量价齐跌。这一年,中国瓷砖出口量为10.74亿平方米,同比下降5.7%;出口额55.3亿美元,同比减少33.6%。2017年出口量为8.21亿平方米,同比下降23.6%;出口额44.26亿美元,同比减少20%。

而更令人忧心的是,由于中国瓷砖多数以贴牌方式出口,因此平均单价普遍偏低,而且价格难以上调。比如,2015年的平均单价是7.31美元/平方米,而到 2017 年已经骤减至 5.39 美元/平方米。

因此,下一个十年,中国瓷砖出口必须告别"大规模 + 低价格"的贴牌模式,大力推动"品质 + 自主品牌"的运作模式,才有真正的出路。

(资料来源:《激荡 40 年·历史篇》,华夏陶瓷网,2018 年 9 月 20 日,有删改)

【学习目标】

通过本章学习,可以:

1. 了解 WTO 的相关知识。

2. 理解"入世"后我国日用和建筑陶瓷出口中存在的问题及未来发展方向。

3. 准确掌握"入世"后我国日用和建筑陶瓷出口现状。

第一节　新时期对外开放政策的调整

改革开放以来,中国通过融入经济全球化潮流,实现了以市场交换的方式获取全球资源,促进了经济持续高速发展。"入世"以后,中国对外开放的步伐进一步推进。

一、加入世界贸易组织对中国对外开放政策的影响

2001 年 12 月 11 日,中国正式成为世界贸易组织成员。它标志着中国对外开放进入了新的阶段,对外贸易战略和经济体制改革也面临新的突破。

中国在享受世界贸易组织提供的机遇的同时,也平等地承担 WTO 体系下的义务。世界贸易组织成员方的基本权利加大了中国对外开放的力度,实现了经济的高速增长,提高了中国政府的国际地位,使中国在国际政治、经济等领域中发挥着更加重要的作用。同时,世界贸易组织成员方的基本义务也对中国存在的问题提出了挑战,唯有积极主动地改革现有体制中的弊端,才能有效地提高国际竞争力,有力地推动中国国内全面的改革进程。

二、"一带一路"倡议

2013 年 9 月和 10 月,中国国家主席习近平在出访中亚和东南亚国家期间,先后提出共建"丝绸之路经济带"和"21 世纪海上丝绸之路"的重大倡议,得到

国际社会高度关注。2015 年 3 月,国家发展和改革委员会、外交部、商务部联合发布的《推动共建丝绸之路经济带和 21 世纪海上丝绸之路的愿景与行动》,对建设"丝绸之路经济带"和"21 世纪海上丝绸之路"的倡议构想进行了详细规划。丝绸之路经济带重点畅通中国经中亚、俄罗斯至欧洲(波罗的海)、中国经中亚、西亚至波斯湾、地中海,中国至东南亚、南亚、印度洋。21 世纪海上丝绸之路重点方向是从中国沿海港口过南海到印度洋,延伸至欧洲,以及从中国沿海港口过南海到南太平洋。

"一带一路"贯穿亚欧非大陆,一头是活跃的东亚经济圈,一头是发达的欧洲经济圈,中间广大腹地国家经济发展潜力巨大,能进一步巩固、扩大中国与中亚、东南亚以及更广大发展中国家和地区的互利合作,有利于全方位开放新格局的形成。

第二节　"入世"后的中国对外贸易战略

1998 年亚洲金融危机的爆发,使许多国家开始重新审视出口导向战略,从先前的绝对奉行变为后来的选择性调整。从贸易政策的导向性这一角度考虑,中国这一阶段实施的是融入全球贸易的战略,与上一阶段相比,这一阶段的贸易发展战略在内涵和特征上出现了新的调整,主要表现在:(1)在出口产品的结构方面,提倡"科教兴贸"战略,加大了对技术密集型产品的出口鼓励,在加入 WTO 以后,中国高新技术机电产品的出口明显上升。(2)在出口市场的结构方面,积极推行市场多元化战略,以期降低对美国等主要出口市场的依赖程度,削弱外来风险对中国经济的冲击。(3)顺应了国际分工在经济全球化下的新变化,加入了全球产品制造的生产链环节,参与国际贸易的方式从先前的成品出口转向现在的零部件出口,中国日益成为世界工厂。

1. 进口政策

这一阶段中国的进口政策基本继承了 1992—2001 年进口政策的总体思想,即继续将进口重点放在引进先进技术设备上。虽然这种政策取向曾给中国带来贸易的可持续发展和国内经济的快速增长,但其与经济发展不适应的一面也日益突出。所以为了实现贸易的协调和可持续发展,在中国人口、资源和环境关系日益紧张的今天,谋划和构建中国的基础原材料、基础能源等资源品的境外合作开发与进口储备战略显得尤为重要。

2. 出口政策

"十五"计划期间,中国的出口仍是以高能耗、低技术含量的工业品为主,服务贸易、技术贸易、高技术产品在出口中所占的比重很低。为了切实加强高技术产品在出口中的比重,在2004年召开的全国科技兴贸工作会议上,时任商务部副部长于广洲明确表示,全面提升出口商品的技术含量和附加值、不断优化出口商品结构是保持外贸持续发展的重要保证。根据中国高技术产业的发展现状和国际市场的需求变化,国家将重点支持信息技术(IT)产品、中医药、软件等12类高新技术产品的出口。

3. 外汇政策

长期以来,中国实施的是经常项下可兑换和资本项下部分可兑换的结售汇管理制度,其实施运行的结果是"外汇重集中储备,轻分流使用"。在加入世界贸易组织后不久,中国仍然沿用经常项下可兑换和资本项下部分可兑换的结售汇管理制度,这种制度实际上是贸易上"奖出限入"、资金上"宽进严出"思想观念的具体化,致使国际收支中的经常项目和资本项目长时期保持"双顺差",人民币的升值压力巨大。

为了促进国际收支的基本平衡,进一步培育外汇市场,支持贸易投资的便利化,中国人民银行于2005年频繁推出外汇管理政策,从改变汇率的形成机制入手,继而推出远期外汇交易和掉期交易、放松居民和企业持汇限制、调整银行头寸管理、实施人民币兑外币的做市商制度等,基本搭建起了外汇市场发展的大体框架。

2006年4月13日,中国人民银行发布公告,调整了6项外汇管理政策,包括:提高企业经常项目外汇账户限额;简化境内居民个人购汇手续,提高购汇限额;简化服务贸易售付汇凭证并放宽审核权限;拓展境内银行代客外汇境外理财业务;允许符合条件的基金管理公司等证券经营机构在一定额度内集合境内机构和个人自有外汇,用于在境外进行的包含股票在内的组合证券投资;拓展保险机构境外证券投资业务,允许符合条件的保险机构购汇投资于境外固定收益类产品及货币市场工具等。

4.外资政策

这一阶段的外资政策主要围绕两个方面展开:一是政策的制定力求符合世界贸易组织的要求;二是对外商投资的开放程度明显加大。

WTO 的《与贸易有关的投资措施协议》规定不得对外国投资者设立的企业有当地成分(含量)要求、外汇平衡要求。而中国涉及外商投资的"三法",即《中华人民共和国中外合资经营企业法》(1979 年颁布,1990、2001、2016 年 3 次修正,2020 年废止)、《中华人民共和国中外合作经营企业法》(1988 年颁布,2000—2017 年共 4 次修正,2020 年废止)、《中华人民共和国外资企业法》(1986 年颁布,2000、2016 年 2 次修正,2020 年废止),在修正之前,在这方面都有十分明确的规定。所以按照 WTO 的规则和中国在"入世"谈判中做出的承诺,对"三法"做出修改,将不符合 WTO 要求的条款全部取消。

此外,为了适应国民经济结构战略性调整的要求,2002 年 3 月 11 日,经国务院批准,国家计委、国家经贸委、外经贸部联合颁布了新的《外商投资产业指导目录》(以下简称《目录》)。新《目录》共分为鼓励、允许、限制、禁止四类,明显加大了对外商投资的开放程度:一是鼓励类由 186 条增加到 262 条,限制类由 112 条减少到 75 条;二是放宽外商投资的股比限制,如取消港口共用码头的中方控股要求;三是开放新投资领域,将原禁止外商投资的电信和燃气、热力、供排水等城市管网首次列为对外开放领域;四是进一步开放银行、保险、商业、外贸、旅游、电信、运输、会计、审计、法律等服务贸易领域;五是鼓励外商投资西部地区,放宽外商投资西部地区的股比和行业限制;六是发挥市场竞争机制作用,将一般工业产品划入允许类,通过竞争促进产业结构升级。

第三节　"入世"后的中国日用陶瓷贸易

日用陶瓷是指饮食用陶瓷,包括盘、碗、杯、碟等陶瓷制品,是人们日常生活中的必需品。相较于塑料、金属等日常用品,陶瓷器具具有更安全、卫生、耐热以及便于清洗等优点。在我国的海关税则中,日用陶瓷主要分布在海关税则号(HS)6911 项下——使用各种材质制成的瓷餐具、厨房器具及其他家用或盥洗用瓷器,以及海关税则号(HS)6912 项下——使用各种材质制成的陶餐具、厨房器具及其他家用或盥洗用陶器。

纵观世界陶瓷的生产历史,在传统手工作坊时期,东方胜西方,而在工业革命后,欧洲、日本等国家开始使用机械,西方超越东方。民国时期,一些民族工商业者在"振兴实业"的口号下进行改革,创办了一些新式陶瓷厂,取得一些进步。1949年后的三四十年间,我国陶瓷企业以国营为主,政府对陶瓷业进行组合、改造、恢复、振兴及发展,引进国外先进技术与装备,初步建立起较为完善的工业生产体系。改革开放以后,日用陶瓷是我国首批走出国门并获得国际市场广泛认可的大宗商品。20世纪末21世纪初,通过国营改制民营、市场开放,我国日用陶瓷生产达到或接近世界先进水平,成为全球最大的日用陶瓷生产国和贸易国,日用陶瓷产品远销全球各地。

一、"入世"后的中国日用陶瓷对外贸易总规模

1. 出口贸易规模

21世纪以来的20年,我国日用陶瓷出口额增幅惊人,但波动也较大。

表 11-1 2000—2020 年我国日用陶瓷出口规模统计表

年份	出口额(亿美元)	出口量(万吨)	年份	出口额(亿美元)	出口量(万吨)
2000	9.11	109.67	2011	26.96	178.44
2001	7.10	111.88	2012	27.42	164.51
2002	8.85	136.52	2013	27.15	149.08
2003	10.8	161.44	2014	49.41	188.23
2004	13.39	187.04	2015	70.66	202.01
2005	16.59	200.93	2016	53.83	190.13
2006	19.15	211.25	2017	58.51	207.23
2007	17.89	195.79	2018	63.37	
2008	18.42	171.89	2019	69.97	217.52
2009	19.42	162.58	2020	62.02	182.60
2010	19.77	189.25			

(数据来源:根据联合国贸易和发展会议官方网站数据编制。)

从表 11-1 可以看出,21世纪的前6年,我国日用陶瓷出口额增势稳定,从2000年的9.11亿美元增长到2006年的19.15亿美元;2007年受人民币升值、出口退税率下调、企业生产成本提高等因素影响,我国日用陶瓷出口出现年度负增长,出口额为17.89亿美元,同比下降6.6%。2008年至2011年,虽然受到国际金融危机爆发以及全球经济增速下滑等不利因素影响,我国日用陶瓷出口依然保持了一定的增长,出口金额分别为 18.42 亿美元、19.42 亿美元、19.77 亿美元、26.96 亿美元,同比增长率分别为 2.97%、5.4%、1.8%、36.4%。2012 年至 2013 年,我国日用陶瓷在国际市场接连遭遇来自美洲、欧洲和亚洲等十几个国家的反倾销调查,再加上欧债危机、人民币汇率升值和国际贸易壁垒加剧等因素影响,大量中小出口企业陷入困境,出口额出现小幅度下降;2014 年下半年,我国取消日用陶瓷出口法检,日用陶瓷出口额出现大幅增长,出口额从 2013 年的 27.15 亿美元增长到 2014 年的 49.41 亿美元,再到 2015 年的 70.66 亿美元,增幅惊人。这种异常增长的现象在 2016 年出现逆转,日用陶瓷出口额降至 53.83 亿美元,同比下降 23.8%。2017 年至 2019 年,虽然出口形势依然严峻,但也显现出一些积极的因素,我国的日用陶瓷在主要出口市场依然占有较大的市场占有率,对新兴市场出口增长较快。这三年,我国日用陶瓷出口增长稳定,出口额分别为 58.51 亿美元、63.37 亿美元、69.97 亿美元,同比增长率分别为 8.7%、8.3%、10.4%。2020 年,新冠肺炎疫情在全球的爆发对疲乏的世界经济产生灾难性的干扰,世界各国的贸易保护主义日趋严重,再加上国内生产要素成本费飙升,陶瓷出口面对的形势更加错综复杂,不容乐观。2020 年,我国日用陶瓷出口额下降至 62.02 亿美元,同比下降 11.4%。

2. 进口总规模

表 11-2　2000—2020 年我国日用陶瓷进口规模统计表

年份	进口额(百万美元)	进口量(千吨)	年份	进口额(百万美元)	进口量(千吨)
2000	2.26	1.33	2011	44.82	4.97
2001	2.32	1.58	2012	52.33	5.67
2002	2.49	1.30	2013	47.68	6.16
2003	2.72	1.38	2014	52.56	6.89
2004	4.09	2.11	2015	60.71	9.14
2005	6.11	1.93	2016	65.94	10.06
2006	7.58	2.14	2017	69.04	11.09
2007	10.89	2.96	2018	79.07	10.50
2008	16.56	3.28	2019	84.18	10.41
2009	16.53	4.36	2020	89.75	
2010	29.68	3.97			

(数据来源:根据联合国贸易和发展会议官方网站数据编制。)

在日用陶瓷进口方面,我国进口的日用陶瓷多为中高端产品,其中来自英国、意大利、日本、德国等地的瓷器居多。近几年,随着我国人民消费水平的提升,我国市场上对国外中高端日用陶瓷需求量上涨明显。从表 11 - 2 可以看出,近 20 年,我国日用陶瓷进口额增长惊人,从 2000 年的 226 万美元增长到 2020 年的 8975 万美元,增长了约 40 倍。2000 至 2003 年是我国日用陶瓷进口的低速发展阶段,年均增长率仅为 6.4%;2004 年至 2011 年为高速发展阶段,除了 2009 年出现轻微负增长外,其余年份年均增长率高达 50%;2012 年以后,我国日用陶瓷进口进入平稳发展阶段,除 2013 年出现 8.89% 的负增长外,其余年份进口额均有不同程度的增加。

二、"入世"后的中国日用陶瓷对外贸易地理方向

(一)"入世"后的中国日用陶瓷主要出口市场分布

表 11 - 3　2016 年我国日用陶瓷出口主要市场分布情况表

	地区/国别	出口额(亿美元)	出口占比(%)
	亚洲	283.33	43.80
	东盟	9.58	17.61
	中东	6.35	11.68
	非洲	4.23	7.77
	欧洲	11.73	21.57
	欧盟	10.39	19.10
	拉丁美洲	2.94	5.41
	北美洲	10.36	19.04
	大洋洲	1.31	2.41
1	美国	9.45	17.37
2	越南	4.70	8.64
3	英国	2.29	4.20
4	新加坡	1.93	3.54
5	德国	1.90	3.49
6	日本	1.35	2.48
7	马来西亚	1.31	2.40
8	沙特阿拉伯	1.23	2.25

续表 11 - 3

	地区/国别	出口额（亿美元）	出口占比（%）
9	荷兰	1.151	2.12
10	土耳其	1.147	2.11

（数据来源：根据中华人民共和国商务部官方网站数据编制。）

2016 年，我国日用陶瓷出口到全球 209 个国家和地区。从表 11 - 3 中可以看出，亚洲占我国日用陶瓷出口额的 43.8%，其中东盟和中东市场分别占 17.61% 和 11.68%；欧洲占我国日用陶瓷出口额的 21.57%，其中欧盟市场就占了 19.10%；北美洲、非洲、拉丁美洲和大洋洲分别占我国日用陶瓷出口额的 19.04%、7.77%、5.41%、2.41%。

而从国家看，我国日用陶瓷出口的前十大目的国依次是美国、越南、英国、新加坡、德国、日本、马来西亚、沙特阿拉伯、荷兰、土耳其，其出口额分别为 9.45 亿美元、4.70 亿美元、2.29 亿美元、1.93 亿美元、1.90 亿美元、1.35 亿美元、1.31 亿美元、1.23 亿美元、1.151 亿美元、1.147 亿美元，出口占比分别为 17.37%、8.64%、4.20%、3.54%、3.49%、2.48%、2.40%、2.25%、2.12%、2.11%。

（二）主要贸易伙伴的市场情况

我国是多个国家日用陶瓷最大进口来源地，2015 年占美国进口总额的 71.14%，占欧盟进口总额的 71.45%，占日本进口总额的 64.43%，占土耳其进口总额的 87.18%，占加拿大进口总额的 71.16%，占韩国进口总额的 43.95%。

1. 美国

（1）贸易规模

美国是全球最大的日用陶瓷进口国，也是我国出口陶瓷的最大贸易国。2020 年受新冠肺炎疫情的影响，美国日用陶瓷进口规模整体下滑，进口额为 12.28 亿美元，同比下降 20.09%。其中从中国进口日用陶瓷 9.44 亿美元，同比下降 19.76%，占美日用陶瓷进口总额的 76.89%；从葡萄牙进口 0.54 亿美元，同比下降 11.99%，占美日用陶瓷进口总额的 4.38%；从泰国进口 0.41 亿美元，同比下降 22.18%，占美日用陶瓷进口总额的 3.30%；从印度尼西亚进口 0.28 亿美元，同比下降 34.78%，占美日用陶瓷进口总额的 2.31%；从英国进口 0.19 亿美元，同比下降 44.78%，占美日用陶瓷进口总额的 1.58%。另外，美国的一些中高档餐厨具品牌,比如雷诺克斯以及 LIFETIME 旗下多个品牌也在中国长期贴牌生产。

(2)陶瓷市场

美国市场上货物的销售季节非常明确,每个季节都有一个商品换季的销售高潮,如果错过了销售季节,商品就要削价处理。美国大商场和超级市场的销售季节是:1—5 月为春季,9—10 为秋季,11—12 月为假期即圣诞节时期。美国是一个多民族的国家,其对陶瓷产品的需求也是多方位的。美国人有以陶瓷作为节日礼品的习惯,许多销售商纷纷借助圣诞节等传统节日来进行陶瓷产品的促销活动,圣诞节时期(11—12 月)的商品销售额一般占全年的 1/3 左右。此外,陶瓷还是常见的生日礼品和结婚礼品,品种有宝珠坛、彩盘、瓷雕、花瓶等陈设艺术瓷和酒具、茶具、咖啡具、餐具等日用瓷。同时,美国是一个经济发达国家,在美国市场上,按照对日用瓷的需求档次可以把消费者分为三个层次:一是收入高的富裕家庭,他们的购物场所是专卖高档货的大百货公司,他们选购的商品是高档商品;二是中产阶级生活家庭,他们的购物场所是一般百货商店,他们选购的商品是中档商品;三是占美国人口 15% 左右的收入较低的家庭,他们选购的陶瓷产品主要是小商店或地摊上出售的来自发展中国家的价格低廉的低档货。在美国市场上,高、中、低档货物差价很大,美国人最关心的是商品的质量,其次是包装,最后才是价格,并且美国商店普遍认真执行保修、保退和保换的服务方针,因此产品质量的优劣是能否进入美国市场的关键。美国主要行销马克杯、4 人用 16 头及 12 头日用餐具,以及各种散件包装产品。白瓷、炻瓷、裂纹釉、骨瓷等产品都在美国有较好的销量。美国人偏爱尺寸(容量)偏大、花面多样化、粗犷大胆、色彩鲜明的产品。

2. 欧盟

(1)贸易规模

欧盟是全球第二大日用陶瓷进口市场,2020 年进口额 9.55 亿美元,同比减少 24.76%。其中 67.41% 来自中国,进口额为 6.44 亿美元,同比减少 31.26%;7.38% 来自泰国,进口额为 0.70 亿美元,同比减少 32.61%;5.15% 来自土耳其,进口额为 0.49 亿美元,同比减少 30.41%;1.63% 来自孟加拉国,进口额为 0.16 亿美元,同比减少 30.61%。

(2)陶瓷市场

欧洲国家有关于数字、颜色、花卉及动物的许多忌讳,在国际场合忌用菊花、杜鹃花、石竹花、黄色的花献给客人,已成为惯例。另外,在我国被认为代表吉祥、喜庆、长寿的大象、孔雀、仙鹤等动物图案在一些西方国家有不好的寓意,被列为忌用名单。

尽管欧盟国家世俗化的趋势比较明显,宗教的影响日趋减弱,但是宗教传统对欧洲人价值观和文化习俗的影响依然存在。在与他们交往的过程中应该注意尊重他们的信仰,了解他们的禁忌。在产品的功能、器型和花色设计上,也要根据他们的生活和饮食习惯进行必要的调整。

另外,欧洲国家经历过17世纪对陶瓷的狂热,对高档陶瓷的消费有一定的传统。欧洲陶瓷企业经过上百年的培育,树立了一些具有较高国际知名度的陶瓷品牌,比如德国的罗森塔尔、迈森,丹麦的皇家哥本哈根,匈牙利的赫伦等。多数品牌在中国找到了适合贴牌生产的供应商,从而既弥补了欧洲劳动力不足的缺憾,又扩大了品牌的市场覆盖率。"宜家"是欧洲最大的日用陶瓷买家,这家连锁店对企业验厂和产品质量的要求十分严格。

3. 英国

(1)贸易规模

2020年,英国日用陶瓷进口额为2.98亿美元,同比减少17.91%。其中60.4%来自中国,进口额为1.8亿美元,同比减少16.28%;5.7%来自德国,进口额为0.17亿美元,同比减少5.56%;5.03%来自葡萄牙,进口额为0.15亿美元,同比减少21.05%;4.56%来自法国,进口额为0.14亿美元,同比减少24.66%;4.36%来自泰国,进口额为0.13亿美元,同比减少26.32%;2.68%来自意大利,进口额为0.08亿美元,同比减少17.79%。

(2)陶瓷市场

英国是世界设计领域具有权威性的国家,在英国政府着力倡导下,其设计理念在工业、商业、文化产业等各个领域都获得广泛应用。英国的设计者力图将审美性、艺术性、功能性、商品性等多种元素进行有机融合,传递出好的工业设计实际上是在倡导一种生活方式和生活态度。这特别体现在陶瓷领域,精益求精的设计过程,多元化的设计取材,富有美感和质感的产品感官,使得英国现代陶瓷制品在世界高端陶瓷市场领域占据了重要的位置。英国除大量出口陶瓷之外,也大量进口陶瓷,整个英国可谓充满陶瓷文化,从陶瓷艺术品装饰到陶瓷花瓶灯及精美实用陶瓷餐具,陶瓷渗透到英国人生活的方方面面。

英国人日常生活与陶瓷产品联系紧密。英国人很喜欢喝茶,英国红茶闻名遐迩,茶壶,糖盅,奶缸、装糖、咖啡、茶的密封罐,喝茶及咖啡用杯及杯碟等都是英国客商采购的主流产品。英国市场上的日用陶瓷产品以4人用配套(大餐碟、汤碟、汤碗、杯子各4个)或分开包装(12头加4个杯子)居多。在消费趋势上,英国人消费越来越个性,陶瓷产品由大配套往小配套及散件等方向发展。在设计上,玫瑰花设计在英国历久不衰,十分受消费者青睐。英国一些大百货店里往往可以发现很多中国日用陶瓷产品,按照人均计,英国应是中国瓷器进口大国。

英国商业活动非常活跃,消费的层次及个性很明显,大超市对设计非常重视,个性化而偏向保守,此外英国超市、商场的货物品种非常丰富。在英国,陶瓷产品可以说是琳琅满目,如何在市场中创造商机并吸引消费者的注意,是未来对于中国陶瓷企业最大的挑战。英国的陶瓷零售市场仍旧是以西式陶瓷产品为主,近年来东方特色的陶瓷商品亦受当地人喜爱。中国生产的陶瓷产品在英国市场享有盛名,消费者对瓷质洁白、造型优美、图案富有东方民族特色的中国产品颇为欣赏。因为配套完全适合普通四口之家,中国的18头茶具在英国已家喻户晓。中国陶瓷企业应该了解英国市场特点,引进具有新颖、前卫设计的陶瓷用品,给英国的陶瓷市场注入新的东方能量。由于近年来国际经济大环境不景气,英国民众的娱乐活动倾向于家庭活动,因此消费者在居家生活用品的花费支出增加,再加上英国民众到餐厅用餐的比例下降,在家中用餐机会增多,对于购买相关的陶瓷餐具的意愿相对提升,直接或间接刺激了陶瓷产品的市场消费。电商为英国陶瓷市场提供了新的交易方式。越来越多的消费者喜爱网络购物所带来的便利性,除了可以交互比价之外,还有许多的特价优惠,这些给英国的陶瓷制造商与零售业者提供了新的交易市场。中国陶瓷企业参加英国当地展会是进入英国市场的最好选择。通过参加英国贸易商展会,中国陶瓷设计有更多的机会站上国际舞台,为中国陶瓷产品拓展英国市场甚至是欧洲市场提供大量机会。

4.中东市场

(1)贸易规模

中东国家拥有丰富的石油资源,人口生育率较高,日用陶瓷购买力旺盛。

2020 年,我国向中东国家出口日用陶瓷额为 10.27 亿美元,占我国日用陶瓷出口总额的 16.55%。而土耳其、埃及等国有一定的日用陶瓷生产能力,并且长期以来坚持对中国日用陶瓷实施贸易救济措施。

(2)陶瓷市场

中东地区地理位置优越,承担着陶瓷产品转销东欧和非洲等地区的职责,因此中东的市场容量是巨大的。但是近几年,在中东地区,特别是迪拜,中国陶瓷产品出口却愈加艰难,这主要是因为价格竞争与垄断。中东地区的消费存在两个极端:一种是贵族式消费,关注的是陶瓷的品质,价格次要;另一种是廉价式消费,更关注价格,而忽视品质需求。而中国长期针对当地低端市场输出的陶瓷产品,价格低廉但质量有所欠缺,时间久了,当地消费者就将中国出口的陶瓷产品定性为低端廉价产品。价廉质低的产品形象严重阻碍中国往中东市场输出陶瓷,所以真正想要在中东市场取得长足的发展,我国陶瓷企业必须树立中国陶瓷的品牌,逐渐提升自身的档次与价位。

另外,随着 2010 年 1 月 1 日中国—东盟自由贸易区正式启动,中国与东盟国家的日用陶瓷贸易额迅速增长。2020 年菲律宾进口日用陶瓷 0.20 亿美元,其中 76.12% 来自中国;新加坡进口日用陶瓷 0.27 亿美元,其中 54.06% 来自中国;马来西亚进口日用陶瓷 0.52 亿美元,其中 82.66% 来自中国;泰国进口日用陶瓷 0.19 亿美元,其中 63.97% 来自中国。东盟国家不仅是我国日用陶瓷的重要市场,而且是我国陶瓷产业转移的主要受益国。

三、"入世"后的中国日用陶瓷出口的贸易方式

表 11 - 4 2000—2020 年我国日用陶瓷出口的主要贸易方式情况表

年份	一般贸易 (亿美元)	占比 (%)	进料加工 贸易 (亿美元)	占比 (%)	边境小额 贸易 (亿美元)	占比 (%)	其他贸易 (亿美元)	占比 (%)
2015	55.25	78.19			5.84	8.26	15.92	22.53
2016	36.71	68.20			5.45	10.12	10.7	19.88
2017	39.89	68.18	0.20	0.34	5.07	8.67	12.10	20.68
2018	43.57	68.75	0.29	0.46	3.89	6.14	12.71	20.06
2019	48.96	69.97	0.30	0.43	4.55	6.50	14.02	20.04
2020	43.13	69.54	0.19	0.31	3.19	5.14	13.88	22.38

(数据来源:根据海关官方网站数据编制。)

从表 11 - 4 中可以看出,一般贸易是我国日用陶瓷出口的主要方式,占其出口总额的 68% 以上,2020 年一般贸易出口日用陶瓷 43.13 亿美元,同比下降 11.9%,占比 69.54%;其他贸易方式居第二,占出口总额的 20% 左右,2020 年其他贸易方式出口日用陶瓷 13.88 亿美元,同比下降 1%,占比 22.38%;边境小额贸易居第三,占出口总额的 5% 至 10%,而且近几年这种贸易方式占比下降明显,2020 年边境小额贸易出口日用陶瓷 3.19 亿美元,同比下降 29.89%,占比 5.14%;我国日用陶瓷的加工贸易方式较少,其中进料加工微乎其微,可以忽略不计,进料加工贸易大约占其出口总额的 0.3%,2020 年进料加工贸易出口日用陶瓷 0.19 亿美元,同比下降 36.67%,占比 0.31%。

四、"入世"后的中国日用陶瓷主要的出口省(自治区)

表 11 - 5 2016 年我国日用陶瓷主要出口省(自治区)情况表

序号	省(自治区)	出口额(亿美元)	出口占比(%)	出口同比(%)
1	广东	19.28	35.82	-19.34
2	浙江	8.75	16.25	1.68
3	广西	5.02	9.33	-9.69
4	山东	3.20	5.94	-35.13
5	湖南	3.09	5.74	-4.18
6	福建	2.95	5.48	-18.14
7	新疆	2.41	4.48	-39.44
8	江西	1.74	3.23	-25.08
9	江苏	1.52	2.82	-26.87
10	河北	1.35	2.51	-7.47
合计		53.83	100.00	-23.82

(数据来源:根据中华人民共和国商务部官方网站数据编制。)

从表 11 - 5 可以看出,2016 年我国日用陶瓷出口排名前十的省(自治区)依次是广东、浙江、广西、山东、湖南、福建、新疆、江西、江苏、河北,出口额分别为 19.28 亿美元、8.75 亿美元、5.02 亿美元、3.20 亿美元、3.09 亿美元、2.95 亿美元、2.41 亿美元、1.74 亿美元、1.52 亿美元、1.35 亿美元,占我国日用陶瓷出口总额比重分别为 35.82%、16.25%、9.33%、5.94%、5.74%、5.48%、4.48%、3.23%、2.82%、2.51%。

其中,广东省的日用陶瓷出口一直保持在全国首位,所占比重也较大。早在唐代中期,广州西村、潮州生产的日用陶瓷就销往东南亚诸国,甚至远销印度、波斯(伊朗)、埃及等国。广东大埔、饶平的青花瓷器,广州彩瓷,潮汕彩瓷,石湾公仔,潮州佛像和观音,以及石湾"三煲"与园林陶瓷等都是著名的出口产品。1960 年以前,广东日用陶瓷出口外销以单件瓷为多,1964 年以后日用成套餐具逐渐增多。改革开放后,特别是 2001 年加入 WTO 以后,广东日用陶瓷出口以年均 15% 的速度增长,其出口量和出口额均占全国的 30% 至 40%。这不仅源于出口便利的地缘优势和侨乡优势,更源于广东日用陶瓷业的创新。

五、"入世"后的中国日用陶瓷出口存在的问题

我国日用陶瓷产业作为传统的劳动密集型产业,在改革开放后的 40 多年间获得了长足的发展。但随着国内资源配置发生变化,国外市场逐渐饱和,我国日用陶瓷出口也遇到不少的问题。

1. 平均出口单价不高

2000 年我国日用陶瓷平均出口单价为 0.38 美元/千克,而平均进口单价为 1.77 美元/千克。2010 年我国日用陶瓷平均出口单价为 1.05 美元/千克,而平均进口单价为 6.81 美元/千克。2019 年我国日用陶瓷平均出口单价为 3.22 美元/千克,而平均进口单价为 8.09 美元/千克。长期以来,在日用陶瓷贸易领域,我国的出口均价远远低于进口均价。造成平均出口单价不高这一现象的原因是多方面的。一方面是在国际市场激烈的竞争压力下,这是出口企业不得已的做法。由于外观、质量、规整度、器型、花面、包装等方面的不足,我国日用陶瓷在国际市场上缺乏竞争力,多为中低档产品,卖不出价,所以平均售价低。另一方面是由于国内日用陶瓷行业分布比较分散,低端产品供应过剩造成的。尤其在全球经济形势不好的情况下,国外市场的购买能力有降低的趋势,对低价低质产品的需求反而增加。平均进口单价相对较高主要是因为国内需求结构的变化,近年来随着我国人民消费水平的提升,我国市场上对国外中高端日用陶瓷的需求量上升较快,日用陶瓷进口多集中在国外的中高端产品之中,其中来自英国、意大利、日本、德国等地的瓷器居多。目前在国际市场上,我国日用陶瓷企业占据的市场主要是低端市场,高端市场上中国企业真可谓是凤毛麟角;而国内市场情形也类似,高档日用陶瓷大部分被国外企业占据。所以如何提升产品的档次、提高产品出口附加值、进攻中高端市场,成为我国日用陶瓷出口企业亟待解决的难题。

2. 知识产权保护难度大

加入 WTO 以后，面对国际市场的激烈竞争，我国日用陶瓷生产企业的设计研发水平确实取得了较大的进步，但行业分布散、企业数量多、发展水平参差不齐，对知识产权的保护意识也有强有弱，所以产品创新性不足、产权意识薄弱的问题仍普遍存在，国内企业之间由于人员的流动、订单分包或相互模仿抄袭引起的知识产权纠纷也时有发生。另外，国内的陶瓷企业因他人侵权受损失后，维权难度也较大，一方面是因为国内有关知识产权的法律体系还不够完善，另一方面是人情因素，因为侵权行为往往发生在熟人之间，这种状况大大打击了国内日用陶瓷企业创新的积极性。目前，国内知识产权保护意识薄弱，经营者容易相互模仿、抄袭，甚至引起恶性价格战，维权难度大成为困扰我国日用陶瓷出口企业的一大难题。

3. 企业转型升级所需人才不足

近年来，我国日用陶瓷企业努力通过转型升级来提升国际竞争力，有的企业引进了国外先进技术和自动化生产线，向中高端制造业转型；有的企业通过设立门店、海外分销机构和网店来接近消费者，向供应链下游转型；还有的企业通过先进的设计理念、精准的品牌市场定位和稳定的服务打造国际知名品牌，向中高端市场升级。但转型升级过程中人才缺乏一直阻碍企业前进的步伐、目标的实现。由于日用陶瓷主产地多数位于二、三线城市，因此人才储备不足，对高端人才的吸引力不强，人才流失现象严重。一些老产区人才断层问题也日益突出，年纪较大的老辈工匠即将退休，而新生力量又尚未成熟，培养人才、留住人才还需要一个过程。任何产业的发展都离不开一支高水平专业人才队伍的支持，我国日用陶瓷行业亦是如此。怎样培养、留住人才，为企业长远发展提供推动力，是国内日用陶瓷企业一直在探索的难题。

4. 多元发展与回归"工匠精神"的问题

近年来，日用陶瓷行业的竞争日趋白热化，投资回报率不断降低，尤其是2008 年遭遇全球金融危机之后，国内外市场的低迷对企业的考验愈加严峻，同时也有来自其他行业投资的诱惑。有些企业抓住了机遇，多元化发展，逐渐成长为涵盖多个产业的企业集团，但也有不少企业投资失败，一蹶不振。所以国内陶瓷企业到底是应该专注本业，深挖"工匠精神"，还是应该追求多元化发展，向其他产业延伸,提升企业的盈利能力,在行业内部是一直存在着争议的,这就要看企业家能力的大小和资源的多寡。但可以肯定的是,过去那种简单的复制和粗放型的成长已经不适合日用陶瓷行业,企业只有找到和发挥自己的长处,精细化管理,注重产品研发和先进装备的引进,并努力获得更多资源以适应市场和外部环境的变化,才能立于不败之地。

六、对我国日用陶瓷企业未来发展的一些建议

在愈加激烈的国内外市场竞争面前,我国日用陶瓷企业要走持续发展的道路,可以从以下几个方面努力:

一是要实施品牌战略,提升产品附加值。

"薄利多销"的理念让中国日用陶瓷快速走出国门,占据国际市场,但是这种做法也引起我国产品在国外市场屡遭反倾销调查和惩罚性措施。近几年劳动力成本优势逐步弱化,"价廉质低"的国际形象严重阻碍高端市场的开拓,单纯的价格竞争之路必然走向尽头。未来,中国日用陶瓷要提高"身价",就要坚定地实施品牌战略,培育和打造享誉世界的中国陶瓷名牌。稳定的质量、准确的市场定位、顺畅的销售渠道、良好的服务才是我国日用陶瓷企业锲而不舍努力的目标。

二是要加大产品研发力度,提高技术装备水平。

实现窑炉温度数字化控制,开发利用各种节能减排措施;引进自动化或半自动化设备,提高劳动生产率;改善配方和制作工艺,提高釉面质量,增强产品的热稳定性;丰富颜料和花纸品种,大力促进新装饰方法的应用和装饰新材料的开发;降低产品的重金属溶出量。

三是加快培植核心竞争力。

一要以技术为核心,提升产品附加值;二要利用和发挥人才优势,建立一支高素质的科研队伍和经营管理队伍;三要将陶瓷产品与优秀传统文化和时代审美完美结合,走文化陶瓷、特色陶瓷、效益陶瓷之路,提高中国陶瓷整体的质量与品位,提升产品的国际竞争力。

四是积极开展跨境电商。

跨境电子商务是近几年来发展最为快速的贸易方式之一。与传统方式相比较,交易方式从线下转为线上,外贸订单小而散,所以更需要企业做好市场调查,随时掌握已销售产品的反馈信息,并据此调整产品开发的方向和销售的节奏。

第四节 "入世"后的中国建筑陶瓷贸易

建筑陶瓷是指由黏土、长石和石英为主要原料,经成型、烧成等工艺处理,用于装饰、构建与保护建筑物、构筑物的板状或块状陶瓷制品。它包括陶瓷内外墙砖、地砖,琉璃瓦等建筑琉璃制品,各种饰面瓦,各种陶瓷庭院砖、道路砖等。因为自 2017 年 1 月 1 日起,HS 编码中陶瓷砖不分未上釉陶瓷砖和上釉陶瓷砖,所以涉及陶瓷砖出口数据,2017 年以前建筑陶瓷主要分布在海关税则号(HS)6907 项和 6908 项,而 2017 年以后建筑陶瓷仅分布在海关税则号(HS)6907 项。

从 2001 年正式加入 WTO 以来,国际经济贸易形势不断发生着复杂而深刻的变化。近年来,受国际金融危机以及全球经济增速放缓和欧盟等国家反倾销调查等因素的制约,我国建筑陶瓷产品的出口受到严重的影响。在目前国际建筑陶瓷产业不断调整的背景下,我国建筑陶瓷产业也在进行着产业升级与改造,以提高产业综合优势。

一、"入世"后的中国建筑陶瓷对外贸易总规模

1. 出口贸易规模

表 11-6 2000—2020 年我国建筑陶瓷出口规模统计表

年份	出口额（亿美元）	同比（%）	出口量（万吨）	年份	出口额（亿美元）	同比（%）	出口量（万吨）
2000	0.77		20.54	2011	47.64	23.7	1677.94
2001	1.55	101.3	42.25	2012	63.51	33.3	1788.14
2002	3.25	109.7	85.62	2013	78.92	24.3	1882.06
2003	5.22	60.6	114.52	2014	77.18	-2.2	1843.75
2004	8.40	60.9	203.77	2015	83.25	7.9	1850.93
2005	12.05	43.5	293.07	2016	55.11	-33.8	1729.78
2006	17.09	41.8	415.43	2017	44.48	-19.3	1599.35
2007	21.31	24.7		2018	44.36	-0.3	
2008	27.12	27.3	480.74	2019	45.55	2.7	1357.29
2009	28.62	5.5	489.61	2020	41.11	-9.7	1099.07
2010	38.50	34.5	1427.47				

（数据来源:根据联合国贸易和发展会议官方网站数据编制。）

　　从表 11-6 中可以看出,我国的建筑陶瓷出口,自 2000 年迎来提速期,不论是出口量还是出口额,都得到了极大的提升,2001 年和 2002 年的出口额甚至分别实现了 101.3% 和 109.7% 的增长。2004 年我国建筑陶瓷出口额达 8.40 亿美元,占全国建材出口额的 10.35%,成为当年中国建材产业出口增幅最大的行业,同时也是建材产业出口创汇额最高的行业。2005 年,我国建筑陶瓷出口量为 293.07 万吨,跃居世界首位,确认了世界建筑陶瓷制造中心和出口大国的地位。2006 年我国建筑陶瓷出口额为 17.09 亿美元,占全部陶瓷出口的 28.04%,是我国第二大类陶瓷出口产品,其所占比重也进一步上升;出口额同比增长 41.8%,是所有陶瓷中增速最快的,对拉动我国陶瓷出口整体增长起到了重要的作用。2007 年开始,我国建筑陶瓷的出口环境不容乐观,出口额增速下降至 24.7%,这主要是因为自 2001 年我国抛光砖首次遭遇印度反倾销调查后,墨西哥、菲律宾、埃及、韩国、土耳其、巴基斯坦等国也相继对我国建筑陶瓷砖发起反倾销调查或特保调查,并最终征收(临时)高额关税,给我国建筑陶瓷出口带来了很大损失,同时也使我们丧失了部分很有竞争力的市场。2008 年全国建筑陶瓷出口 480.74 万吨,约占世界建筑陶瓷贸易量的 30%,出口额为 27.12 亿美元,同比增长 27.3%。2009 年受全球经济低迷的影响,我国建筑陶瓷出口额在 21 世纪后第一次未达到两位数增长,仅同比增长 5.5%。2010 年建筑陶瓷出口额为 38.5 亿美元,相对 2009 年的 28.62 亿美元,同比增长 34.5%,建筑陶瓷出口额的大幅度增长,与全球经济复苏有关,但这一年我国建筑陶瓷产业也遭遇到有史以来最大规模的反倾销诉讼,一边涉及欧盟 27 国,另一边涉案企业几乎涵盖国内所有知名陶瓷企业,其中 80% 来自广东。因此不少媒体夸大欧盟对中国建筑陶瓷出口反倾销影响,认为将重创我国陶瓷砖产品出口,但数据证明,2011 至 2013 年,中国建筑陶瓷出口仍旧全面增长,出口额分别为 47.64 亿美元、63.51 亿美元、78.92 亿美元,同比分别增长 23.7%、33.3%、24.3%,其中沙特、美国、韩国仍是我国建筑陶瓷砖出口的三大目的国,都出现较大增长,对印度、巴西等地的出口增长,使得印度成为我国建筑陶瓷砖出口的第四大目的国,巴西成为第六大目的国。这种增长势头一直持续到 2013 年,直到 2014 年,我国陶瓷砖出口量与出口额再现负增长,分别下降 2% 和 2.2%。2015 年,欧、美、日等发达国家经济逐渐复苏,尤其是美国市场复苏势头较为强劲,我国建筑陶瓷行业的出口态势好于 2014 年,建筑陶瓷出口金额达到 83.25

亿美元,增长 7.9%。2016 年至 2018 年,我国陶瓷砖出口量和出口额再度出现双降,出口额分别为 55.11 亿美元、44.48 亿美元、44.36 亿美元,同比下降 33.8%、19.3%、0.3%。造成出口市场出现持续低迷态势的原因是多方面的:一是随着我国瓷砖产品技术、制造装备与生产方式大量输出,在中东、东南亚、非洲等地区"培养"出大批有力的竞争对手;二是许多原来的主要市场对我国瓷砖进行反倾销;三是国内节能环保压力逐渐增大,不少出口型企业被迫停产或减少出口;四是随人口红利消失、供给侧改革带来的原材料价格上涨,我国制造成本大幅上涨;五是除美元和人民币坚挺外,大多数的外币大幅贬值。2019 年,在国内外复杂多变因素的影响下,我国建筑陶瓷出口总体形势呈现逆势增长,出口额为 45.55 亿美元,同比增长 2.7%。2020 年受新冠肺炎疫情的影响,大量外贸订单被取消或推迟,建筑陶瓷出口额再次出现负增长,出口额为 41.11 亿美元,下降 9.7%。

2. 进口贸易规模

表 11-7　2000—2020 年我国建筑陶瓷进口规模统计表

年份	进口额（百万美元）	同比（%）	进口量（万吨）	年份	进口额（百万美元）	同比（%）	进口量（万吨）
2000	16.35		4.09	2011	92.96	28.4	9.47
2001	11.76	−28.1	3.05	2012	77.08	−17.1	7.96
2002	12.33	4.8	3.15	2013	80.71	4.7	7.63
2003	12.64	2.5	3.03	2014	92.49	14.6	7.98
2004	15.37	21.6	3.51	2015	87.44	−5.5	8.67
2005	20.29	32.0	4.65	2016	88.94	1.7	9.58
2006	27.86	37.3	6.39	2017	126.42	42.1	12.08
2007	48.68	74.7	11.15	2018	148.55	17.5	11.42
2008	49.56	1.8	10.39	2019	165.34	11.3	12.78
2009	52.67	6.3	9.42	2020	153.43	−7.2	11.53
2010	72.40	37.5	7.81				

（数据来源:根据联合国贸易和发展会议官方网站数据编制。）

从表 11-7 中可以看出,2001 年我国建筑陶瓷进口额为 1176 万美元,同比下降 28.1%。2001 年至 2011 年,我国建筑陶瓷进口额一直呈现持续上涨的趋势,除个别年份外,大多保持两位数的增长速度;但进口量从 2008 年开始有下滑趋势,说明这几年进口量虽下降,但进口平均价格上涨明显。2012 年我国建筑陶瓷进口额下跌至 7708 万美元,同比下降 17.1%。2013 年至 2014 年,进口额再次呈上升趋势,进口额分别为 8071 万美元、9249 万美元,同比分别增长 4.7%、14.6%。2015 年进口额再次下滑,下降 5.5%。2016 年至 2019 年进口额持续增长,2017 年进口瓷砖更是实现了大爆发,进口额首度突破了亿美元大关,达到了 1.26 亿美元。2020 年,我国建筑陶瓷进口额为 1.53 亿美元,其中从欧盟进口占比为 30%,进口总额排名第一;排名第二的是日韩,占比 29%。近年来,我国的建筑陶瓷产品主要从欧盟和日韩进口,欧盟中意大利和西班牙的比重最大。这是由于意大利和西班牙的建筑陶瓷行业在全球发展的历史悠久且以高质量、高"颜值"闻名,我国主要进口国外中高端的建筑陶瓷产品,意大利和西班牙的建筑陶瓷产品充分地满足了我国个性化消费,国内消费升级引发对中高端产品的需求不断上涨。

二、"入世"后的中国建筑陶瓷对外贸易地理方向

表 11 - 8   2017 年和 2020 年我国建筑陶瓷出口主要国家情况

国别	2017		2020	
	出口额(亿美元)	占比(%)	出口额(亿美元)	占比(%)
越南	3.04	6.83	4.83	11.75
菲律宾	2.97	6.68	3.50	8.51
美国	3.74	8.41	0.37	0.9
韩国	2.58	5.80	2.26	5.50
印度尼西亚	2.44	5.49	1.82	4.43
泰国	1.69	3.80	1.68	4.09
澳大利亚	1.55	3.48	1.61	3.92
柬埔寨	1.18	2.65	1.80	4.38
沙特阿拉伯	1.22	2.74	0.86	2.09
阿联酋	1.20	2.70	0.70	1.7

(数据来源:根据联合国贸易和发展会议官方网站数据编制。)

我国建筑陶瓷的主要目标市场在亚洲地区;中东地区和中国—东盟自由贸

易区也占有很大的市场份额;同时我国的建筑陶瓷在非洲、南美洲、大洋洲也具有一定的市场。从表中可以看出,2017年我国建筑陶瓷出口的前三个国家是美国、越南、菲律宾,其中对美国出口额为3.74亿美元,占比8.41%;对越南出口额为3.04亿美元,占比6.83%;对菲律宾出口额为2.97亿美元,占比6.68%。而2020年我国建筑陶瓷出口的前三个国家是越南、菲律宾、韩国,其中对越南出口额为4.83亿美元,占比11.75%,出口额和占比与2017年相比都有所增长,跃居第一位;对菲律宾出口额为3.50亿美元,占比8.51%,排名第二;对韩国出口额为2.26亿美元,占比5.5%,虽然出口额和占比与2017年相比都有所减少,但因对美出口额的急剧下滑,所以韩国位居第三位。

三、"入世"后的中国日用陶瓷主要出口的省(自治区)

从图11-1可以看出,2020年,我国建筑陶瓷出口省(自治区)中,排名前三的分别是广东、福建、广西,其中广东省一直是我国瓷砖第一出口大省,出口额为16.8亿美元,占比41%;其次是福建省,出口额为8.2亿美元,占比20%;广西壮族自治区作为新兴产区,出口额为3.6亿美元,占比达到8.8%。这三个省(自治区)总共约占全国出口额的70%。

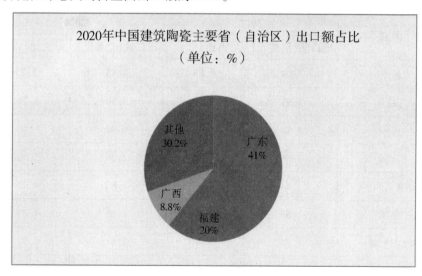

图11-1 2020年我国建筑陶瓷主要省(自治区)出口额占比图

(数据来源:根据海关官方网站数据编制。)

四、"入世"后的中国建筑陶瓷出口存在的问题

近几年欧盟对中国瓷砖开展反倾销调查,而且欧盟中的意大利、西班牙是陶瓷砖生产大国,从而导致我国向欧洲国家出口的数量较小。从产品上看,未上釉陶瓷砖更多向东南亚国家出口,美国、韩国等国家更青睐于上釉陶瓷砖。从出口平均价格来看,上釉陶瓷砖要高于未上釉陶瓷砖,出口美国、韩国、新加坡等国家的平均价格要高于其他国家。

加入 WTO 以后,我国建筑陶瓷出口经历了较长时间的快速增长,除 2009年外,均保持着两位数的增长势头,2014 年开始出现小幅下滑,2016 年出口额更是大幅下滑。受国际和国内多方面因素的影响,近几年,我国建筑陶瓷出口额下滑将呈现出一种"新常态"。当前,我国建筑陶瓷出口面临着来自国内外的多方面挑战。

从国外市场来看,一是国际金融危机后的国际经济复苏缓慢,尤其是 2020年新冠肺炎疫情全球大爆发后,我国建筑陶瓷出口面临着前所未有的严峻形势。二是国外对我国建筑陶瓷产品的反倾销接连不断。欧盟从 2010 年起,开始对原产于我国的陶瓷产品进行反倾销立案调查,并于 2011 年征收反倾销税。印度、墨西哥、哥伦比亚等国近几年也开始对我国陶瓷产品进行反倾销立案调查,这使得我国建筑陶瓷出口愈加艰难。三是国外新兴市场的陶瓷企业的建立。近几年,印度、越南、埃及等国家纷纷建设投产,极大满足了本国及周边国家的瓷砖需求,使得我国建筑陶瓷的新兴出口市场不断缩水。四是非关税贸易壁垒等贸易保护主义抬头,导致贸易风险日益加剧。

而国内市场面临的挑战主要有:一是我国建筑陶瓷产能过剩,国内价格竞争激烈。一方面,部分企业为了使产销平衡而降低出口价格;另一方面,部分濒临倒闭的企业让特价陶瓷砖涌入出口市场,拉低了出口产品的价格。二是具备较强创新能力和技术研发能力的建筑陶瓷企业较少,大部分企业还是以模仿为主,缺乏核心竞争力,产品同质化严重,导致市场竞争激烈。三是受国内节能环保压力影响,部分陶瓷企业需要在整改后才能开工。四是我国的人口红利正在逐渐消减,各种能源和原料等成本增加。

五、对我国建筑陶瓷企业未来发展的一些建议

当前,虽然我国建筑陶瓷出口面临着各种挑战,同时自身也存在产能过剩、产业结构不平衡等诸多问题,但不能忽视我国建筑陶瓷其他显著优势。如我国产量和出口量居世界首位,劳动力资源丰富,具有诸如广东佛山、山东淄博、江西高安、福建晋江等规模性建筑陶瓷产区,产品价格竞争力强。因此,在充分发挥自身优势的前提下,努力加强产品设计,提高产品质量,以市场和消费者需求为导向,我国建筑陶瓷出口又将呈现新的盛景。

一要加强品牌建设。我国建筑陶瓷产品相对于意大利、西班牙等国家产品的品牌影响力明显不足,享誉中外的著名或知名产品品牌凤毛麟角。当今世界市场竞争格局最终归结到"品牌"之争,我国建筑陶瓷企业必须以市场为导向、以用户为中心,开展科学、系统的品牌规划和实施战略,以品牌价值和品质价值占领市场。而对于中国陶瓷砖国际地位与竞争力提升来说,创新是至关重要的,只有不断创新,才能形成自己不可替代的竞争力,才能立于不败之地。

二要转变生产方式,提高产品质量。我国建筑陶瓷企业技术创新能力不强,缺少自主知识产权的技术和产品是普遍存在的问题,从而导致建筑陶瓷产品同质化现象严重。因此,提高我国建筑陶瓷产品的质量,就要加强自主创新能力。企业要通过不断加大研发投入和人才培养,产品推陈出新,逐步提高产品的附加价值,向中高端转型升级,才能造就依靠规模优势向依靠技术优势转化的新局面。

三要努力开拓新兴市场。市场开拓是我国建筑陶瓷出口的基础。虽然我国建筑陶瓷出口市场多元化的局面正在形成,但是仍然没有完全摆脱主要市场集中于东亚、美国等少数地区和国家的现状。面对出口市场相对集中带来的问题和弊端,实施市场多元化战略已成为当务之急。因此,建筑陶瓷企业和我国政府相关机构,应加强国际建筑陶瓷市场的调研和引导,掌握不同地区、不同国家建筑陶瓷市场的特点和需求差异,有目的地改进产品和营销方法,扩大出口。

四要增强出口预警,加强应变能力。近年来,我国建筑陶瓷产品在欧盟成员国、印度和部分新兴市场不断遭遇技术性或非技术性贸易壁垒,一定程度上影响了我国建筑陶瓷产品的出口。针对这样的问题,一方面,应从政府层面加强风险预警的评估和发布,及时发布相关国家和地区的政策法规最新变化,同时推动我国与世界各国的标准、认证的合作互认;另一方面,出口企业也应积极及时掌握各贸易国的技术壁垒政策,掌握贸易国相关技术、质量、能效、环保、标签等技术标准及法规变更,以及有关认证制度,并以此作为产品生产和改进的依据。同时,建筑陶瓷企业也要在设计、生产、检测等环节严格把关,提高产品质量。另外,一旦遇到贸易壁垒,出口企业也应积极应对,依法依规维护自身合法权益。

复习与思考

1. 什么是 WTO？

2. 中国日用陶瓷的主要出口市场有哪些？

3. 中国日用陶瓷出口遇到了哪些问题？

4. 中国建筑陶瓷的主要出口市场有哪些？

5. 中国建筑陶瓷出口遇到了哪些问题？

第三篇　中国陶瓷贸易的专题讨论

　　近年来,中国陶瓷行业技术水平明显提升。大型高效节能窑炉、抛光砖和大规格建筑陶瓷薄板生产技术达到世界先进水平,节水型卫生陶瓷生产技术等日趋完善并推广。产业结构明显优化,产品结构由中低档为主向高、中、低档全面发展,满足不同层次消费需求。产业集群化发展,形成了30余个各具特色的陶瓷产区,中西部地区陶瓷产业迅速崛起。一大批有实力的企业快速成长,加快了与国际接轨的步伐,在国际市场中地位有所提升。但是国际贸易保护主义的重新抬头,给国际陶瓷贸易带来新的挑战,国内陶瓷企业必须加快结构调整、技术进步,积极应对市场新形势。

第十二章　技术性贸易壁垒与中国陶瓷贸易

【案例导入】

疏通创新产品出口堵点　广东陶瓷出口逆势增长

我国是陶瓷产品生产和出口大国。近年来，为帮助出口陶瓷生产企业积极应对国外技术性贸易措施，广州海关充分发挥中华人民共和国 WTO/TBT-SPS 国家通报咨询中心陶瓷产品技术性贸易措施研究评议基地（以下简称"陶瓷评议基地"）的作用，依托海关实验室技术优势，引导企业创新发展，实现陶瓷出口逆势增长。

疏通创新产品出口堵点

这两年，突如其来的疫情使全世界民众的健康意识不断提升。针对国际市场健康产业热点，佛山市三水宏源陶瓷企业有限公司新研发出具有抗菌、空气净化等新功能的陶瓷产品。

"创新产品做出来了，市场推广却受阻。由于功能比较新，没有合适的检测方法去评价新产品，出口海外比较难。"据宏源陶瓷企业有限公司经理介绍，抗菌陶瓷属于创新型功能建材，在市场推广过程中需要通过检测认证等方式，逐步建立海外消费者的信任感。

不仅是宏源陶瓷，在有着"南国陶都"之称的佛山市，广东东鹏陶瓷股份有限公司、蒙娜丽莎集团有限公司等陶瓷龙头企业也遇到了相似的烦恼。

佛山是全国规模最大、产业链发育最完善的建筑卫生陶瓷产业集群区之一，云集了全国 90% 以上的知名建筑卫生陶瓷品牌，建筑卫生陶瓷产量占全国 50% 以上，出口到全球 200 多个国家和地区。

在目前建筑卫生陶瓷国外市场竞争激烈、渐趋饱和的情况下，一些企业走上创新道路，积极研究开发抗菌陶瓷、负离子陶瓷、去甲醛陶瓷等功能陶瓷产品。

了解到企业创新产品的需求和出口堵点后，广州海关依托所属佛山海关综合技术中心国家建筑卫生陶瓷检测重点实验室技术能力,对此类创新产品开展检测技术研究,将抗菌陶瓷、负离子陶瓷、去甲醛陶瓷等各类功能陶瓷产品都纳入检测服务范围,开展专业评价,出具相关检测认证报告,帮助企业有效消除海外客商及消费者疑虑。

打破陶瓷产品出口藩篱

广州海关依托陶瓷评议基地,在积极引导和培育企业成为主动应对技术性贸易措施第一主体的同时,建立起一套独具特色的技术性贸易措施工作机制,在信息收集、通报评议和成果转化等方面取得显著成效。

检测认证是出口陶瓷生产企业遭遇最多的技术性贸易措施,烦琐而严苛的认证要求令企业头痛不已,国外检测机构开展检测认证的高昂费用也让国内企业望而却步。

广州海关实验室以获得国外政府部门认可为突破口,从新兴国家、中小国家和发展中国家入手,相继成功成为马来西亚、菲律宾、沙特阿拉伯等国家政府部门指定的检测机构。

广州海关还积极为企业提供检测认证"一站式"公共技术服务。一季度,共为全国255家陶瓷及建材企业提供公共技术服务1348批次,向中小企业提供免费和优惠检测850批次,减免检测费用约211万元,为17家企业出具证书81份。

在疫情影响和国际市场竞争激烈的大背景下,我国陶瓷产品出口依然保持稳定增长,在稳定欧盟、北美洲、大洋洲、东盟等传统市场的基础上,成功开拓中东、南美洲、非洲等国际新兴市场。

(资料来源:转自中国新闻网,作者:唐贵江、关悦,2021年4月29日)

【学习目标】

通过本章学习,可以:

1. 了解技术性贸易壁垒的概念、特点及影响。

2. 理解我国日用和建筑陶瓷出口面临的主要技术标准、技术法规和合格程序评定。

3. 掌握陶瓷技术性贸易壁垒的二重性。

第一节　技术性贸易壁垒的概念及内容

一、技术性贸易壁垒的概念及实施现状

1. 技术性贸易壁垒的概念

技术性贸易壁垒又称"技术性贸易措施",是以国家或地区的技术法规、协议、标准和认证体系(合格评定程序)等形式出现,涉及的内容广泛,涵盖科学技术、卫生、检疫、安全、环保、产品质量认证等诸多技术性指标体系。它主要运用于国际贸易当中,呈现出灵活多变、名目繁多的特点。

随着关税壁垒和传统的非关税贸易壁垒对贸易的影响逐步减弱,技术性贸易壁垒已逐渐成为各国争相采用的保护手段。据国家知识产权局统计,当前世界贸易壁垒的80%来源于技术性贸易壁垒。由于这类壁垒大量地以技术面目出现,因此常常会披上合法的外衣,成为当前国际贸易中最为隐蔽、最难对付的非关税壁垒。

为了保证产品质量、使用者安全和保护生态环境,世界各国制定了许多技术标准,建立了产品质量认证制度。由于各国经济发展水平不同,技术法规和标准差别很大,形成了一定的壁垒,给国际贸易造成一定的困扰。为了竞争和保护国内市场的需要,技术性贸易壁垒已逐渐成为各国争相采用的维护该国利益的手段之一,对国际贸易的消极影响加大。1947年,世界贸易组织(WTO)的前身关税及贸易总协定(GATT)中的许多缔约方认为,有必要制定统一的国际规则来规范技术性贸易壁垒,消除技术性贸易壁垒对贸易的消极作用。1947年,GATT于东京回合通过了《技术性贸易壁垒协议》(简称《TBT协议》),但当时仅对自愿签署的缔约方有效。乌拉圭回合又对该协议进一步修改和完善后,予以通过,成为WTO负责实施管理的多边协议之一。

WTO《技术性贸易壁垒协议》共有15个条款和3个附件,将技术性贸易壁垒分为技术法规、技术标准和合格评定程序。

技术法规是规定强制执行的产品特性或其相关工艺和生产方法,包括可适用的管理规定在内的文件,如有关产品、工艺或生产方法的专门术语、符号、包装、标志或标签要求。

技术标准是经公认机构批准的、规定非强制执行的、供通用或反复使用的产品或相关工艺和生产方法的规则、指南或特性的文件。可见技术法规与技术标准性质不同,其关键区别是前者具强制性,而后者是非强制性的。

合格评定程序是指按照国际标准化组织(International Organization for Standardization,简称ISO)的规定,依据技术规则和标准,对生产、产品、质量、安全、环境等环节以及对整个保障体系进行全面监督、审查和检验,合格后由国家或国外权威机构授予合格证书或合格标志,以证明某项产品或服务是符合规定的标准和技术规范。合格评定程序包括产品认证和体系认证两个方面。其中,产品认证是指确认产品是否符合技术规定或标准的规定;体系认证是指确认生产或管理体系是否符合相应规定。当代最流行的国际体系认证有ISO9000质量管理体系认证和ISO14000环境管理体系认证。《TBT协定》附录I对"合格评定程序"的定义如下:"合格评定程序指任何用以直接或间接确定是否满足技术法规或标准有关要求的程序,包括抽样、检测和检验程序,符合性的评价、验证和保证程序,注册、认可和批准程序以及它们的组合。"

2.技术性贸易壁垒的实施现状

WTO发布《世贸组织2021年度报告》显示,2020年WTO的164个成员中共有82个成员提交了3354件TBT通报,创历史之最。其中,包括2044件技术法规和合格评定程序的新通报、52件修订通报、1258件补遗和勘误通报。提交通报数量位列前10位的成员依次是美国、巴西、乌干达、肯尼亚、坦桑尼亚、卢旺达、中国、以色列、埃及、欧盟。详见表12-1。

表12-1 2020年全年TBT通报数量前10位的成员列表

序号	2020年		2019年	
	国家/地区	数量	国家/地区	数量
1	美国	370	乌干达	442
2	巴西	318	厄瓜多尔	331
3	乌干达	306	美国	270
4	肯尼亚	280	巴西	200
5	坦桑尼亚	155	肯尼亚	194
6	卢旺达	145	坦桑尼亚	139
7	中国	128	中国台湾地区	107

续表 12 - 1

序号	2020 年		2019 年	
	国家/地区	数量	国家/地区	数量
8	以色列	121	阿根廷	95
9	埃及	111	中国	91
10	欧盟	99	科威特	82
前十位成员 TBT 数量合计	2033		1951	
所有 WTO 成员 TBT 数量合计	3354		3336	
前十位成员 TBT 数量占比	60.6%		58.5%	
"一带一路"国家 TBT 数量占比	54.1%		63.2%	

其中,通报数量前十的国家和地区中,卢旺达、以色列、欧盟、巴西和埃及涨幅明显,相比上一年分别增加了 110.1%、80.6%、59.7%、59.0% 和 56.3%。而乌干达通报量则骤减,相比上一年减少了 30.8%。

在与我国签订共建"一带一路"合作文件的 138 个国家和地区中,2020 年共有 54 个国家和地区提交了 1816 件通报,国家和地区数量相比上一年减少 7 个,通报数量同比减少 13.9%,占 WTO 成员总通报数的 54.1%。近三年来,肯尼亚、坦桑尼亚、菲律宾等国 TBT 通报数量呈稳步上升趋势。

二、技术性贸易壁垒的特点及影响

1. 技术性贸易壁垒的特点

与其他关税和非关税壁垒相比,技术性贸易壁垒具有以下特点:

(1)名义上的合理性。各国的技术性贸易措施都是以保护国家安全、保护人类健康和安全、保护动植物的生命和健康、保护环境、保证产品质量、防止欺诈行为为目的,而采用非国际标准时也是以本国的环境、气候和地理条件为借口提出例外。技术性贸易措施的这种合理外衣使其他成员难以驳斥从而得以实施。同时技术性贸易措施的制定和实施,虽然限制了其他成员的出口,但是根据 WTO 国民待遇原则,这些为了限制进口而制定的技术性贸易壁垒也同样适用于本国的厂商。如果本国厂商的产品达不到技术法规的要求,同样不能在本国市场销售,这同样是对自己的限制。事实上,技术性贸易措施的实施的确提高了产品的安全性能,保护了环境和消费者的利益,也促进了生产技术落后的出口国逐步提高自身的生产水平和产品的质量。

(2)形式上的复杂性。技术性贸易措施的复杂性主要体现在合格评定程序和执法监管程序的复杂上。发达国家对很多商品规定了严格的合格评定程序和执法监管措施,从入境前的注册、登记、批准、认证等,到入境后的检验、监管以及处罚。因为要求高、程序复杂严格,发展中国家出口商难以充分地了解与遵守这些技术性贸易措施。同时各国的行业协会等民间机构也颁布了在本地和本行业适用的技术法规和合格评定程序,虽然这些措施仅是对协会会员适用,但完善的市场经济体制和协会制度,保证了行业内的企业多数自愿加入协会并自觉适用这些程序,进一步增加了进口商品所面对的技术性措施的复杂性。

(3)内涵上的歧视性。发达国家凭借其经济、技术优势,配合其成熟的消费观念,制定严格苛刻的标准、法规和合格评定程序。要达到这些技术性贸易措施的要求,往往让发展中国家望尘莫及。例如,日本2006年对农产品和食品制定的“肯定列表制度”、欧盟2007年对化学品实施的“REACH法规”,不论是在产品生产的技术要求上,还是在对产品的检测技术、实验条件上,都给经济相对落后的发展中国家造成了很大的难度。

(4)手段上的隐蔽性。现实中,各国政府都利用本国的相对技术优势,通过技术法规、标准、合格评定程序等手段隐蔽地实施贸易壁垒。一般来说,关税和配额、许可证等传统手段在对外贸易管制中的壁垒作用比较明显。关税的高低、配额数量的多少、许可证申领的条件和程序都明确地公之于众,贸易关系人很容易根据自身的情况判断贸易环节的成本和需要的时间,分析出获利的多少。因此,传统的贸易管制手段对国外进口商品的歧视性表现得过于明显,没有任何的隐蔽性。相比较而言,技术性贸易壁垒借保护人类和动植物的健康安全、保护环境、反欺诈等名义,给其实施披上了合法的外衣。

(5)提法上的巧妙性。一些技术性贸易措施经过精心设计和研究,专门用来对付特定国家的产品,起到了阻碍特定对象国商品进口的目的。例如,法国为了阻止英国糖果的进口,曾规定禁止含有红霉素的糖果进口。由于英国的糖果在制造过程中普遍采用红霉素染色剂,因此,法国禁令的实施导致了英国糖果难以进入法国市场。

(6)领域上的广泛性。目前,国际上技术性贸易措施所涉及的领域极为广泛,数量众多,几乎涵盖了所有商品。越是发达的国家,其建立的法律法规、技术标准就越是健全。

(7)存在上的坚固性。技术性贸易措施的制定和实施以一定的科学技术和工农业生产水平为基础,这决定了跨越技术性贸易壁垒的难度。一般而言,关税壁垒是通过征收高额的关税,提高进口商品的价格,以削弱进口产品的竞争力,但是出口国往往会以出口补贴、退税等办法降低出口产品成本,抵消其限制作用。而技术性贸易措施的实施对科学技术水平相对不高的发展中国家来说却是一道难以逾越的障碍,发展中国家的产品往往因为达不到发达国家的技术要求而无法向这些国家出口。同时,由于各国可以根据本国特有的气候、地理特点等优势因素制定实施其技术性贸易措施,也使得其他国家难以效仿。因此,技术性贸易壁垒相对于其他贸易壁垒更为坚固,更为有效。

(8)发展上的动态性。由于技术法规包括的领域和表现形式多种多样,有相当多的是行政管理部门的规章,不需要烦琐的立法程序,这样就保证了在制定技术性贸易措施时,手续比较简单,有较大的伸缩性,可以随时针对进口商品的状况制定对策。由于技术法规不像标准那样需要广泛的国际协调,因此各国充分利用技术法规在制定与实施上的灵活性,频繁地对技术法规进行修改,使出口国难以适应。同时,随着当今经济社会的快速发展,技术性贸易措施呈现出向政治化、国际化、极端化方向发展的趋势。

2. 技术性贸易壁垒的影响

在当今的国际贸易中,技术性贸易壁垒不但不可避免,反而将会长期存在,其对国际贸易的影响将会越来越大。同时,技术性贸易壁垒对一国经济和社会的发展也将起着非常重要的作用。

(1)积极影响

第一,推动科技的发展。有学者认为企业能够稳定并快速发展的原因是技术的创新,而创新最初的本质则是各个企业相互竞争的结果。一些国家通过制定 TBT 措施排斥外国产品的同时,也在推动各国企业提高技术,不断研发新的产品,在原有的产品水平上不断革新,引进先进的技术和设备,努力提高出口产品的科技含量。

第二,保护生态环境,实施可持续发展。随着人们对高质量生活的期盼,人们逐渐追求"绿色"生活。在国际贸易中,以环保为目的而采取的绿色壁垒,不仅使企业在进行出口贸易时增强"绿色"概念,还限制了危害性的投资和贸易。

第三,保障人类健康。许多技术法规与标准设定的最初目的都是保障人类的健康,如日本对农产品与食品残留的严格限定,以及欧盟对玩具产品的严格要求等,这些都是在保护人类的健康,从而使各国在生产过程中都能按照这些标准去执行。这对各国经济的发展也有积极的作用。

(2)消极影响

第一,不利于世界资源的自由流通和优化配置。越来越多的技术性贸易壁垒,如各国的标准条例、技术法规、合格评定程序等,阻碍着国际贸易的自由发展,与经济全球化、贸易自由化的社会发展潮流背道而驰。一系列的标准要求和检测措施无疑给国际贸易带来诸多不便,也损害了各国生产者和消费者利益。一方面,由于技术标准要求过于严格,导致出口企业不得不改变生产技术,从而增加了生产成本,甚至有一些企业因无法承担这部分费用而被迫退出市场;另一方面,技术性贸易壁垒在客观上导致外国产品的进入受到限制,增加进口产品的成本,最终人们只能消费一些质量不好但价格又贵的产品,使消费者的利益受损。

第二,国际贸易利益的分配失衡。在现行的国际标准体系中,标准的制定者基本上是发达国家,发展中国家大多是标准的被动接受者。发达国家从它们自身利益和技术水平出发制定的标准是许多发展中国家难以达到的,因此在很长的一个时期内,国际贸易利益的分配将会进一步向发达国家倾斜。据统计,在生命科学与生物技术、信息技术、新材料等关键技术领域,西方发达国家所拥有的专利数量,占全球专利总量的90%左右,而包括中国在内的发展中国家仅拥有10%左右。如此大的技术差距,不可能在短期内缩小。所以,在很长一段时间内,发展中国家在国际贸易格局中将会处于越来越不利的地位。

在正确认识技术性贸易壁垒正、反两方面作用的基础上,我们应以积极的态度进行研究,并采取正确的对策予以应对。应对时,应尽量限制其消极的一面,减少其对社会经济和对外贸易的损害;积极利用其积极的一面,变压力为动力,大力推进国家环保及检疫工作,实现社会的可持续发展,促进人民生活质量的提高,保障人民的健康和生命安全。

三、当前技术性贸易壁垒的主要形式

综观当前主要国家的技术性贸易壁垒,其限制产品进口的措施主要有以下几种:

1. 严格繁杂的技术法规和技术标准

利用技术标准作为贸易壁垒,具有非对等性和隐蔽性。在国际贸易中,发达国家常常是国际标准的制定者。他们凭借着在世界贸易中的主导地位和技术优势,率先制定游戏规则,强制推行根据其技术水平定出的技术标准,使广大经济落后国家的出口厂商望尘莫及。而且这些技术标准、技术法规常常变化,有的地方政府还有自己的特殊规定,使发展中国家的厂商要么无从知晓、无所适从,要么为了迎合其标准付出较高的成本,削弱产品的竞争力。

2. 复杂的合格评定程序

在贸易自由化渐成潮流的形势下,质量认证和合格评定对于出口竞争能力的提高和进口市场的保护作用日益突出。目前,世界上广泛采用的质量认定标准是 ISO9000 系列标准。此外,美、日、欧盟等还有各自的技术标准体系。

3. 严格的包装、标签规则

为防止包装及其废弃物可能对生态环境、人类及动植物的安全构成威胁,许多国家颁布了一系列包装和标签方面的法律和法规,以保护消费者权益和生态环境。从保护环境和节约能源来看,包装制度确有积极作用,但它增加了出口商的成本,且技术要求各国不一、变化无常,往往迫使外国出口商不断变换包装,失去不少贸易机会。

第二节 与日用陶瓷相关的技术性贸易壁垒

一、日用陶瓷及其产品类型

我国是世界上最大的日用陶瓷生产国,也是重要的日用陶瓷贸易国。日用陶瓷主要涉及海关税则号(HS)6911 项下,使用各种材质制作成的瓷餐具、厨房器具及其他家用或盥洗用瓷器;以及海关税则号(HS)6912 项下,使用各种材质制作成的陶餐具、厨房器具及其他家用或盥洗用陶器。根据我国海关统计,

2020 年,我国日用陶瓷进出口总额为 62.92 亿美元,其中出口 62.02 亿美元,进口 0.9 亿美元。

2014 年 6 月,日用陶瓷调出《出入境检验检疫机构实施检验检疫的进出境商品目录》。一般情况下,陶瓷厂生产的日用陶瓷产品不必经检验检疫实施检验,即可通关出境,但为确保出口产品符合国外技术法规和客户约定质量要求,出口企业仍需重视出口产品的自检自控。此外,由于部分国家和地区与我国签有双边协定、协议或备忘录,如国家出入境检验检疫局与美国卫生和人类服务部食品药品监督管理局(FDA)签订了《关于对美出口的调制、盛放或贮存食品和饮料的陶瓷器皿问题谅解备忘录》,对输往这些国家或地区的日用陶瓷,仍然需要中国检验检疫机构出具品质证书、健康证书或卫生证书,产品方可在进口国通关、销售或使用。

二、日用陶瓷国际标准、技术规范与我国标准的差异

1. 日用陶瓷的相关国内标准

截至 2019 年 8 月,全国日用陶瓷标准化技术委员会归口管理的日用陶瓷标准共 109 项,其中国家标准 50 项、行业标准 59 项,具体包括 GB/T 5000—2018《日用陶瓷名词术语》等基础通用标准 3 项,GB/T 3532—2009《日用瓷器》、QB/T 4254—2011《陶瓷酒瓶》等产品标准 48 项,GB/T 3299—2011《日用陶瓷器吸水率测定方法》、QB/T 1503—2011《日用陶瓷白度测定方法》等方法标准 48 项,GB/T 3302—2009《日用陶瓷器包装、标志、运输、贮存规则》、QB/T 4792—2015《日用陶瓷安全生产规范》等管理标准 10 项。我国已基本建成日用陶瓷行业标准体系。

日用陶瓷产品的食品安全标准是指重金属迁移试验及限量标准,包括国家卫健委发布的 GB 4806.1—2016《食品安全国家标准 食品接触材料及制品通用安全要求》、GB 4806.4—2016《食品安全国家标准 陶瓷制品》、GB 31604.24—2016《食品安全国家标准 食品接触材料及制品镉迁移量的测定》和 GB 31604.34—2016《食品安全国家标准 食品接触材料及制品铅的测定和迁移量的测定》、GB 31604.1—2015《食品安全国家标准 食品接触材料及制品迁移试验通则》和 GB 5009.156—2016《食品安全国家标准 食品接触材料及制品迁移试验预处理方法通则》等系列标准,形成了一套完整的食品接触用陶瓷制品国家食品安全标准。

2. 日用陶瓷的相关国际标准

与食品接触的陶瓷器皿、玻璃器皿、玻璃陶瓷器皿技术委员会（ISO/TC166）成立于 1976 年，共制定 6 项国际标准，均为食品安全标准，其中有 4 项与陶瓷有关，分别是 ISO 6486－1:1999《与食品接触的陶瓷器皿、玻璃陶瓷器皿和玻璃餐具铅和镉的溶出量　第 1 部分:试验方法》、ISO 6486－2:1999《与食品接触的陶瓷器皿、玻璃陶瓷器皿和玻璃餐具铅和镉的溶出量　第 2 部分:允许极限》、ISO 8391－1:1986《与食品接触的陶瓷烹调器铅、镉溶出量　第 1 部分:测试方法》、ISO 8391－2:1986《与食品接触的陶瓷烹调器铅、镉溶出量　第 2 部分:允许极限》。

3. 国内和国际标准的主要差异

我国的产品标准在制定时主要以套具为参考对象，更注重成套产品的规整性，对产品的规格误差和外观质量的要求更加严格，对技术指标的要求更多从产品器型上考虑;而国际标准在制定时更多从使用习惯和使用安全的角度来考虑，在外观质量、使用安全等要求方面，我国与国际标准的要求还存在一定的差异，同时国内标准在抗热震性和重金属溶出量及试验方法方面也与国际标准不统一。这些标准和技术法规的差异对日用陶瓷产品的质量提升和流通贸易造成了严重影响。

三、日用陶瓷的出口检验内容

1. 安全卫生检验

出口日用陶瓷的安全卫生检验主要检验出口日用陶瓷商品有毒有害物质溶出量是否满足强制性法律法规的要求。

在日用陶瓷制造过程中，釉和装饰图案内可能会存在铅、镉、钴、铬等化学元素。若用于盛装食物，特别是酸性食物，会引起铅、镉等有毒有害元素溶入食物而进入人体。铅、镉等有毒有害元素，在人体中代谢，易进入血液而不易排出体外。长期食用含铅、镉等的食物，对人体的免疫系统和骨骼会造成伤害，导致多种疾病的产生，从而影响人的健康。

由于铅、镉等有毒有害元素对人体的危害，世界各国对其在食品接触材料的溶出量均加以限制。作为检验判定日用陶瓷制品合格与否的决定性指标，对于超过限量的产品或不允许进口，或必须加明显警示文字"请勿用于盛放食物或饮品,本产品含有铅（镉）"，仅作为一般的陈设器物使用。目前，世界各国和地区对日用陶瓷制品的铅、镉等有毒有害物质溶出极限均存在较大差异。详见表 12 - 2：

表 12 - 2　主要国家和地区日用陶瓷制品铅、镉等有毒有害物质溶出极限对照表

国家和地区	检测对象	铅、镉等有害物质溶出极限	
		铅	镉
中国	扁平制品	0.8 mg/dm²	0.07 mg/dm²
	贮存罐	0.5 mg/L	0.25 mg/L
	大空心制品	1.0 mg/L	0.25 mg/L
	小空心制品（杯类除外）	2.0 mg/L	0.30 mg/L
	杯类	0.5 mg/L	0.25 mg/L
	烹饪制品	3.0 mg/L	0.30 mg/L
美国 FDA	扁平器皿	3.0 mg/L	0.5 mg/L
	除杯、大杯和罐以外的小空心器皿	2.0 mg/L	0.5 mg/L
	杯和大杯	0.5 mg/L	0.25 mg/L
	除罐以外的大空心器皿	1.0 mg/L	
	罐	0.5 mg/L	
美国 加州	扁平器皿	0.226 mg/L	3.164 mg/L
	小空心器皿	0.100 mg/L	0.189 mg/L
	大空心器皿	0.100 mg/L	0.049 mg/L
日本	不可盛装液体或深度 <2.5 cm 的器皿	8 μg/cm²	0.7 μg/cm²
	深度≥2.5 cm 的器皿	2 μg/ml	0.5 μg/ml
	容量 <1.1 L 烹调器皿	1 μg/ml	0.25 μg/ml
	1.1 L≤容量 <3 L 烹调器皿	0.5 μg/ml	0.25 μg/ml
	容量≥3 L 烹调器皿	0.5 μg/ml	0.05 μg/ml
欧盟 成员国	扁平器皿	0.8 mg/dm²	0.07 mg/dm²
	空心器皿	4 mg/L	0.3 mg/L
	烹调、包装容器、贮存器	1.5 mg/L	0.1 mg/L
	唇边 <20 mm	2 mg/件	0.2 mg/件
	唇边≥20 mm	0.5 mg/dm²	0.1 mg/dm²

与国外标准相比，我国标准缺少口沿 20 mm 的规定。在铅溶出量方面，美国加州要求最严，韩国在小空心制品上要求较严，除烹饪制品外的其他器型，我国标准要求或与国外标准一致或严于国外标准；在镉迁移量方面，美国加州对于空心制品的要求是最严的，除烹饪制品外的其他器型，我国标准与 ISO 和美

国 FDA 基本一致,部分指标略微严一些,与欧盟和日本等其他国外标准相比,指标有严有松,存在一定的差异性。

2.外观质量检验

出口日用陶瓷的外观质量检验主要检验不许有或不许超过规定的外观缺陷,如变形、疙瘩、坯泡、泥渣、缺泥、釉泡等。目前,日用陶瓷器外观缺陷有 100多种,常出现的缺陷就有几十种之多。

涉及检验标准有:

GB/T 3300—2008《日用陶瓷器变形检验方法》

GB/T 3301—1999《日用陶瓷的容积、口径误差、高度误差、重量误差、缺陷尺寸的测定方法》

相比而言,国外标准的相关规定比国内标准更加严格,且考虑到了消费者使用杯类产品(尤其可能用于盛装热液体)时的安全性。

3.理化性能检验

出口日用陶瓷的物理性能检验主要是对出口日用陶瓷材料学特征和影响消费使用的物理性能进行检测及验证,如出口日用陶瓷制品的胎体吸水率、制品抗热震性、抗冲击强度,微波炉、洗碗机、冰箱、烤箱适应性,釉面白度、硬度、光泽度等。目前,世界各国和地区对日用陶瓷制品的理化性能测试的原理和方法均存在较大差异。

相比而言,国内标准主要是从产品的器型上考虑,对碗、盘、茶咖具等中、小型产品的理化性能要求会更高一些;而国外标准更多的是从使用习惯上考虑,由于国外微波炉和烤箱等家用电器的使用更频繁,因此相关要求会比国内标准更高一些。

4.包装检验(含外包装和内包装以及包装标识)

出口日用陶瓷的包装检验主要是针对出口日用陶瓷包装材料,如瓦楞纸板、塑料发泡、金属材料、钙塑瓦楞箱、纸塑瓦楞箱、竹胶合板箱、木箱的外观、性能的检验及检疫。按照我国法规政策的调整,现在对出口陶瓷商品的外包装和内包装以及包装标识不再进行强制性检验检疫,以下相关技术规范要求可做参考。

(1)国家标准

GB/T 191—2008《包装储运图示标志》

GB/T 450—2008《纸和纸板试样的采取及试样纵横向、正反面的测定》

GB/T 462—2008《纸、纸板和纸浆　分析试样水分的测定》

GB/T 2828.1—2012《计数抽样检验程序第1部分:按接收质量限(AQL)检索的逐批检验抽样计划》

GB/T 4857.2—2005《包装　运输包装件基本试验第2部分:温湿度调节处理》

GB/T 4857.3—2008《包装　运输包装件基本试验第3部分:静载荷堆码试验方法》

GB/T 4857.4—2008《包装　运输包装件基本试验第4部分:采用压力试验机进行的抗压和堆码试验方法》

GB/T 4857.5—1992《包装　运输包装件　跌落试验方法》

GB/T 6543—2008《运输包装用单瓦楞纸箱和双瓦楞纸箱》

GB/T 6544—2008《瓦楞纸板》

GB/T 6545—1998《瓦楞纸板　耐破强度的测定方法》

GB/T 6546—2022《瓦楞纸板　边压强度的测定法》

GB/T 6547—1998《瓦楞纸板　厚度的测定法》

GB/T 6548—2011《瓦楞纸板粘合强度的测定》

GB/T 9174—2008《一般货物运输包装通用技术条件》

(2)行业标准

SN/T0262—93《出口商品运输包装瓦楞纸箱检验规程》

SN/T0263—93《出口商品运输包装聚乙烯泡沫箱检验规程》

SN/T0266—93《出口商品运输包装钙塑瓦楞箱检验规程》

SN/T0271—2012《出口商品运输包装塑料容器检验规程》

SN/T0273—2014《出口商品运输包装木箱检验检疫规程》

SN/T0608—1996《出口易碎类商品运输包装检验规程》

在当今国际贸易往来中,许多国家对木制品的进口在卫生、检疫方面有特殊的要求,对整批出口商品中所含的木制品必须提供卫生除害证明或进行卫生除害处理。我国在这方面制定了相关的法律规定,对出口商品的木质包装进行卫生除害处理,出具卫生除害证明。现在,绝大多数国家不要求出具熏蒸证明,仅凭木质包装上面的IPPC标识来放行,如果外贸合同中约定必须提供熏蒸证明的,还是要出具熏蒸证明。货主或其代理人在报检时应申请进行熏蒸除害处理,利于检验检疫机构施检过程中安排好熏蒸除害工作,以免延误整批货物的出口。

四、日用陶瓷出口的产品认证

我国日用陶瓷的出口除了要满足日用陶瓷的出口检验要求,还需获得相应的国际和进口国的产品认证。

1. 出口日用陶瓷输美认证

出口日用陶瓷输美认证为自愿性认证。1999 年 5 月,国家出入境检验检疫局与美国卫生和人类服务部食品药品监督管理局(以下简称 FDA)签订了《关于对美出口的调制、盛放或贮存食品和饮料的陶瓷器皿问题谅解备忘录》(2010年重签,以下简称《中美陶瓷备忘录》),随后下发了《执行〈中美陶瓷备忘录〉的工作要求》。2003 年,国家认证认可监督管理委员会下发认注函〔2003〕208 号《关于下发输美日用陶瓷认证有关文件的通知》,确定了输美日用陶瓷生产厂的认证条件,规定了对输美日用陶瓷生产厂的质量管理要求,适用于检验检疫机构对输美日用陶瓷生产厂的认证。输往美国的日用陶瓷建立认证体系,旨在增加中国制造的准备进入美国的日用陶瓷完全符合美国法律的可能性,能使 FDA减少其对来自经 CNCA/CIQ 认证的中华人民共和国内工厂的输美日用陶瓷器皿的抽查频率。多年来,输美日用陶瓷生产厂认证不仅获得了美国 FDA 的认可,也得到了其他国外买家的认可,已成为中国陶瓷生产企业的产品进入国际市场的条件和质量能得到保证的基础。

申请输美日用陶瓷认证的流程为:质量管理体系文件的建立—质量管理体系的运行—产品的型式试验—质量管理体系内部审核—出口日用陶瓷输美认证申请—受理申请—审核组的组成—制定现场审核计划—现场审核。

2. ISO9000 认证

ISO9000 标准是国际标准化组织颁布的在全世界范围内通用的关于质量管理和质量保证方面的系列标准,目前已被 80 多个国家等同或等效采用,是买卖双方对质量的一种认可,是贸易活动中建立相互信任关系的基石。由于ISO9000 体系是一个市场机制,很多国家为了保护自己的消费市场,鼓励消费者优先采购获 ISO9000 认证的企业产品。可以说,通过 ISO9000 认证已经成为企业证明自己产品质量、工作质量的一种"护照"。ISO9000 标准已为大多数企业所熟悉,在此不做详细介绍。

3. ISO14001 认证

ISO14001 认证全称是 ISO14001 环境管理体系认证,是指依据 ISO14001 标准由第三方认证机构实施的合格评定活动。ISO14001 认证适用于任何组织,包括企业,事业及相关政府单位,通过认证后可证明该组织在环境管理方面达到了国际水平,能够确保对企业各过程、产品及活动中的各类污染物控制达到相关要求,有助于企业树立良好的社会形象。

ISO14001 认证流程为:认证咨询—认证申请—签订合同—第一阶段审核—第二阶段审核—有不符合的纠正与跟踪验证—核准发证—证后监督。

4. SA8000 标准

SA8000 标准即"社会责任标准"的英文简称。1997 年,总部设在美国的社会责任国际组织发起并联合欧美跨国公司和其他国际组织,基于国际劳工组织宪章(ILO 宪章)、联合国《儿童权利公约》《世界人权宣言》制定了 SA8000 社会责任国际标准。它是全球首个社会道德责任标准,是以保护劳动环境和条件、劳工权利等为主要内容的管理标准体系,是继 ISO9000、ISO14000 之后出现的规范企业组织社会道德行为的另一个重要的具有国际性的新标准。目前,该标准已开始作为第三方认证的准则,在全球的工商领域和企业机构逐渐推广、应用和实施。

5. 客户验厂

随着时代的发展,进入 2000 年以后,国外客户除了对陶瓷产品本身的品质关注外,还越来越重视陶瓷产品生产工厂的社会责任合规性、工厂质量管理体系有效性。加上美国"9·11"事件发生后,美国海关开始鼓励其进口企业和国际物流行业推动海关-商贸反恐怖联盟,简称 C-TPAT,于是便逐渐有了客户验厂的要求,尤其是那些品牌大客户更是将工厂是否满足其验厂审核要求作为其选择工厂开展订单业务的先决条件,需要进行验厂的客户主要来自美国和欧盟等地。截至目前,客户验厂主要有三种类型:社会责任验厂(即通俗的人权验厂)、品质验厂与反恐验厂。上述三种类型的验厂,通常的做法是客户会委托国际上公认的第三方认证机构,如瑞士通用公证行(SGS)、天祥(iTS)、必维国际检验集团(BV)、UL 认证等机构分别进行,也有的客户是自己进行审核。

第三节　与建筑陶瓷相关的技术性贸易壁垒

当前,我国陶瓷出口企业遇到的问题之一就是对产品目标市场的标准和技术法规不熟悉。企业若不能及时了解目标市场的技术法规和标准变化,就不能及时根据标准和法规的变化做出产品设计和生产上的调整,从而在国际贸易中容易陷入被动。对目标市场产品标准和技术法规的及时更新和深入学习,有利于找出相应的方法,以指导企业在产品设计、生产、出口上处于主动。

一、建筑陶瓷及其产品类型

建筑陶瓷指由黏土、长石和石英为主要原料,经成型、烧成等工艺处理,用于装饰、构建与保护建筑物、构筑物的板状或块状陶瓷制品。建筑陶瓷包括陶瓷内外墙砖、地砖,琉璃瓦等建筑琉璃制品,各种饰面瓦,各种陶瓷庭院砖、道路砖等。

根据海关总署公告 2016 年第 48 号文件《关于发布 2017 年版〈协调制度〉修订目录中文版的公告》,自 2017 年 1 月 1 日起,HS 编码中,陶瓷砖不分未上釉陶瓷砖和上釉陶瓷砖。2017 年版《协调制度》修订目录中,删除了海关税则号(HS)6908 项——上釉陶瓷贴面砖、铺面砖、包括炉面砖及墙面砖;上釉的陶瓷镶嵌砖(马赛克)及类似品,不论是否有衬背。海关税则号(HS)6907 项,由"未上釉陶瓷贴面砖、铺面砖、包括炉面砖及墙面砖;未上釉的陶瓷镶嵌砖(马赛克)及类似品,不论是否有衬背"修改为"陶瓷贴面砖、铺面砖,包括炉面砖及墙面砖;陶瓷镶嵌砖(马赛克)及其类似品,不论是否有衬背;饰面陶瓷"。

建筑陶瓷的出口检验主要包括外观检验、内在性能检验和其他检验。其中,外观检验主要检验建筑陶瓷产品的白度、光泽度、透明度、颜色、外观尺寸等;内在性能检验主要检测建筑陶瓷产品的机械强度、热稳定性、吸湿膨胀性、吸水率、气孔率、体积密度、辐射性等;除此之外,还需检验建筑陶瓷产品化学稳定性和耐化学腐蚀性、抗冻性、釉面抗龟裂性、耐磨性、耐污染性、铅(镉)溶出量等。

二、建筑陶瓷国际标准、技术规范与我国标准的差异

1. 建筑陶瓷的相关国内标准

我国涉及建筑陶瓷砖的标准有 26 个国家标准、4 个行业标准。其中,基础标准 1 个,对建筑陶瓷的名词术语制定了国家标准《建筑卫生陶瓷分类及术语》。方法标准 20 个,包括《陶瓷砖试验方法》16 个部分的系列标准,此外,还有《建筑材料放射性核素限量》《无机地面材料耐磨性能试验方法》《建筑饰面材料镜向光泽度测定方法》《陶瓷砖防滑性试验方法》等试验方法标准。产品标准 9 个,对包括挤压陶瓷砖和干压陶瓷砖两大类的 10 个产品的技术要求及相关规定。

此外,根据我国建筑陶瓷产品的实际情况,还制定有陶瓷板、广场用陶瓷砖、干挂空心陶瓷板等产品的国家标准,以及陶瓷马赛克、微晶玻璃陶瓷复合砖、轻质陶瓷砖、薄型陶瓷砖等产品的行业标准,并在标准中规定了相应的技术要求和试验方法,详见表 12 - 3。

表 12 - 3　建筑陶瓷的国内标准

序号	标准号	标准名称
1	GB/T 9195—2011	建筑卫生陶瓷分类及术语
2	GB 6566—2010	建筑材料放射性核素限量
3	GB/T 3810.1—2016	陶瓷砖试验方法第 1 部分:抽样和接收条件
4	GB/T 3810.2—2016	陶瓷砖试验方法第 2 部分:尺寸和表面质量的检验
5	GB/T 3810.3—2016	陶瓷砖试验方法第 3 部分:吸水率、显气孔率、表观相对密度和容重测定
6	GB/T 3810.4—2016	陶瓷砖试验方法第 4 部分:断裂模数和破坏强度的测定
7	GB/T 3810.5—2016	陶瓷砖试验方法第 5 部分:用恢复系数确定砖的抗冲击性
8	GB/T 3810.6—2016	陶瓷砖试验方法第 6 部分:无釉砖耐磨深度的测定
9	GB/T 3810.7—2016	陶瓷砖试验方法第 7 部分:有釉砖表面耐磨性的测定
10	GB/T 3810.8—2016	陶瓷砖试验方法第 8 部分:线性热膨胀的测定
11	GB/T 3810.9—2016	陶瓷砖试验方法第 9 部分:抗热震性的测定
12	GB/T 3810.10—2016	陶瓷砖试验方法第 10 部分:湿膨胀的测定
13	GB/T 3810.11—2016	陶瓷砖试验方法第 11 部分:有釉砖抗釉裂性的测定
14	GB/T 3810.12—2016	陶瓷砖试验方法第 12 部分:抗冻性的测定
15	GB/T 3810.13—2016	陶瓷砖试验方法第 13 部分:耐化学腐蚀性的测定

续表 12－3

序号	标准号	标准名称
16	GB/T 3810.14—2016	陶瓷砖试验方法第 14 部分:耐污染性的测定
17	GB/T 3810.15—2016	陶瓷砖试验方法第 15 部分:有釉砖铅和镉溶出量的测定
18	GB/T 3810.16—2016	陶瓷砖试验方法第 16 部分:小色差的测定
19	GB/T 12988—2009	无机地面材料耐磨性能试验方法
20	GB/T 13891—2008	建筑饰面材料镜向光泽度测定方法
21	GB/T 26542—2011	陶瓷砖防滑性试验方法
22	GB/T 4100—2015	陶瓷砖
23	GB/T 23266—2009	陶瓷板
24	GB/T 23458—2009	广场用陶瓷砖
25	GB/T 26539—2011	防静电陶瓷砖
26	GB/T 27972—2011	干挂空心陶瓷板
27	JC/T 456—2015	陶瓷马赛克
28	JC/T 994—2006	微晶玻璃陶瓷复合砖
29	JC/T 1095—2009	轻质陶瓷砖
30	JC/T 2195—2013	薄型陶瓷砖

（资料来源:中华人民共和国商务部官方网站。）

2. 建筑陶瓷的相关国际标准

建筑陶瓷的国际标准由 ISO/TC 189 陶瓷砖技术委员会制定。目前,ISO/TC 189 已累计发布实施了 26 项国际标准(包括技术勘误)。其中,ISO 13006 产品标准中对干压陶瓷砖和挤压陶瓷砖分别按吸水率进行分类,对各类产品的技术要求在标准的 12 个附录中分别做了规定;ISO 10545 系列方法标准中包含关于抽样方案、尺寸和表面质量、吸水率等在内的 16 个陶瓷砖方法标准;ISO 13007 标准系列中规定了陶瓷砖填缝剂和胶黏剂的技术要求和试验方法。详见表 12－4。

表 12 – 4　建筑陶瓷的国际标准

序号	标准号	标准名称
1	ISO 13006:2012	Ceramic tiles—Definitions, classification, characteristics and marking 陶瓷砖　定义、分类、特性和标志
2	ISO 10545 – 1:2014	Ceramic tiles—Part 1:Sampling and basis for acceptance 陶瓷砖　第 1 部分:抽样和接收条件
3	ISO 10545 – 2:1995/ Cor1:1997	Ceramic tiles—Part 2:Determination of dimensions and surface 陶瓷砖　第 2 部分:尺寸和表面质量的检验
4	ISO 10545 – 3:1995/ Cor1:1997	Ceramic tiles—Part 3:Determination of water absorption, apparent porosity, apparent relative density and bulk density 陶瓷砖　第 3 部分:吸水率、显气孔率、表观相对密度和容重测定
5	ISO 10545 – 4:2014	Ceramic tiles—Part 4:Determination of modulus of rupture and breaking strength 陶瓷砖　第 4 部分:断裂模数和破坏强度的测定
6	ISO 10545 – 5:1996/ Cor1:1997	Ceramic tiles—Part 5:Determination of impact resistance by measurement of coefficient of restitution 陶瓷砖　第 5 部分:用恢复系数确定砖的抗冲击性
7	ISO 10545 – 6:2010	Ceramic tiles—Part 6:Determination of resistance to deep abrasion for unglazed tiles 陶瓷砖　第 6 部分:无釉砖耐磨深度的测定
8	ISO 10545 – 7:1996	Ceramic tiles—Part 7:Determination of resistance to surface abrasion for glazed tiles 陶瓷砖　第 7 部分:有釉砖表面耐磨性的测定
9	ISO 10545 – 8:2014	Ceramic tiles—Part 8:Determination of linear thermal expansion 陶瓷砖　第 8 部分:线性热膨胀的测定
10	ISO 10545 – 9:2013	Ceramic tiles—Part 9:Determination of resistance to thermal shock 陶瓷砖　第 9 部分:抗热震性的测定
11	ISO 10545 – 10:1995	Ceramic tiles—Part 10:Determination of moisture expansion 陶瓷砖　第 10 部分:湿膨胀的测定
12	ISO 10545 – 11:1994	Ceramic tiles—Part 11:Determination of crazing resistance for glazed tiles 陶瓷砖　第 11 部分:有釉砖抗釉裂性的测定

续表12-4

序号	标准号	标准名称
13	ISO 10545-12:1995/ Cor1:1997	Ceramic tiles—Part 12:Determination of frost resistance 陶瓷砖　第12部分:抗冻性的测定
14	ISO 10545-13:2016	Ceramic tiles—Part 13:Determination of chemical resistance 陶瓷砖　第13部分:耐化学腐蚀性的测定
15	ISO 10545-14:2015	Ceramic tiles—Part 14:Determination of resistance to stains 陶瓷砖　第14部分:耐污染性的测定
16	ISO 10545-15:1995	Ceramic tiles—Part 15:Determination of lead and cadmium given off by glazed tiles 陶瓷砖　第15部分:有釉砖铅和镉溶出量的测定
17	ISO 10545-16:2010	Ceramic tiles—Part 16:Determination of small colour differences second edition 陶瓷砖　第16部分:小色差的测定
18	ISO 13007-1:2014	Ceramic tiles—Grouts and adhesives—Part 1:Terms, definitions and specifications for adhesives 陶瓷砖　填缝剂和胶黏剂　第1部分:胶黏剂的术语、定义和规范
19	ISO 13007-2:2013	Ceramic tiles—Grouts and adhesives—Part 2:Test methods for adhesives 陶瓷砖　灰浆和胶黏剂　第2部分:胶黏剂试验方法
20	ISO 13007-3:2010	Ceramic tiles—Grouts and adhesives—Part 3:Terms, definitions and specifications for grouts 陶瓷砖　灰浆和胶黏剂　第3部分:灰浆术语、定义和规范
21	ISO 13007-4:2013	Ceramic tiles—Grouts and adhesives—Part 4:Test methods for grouts 陶瓷砖　灰浆和胶黏剂　第4部分:灰浆试验方法
22	ISO 13007-5:2015	Ceramic tiles—Grouts and adhesives—Part 5:Requirements, test methods, evaluation of conformity, classification and designation of liquid-applied waterproofing membranes for use beneath ceramic tiling bonded with adhesives 陶瓷砖　填缝剂和胶黏剂　第5部分:瓷砖下粘接胶黏剂的液体防水膜的要求、试验方法、合格评定、分类与命名

（资料来源:中华人民共和国商务部官方网站。）

3. 国内和国际标准的主要差异

通过对比我们发现,我国现有的建筑陶瓷标准中部分是等同采用了相关的国际标准,部分是修改采用,部分是没有采用,也有部分是根据我国产品的实际情况而单独制定的。

其中,在我国 16 个陶瓷砖试验方法系列标准中,有 14 个方法标准等同采用了相关国际标准,详见表 12 - 5。

表 12 - 5 我国建筑陶瓷标准等同采用国际标准情况

序号	国际标准号	我国标准号
1	ISO 10545 - 3:1995	GB/T 3810.3—2016
2	ISO 10545 - 4:2014	GB/T 3810.4—2016
3	ISO 10545 - 5:1996	GB/T 3810.5—2016
4	ISO 10545 - 6:2010	GB/T 3810.6—2016
5	ISO 10545 - 7:1996	GB/T 3810.7—2016
6	ISO 10545 - 8:2014	GB/T 3810.8—2016
7	ISO 10545 - 9:2013	GB/T 3810.9—2016
8	ISO 10545 - 10:1995	GB/T 3810.10—2016
9	ISO 10545 - 11:1994	GB/T 3810.11—2016
10	ISO 10545 - 12:1995	GB/T 3810.12—2016
11	ISO 10545 - 13:1995	GB/T 3810.13—2016
12	ISO 10545 - 14:1995	GB/T 3810.14—2016
13	ISO 10545 - 15:1995	GB/T 3810.15—2016
14	ISO 10545 - 16:2010	GB/T 3810.16—2016

而 GB/T 4100—2015《陶瓷砖》则修改采用了 ISO 13006:2012《陶瓷砖 定义、分类、特性和标志》。同时,我国的 GB/T 3810.1—2016 和 GB/T 3810.2—2016 也分别修改采用了国际标准 ISO 10545 - 1:2014 和 ISO 10545 - 2:1995。详见表 12 - 6。

表 12 - 6　我国建筑陶瓷标准修改采用国际标准对应表

序号	国际标准号	我国标准号
1	ISO 13006：2012	GB/T 4100—2015
2	ISO 10545 - 1：2014	GB/T 3810.1—2016
3	ISO 10545 - 2：1995	GB/T 3810.2—2016

除了等同采用和修改采用相关的国际标准外,我国对陶瓷马赛克、陶瓷板、轻质陶瓷砖、建筑琉璃制品等产品制定了相关的产品标准,而在国际标准中则没有专门的产品标准要求。同时,我国还增设了建筑陶瓷的放射性、防滑性、光泽度、耐化学腐蚀性和耐污染性测试方法等要求。

但是,在陶瓷砖填缝剂和胶黏剂,以及灰浆和胶黏剂等方面,国际标准体系中规定了相关的技术要求,而我国则没有。

三、主要目标市场的技术法规、标准和合格评定程序

当前,我国建筑陶瓷出口的主要目标市场在亚洲地区、非洲地区、欧盟和美国。从实际情况来看,主要目标市场的技术标准均与我国标准存在一些差异。因此,符合我国标准要求的产品,未必能符合目标市场的技术标准要求。出口企业应认真研究主要目标市场标准,按其要求组织生产和进行质量控制,确保产品符合目标市场的技术要求。

1. 欧盟

1989 年,欧共体为简化已有的建筑产品管理架构,改进现有措施的透明度和有效性,首次发布了关于统一各成员国有关建筑产品的法律、法规和管理规章的建筑产品指令(89/106/EEC),并在 1993 年和 2003 年分别对其内容进行补充和修改。2011 年,欧盟发布了新的建筑产品法规(EU)No. 305/2011,该法规从 2013 年 7 月 1 日起全面实施,并取代 89/106/EEC。新法规在原来限制建筑产品制造商的基础上,对贸易商、进口商和分销商等与产品流通相关的环节都做了全新的要求。建筑陶瓷产品属于该法规中规定的建筑产品,在进入欧盟市场时,应遵循建筑产品法规和指令要求,主要包括性能申明和制造商责任。

在技术标准方面,欧盟具有完整的建筑陶瓷标准体系,由欧盟标准委员会 CEN/TC 67 专门负责陶瓷砖的标准化工作。欧盟和我国建筑陶瓷标准都是修改采用国际标准,当前欧盟标准和我国标准的差异主要体现在标准结构和技术性要求两个方面。由于欧盟标准和我国标准都是修改采用国际标准 ISO 13006,因此两者在技术上的差异并不太大。我国标准根据我国产品的实际情况,增加了部分性能指标,比如为引导陶瓷砖向薄型化发展,我国标准中增加了厚度限定值指标。而欧盟标准中增加了满足欧盟建筑产品指令的相关条款。

在合格评定程序方面,主要涉及"CE"标志和 E-Label 标签。其中,"CE"标志属强制性认证标志,不论是欧盟内部企业生产的产品,还是其他国家生产的产品,要想在欧盟市场上自由流通,必须加贴"CE"标志,以表明产品符合欧盟《技术协调与标准化新方法》指令的基本要求。"CE"标志主要由欧盟建立的欧洲测试与认证组织(EOTC)负责管理和授权,并和欧盟其他国家的政府及中介机构共同实施监督。经 EOTC 授权和代理的机构,按欧盟指令及相关技术标准对产品检验,达到要求的产品可贴上"CE"标志。

欧盟建筑陶瓷"CE"认证的步骤是:满足法规或指令的要求—准备技术文件—编写性能声明—加贴"CE"标志。

E-Label 是指欧盟生态标签,又名"花朵标志",指的是在商品包装上印制的绿色花朵标识,说明该产品达到欧盟特定的环保标准,对人类健康和生态系统无危害或危害较小。2000 年 7 月,欧盟通过 2002/272/EC 指令,规定了包括陶瓷砖在内的硬质覆盖物产品申请生态标签的技术要求。2009 年 7 月,欧盟发布新指令 2009/607/EC,对陶瓷砖申请欧盟生态标签提出了更高的要求。新指令的要求涵盖了陶瓷砖从原料开采、选择、制造、使用直至最终处理整个生命周期,对产品的包装、标签和质量要求也做了具体的规定。

2. 美国

当前,美国对建筑陶瓷的进口限制规定以技术标准为主,没有强制性的合格评定程序,且建筑陶瓷产品标准和试验方法标准均为自愿性标准。其中,产品标准由美国国家标准协会(ANSI)制定,测试方法标准由美国材料与试验协会(ASTM)制定。

美国建筑陶瓷标准自成体系,没有采用国际标准的标准结构,在分类、性能、技术要求和实验方法等方面均与国际标准存在较大差异。当前美国标准与我国标准存在的差异主要体现在以下三个方面:一是技术要求的项目与我国标准中的规定不完全相同,我国标准没有黏结强度的要求,美国标准没有厚度的限值,没有断裂模数、光泽度的要求;二是部分项目的技术要求存在差异,这些项目包括尺寸和表面质量、耐磨深度、吸水率、破坏强度、小色差、耐化学性、耐污染性等；三是部分项目的试验方法存在差异，这些项目包括表面质量、吸水率、破坏强度、湿膨胀、抗釉裂性、抗冻性、耐化学性、耐污染性、静摩擦系数等。总体而言，从产品性能角度来说，符合我国标准要求的产品，未必能符合美国标准的要求，应按美国标准进行测试和评价，才能判定产品是否符合美国标准的要求。

此外，美国标准中对产品包装或标签也有规定，如包装或标签上应包含产品类型、质量等级、生产商名称和地址、原产地、说明书等。其中相关信息字体高度不小于3.2 mm，且清晰易读；如果是二级品，"SECONDS"应使用粗体；产品生产商名称和地址应位于质量等级标识上方。

3. 日本

日本有名目繁多的技术法规、标准和合格评定程序。在日本，建筑陶瓷标准属于日本工业标准，即JIS标准。2014年，JIS发布了新版的建筑陶瓷标准14项，其中产品标准1项，试验方法13项。在技术要求上，日本标准与我国标准相比，主要存在以下差异：一是产品分类上的差异；二是尺寸偏差上的具体要求不同，对于抛光砖产品，我国标准尺寸偏差严于日本标准，而对于非抛光砖产品，日本标准的中心弯曲度、边弯曲度要求严于我国标准，但在长度、宽度和厚度等方面的要求比我国标准宽松；三是日本标准中对于拼贴成联的陶瓷砖有质量要求，而我国标准中则无此项要求。

在试验方法上，日本标准和我国标准也存在一定的差异：一是日本标准中规定了产品物理和化学等性能的测试方法。其中吸水率、破坏强度、表面耐磨和铅（镉）溶出量等性能的测试方法与我国标准的基本相同，但摩擦系数的测试方法与我国标准不同。二是尺寸和变形的测试与我国标准存在差异。日本标准增加了转角配件砖的尺寸测试方法、大小头和背纹的测试方法，且测试精度要求高于我国标准。此外，日本标准中表面平整度的测试方法也与我国标准有差异。三是抗釉裂性、抗热震性、抗冻性和耐化学腐蚀性等性能的测试原理虽与我国标准相同，但是测试参数存在很大的差异。

在合格评定程序方面，出口到日本的陶瓷砖产品须满足JIS A 5209:2014标准的要求，同时进行JIS标志认证，以证明产品符合日本产品标准要求。

4.其他国家

近年来,坦桑尼亚、肯尼亚、乌干达、卢旺达、哈萨克斯坦和马来西亚等亚、非发展中国家针对陶瓷产品又连续发布了 21 项技术性贸易措施通报,是我国加入世界贸易组织以来,陶瓷产品遭受技术性贸易措施通报历史之最。

由于历史原因,许多亚、非国家纷纷效仿欧美国家的市场准入制度,对陶瓷产品设置技术门槛,致使生产、经营成本增加,对我国产品出口造成实质性影响。如哈萨克斯坦发布的技术性贸易措施,明确指出进口陶瓷产品必须满足建筑材料和产品安全认证要求;肯尼亚等国家和地区也将陶瓷产品列入管制清单内,要求必须通过检测获得相关认证证书后才能进口。

复习与思考

1.技术性贸易壁垒的实施是否合理,为何难以判断?

2.技术性贸易壁垒对哪类国家的影响较大?

3.如何理性地看待技术性贸易壁垒的二重性?

4.当前我国陶瓷出口面临的技术性贸易壁垒有哪些形式?

5.技术性贸易壁垒对我国陶瓷出口企业的影响有哪些? 陶瓷企业应如何有效应对他国的技术性贸易壁垒?

第十三章 贸易救济措施与中国陶瓷贸易

【案例导入】

佛山助力中国瓷砖行业取得马来西亚瓷砖保障措施案胜诉

马来西亚对进口陶瓷地砖和墙砖启动保障措施立案调查

2020年9月13日,马来西亚国际贸易与工业部发布公告,应马来西亚陶瓷工业集团(Malaysian Ceramic Industry Group)的申请,马来西亚对进口陶瓷地砖和墙砖(Ceramic Floor and Wall Tiles Products)发起保障措施立案调查。涉案产品的马来西亚协调关税税号和东盟协调税则编码(AHTN)为6907. 21. 21 00、6907. 21. 23 00、6907. 21. 91 00、6907. 21. 93 00、6907. 22. 11 00、6907. 22. 13 00、6907. 22. 91 00、6907. 22. 93 00、6907. 23. 11 00、6907. 23. 13 00、6907. 23. 91 00和6907. 23. 93 00。

马来西亚决定终止对进口陶瓷地砖和墙砖的保障措施调查

2021年1月11日,马来西亚国际贸易与工业部发布公告,对进口陶瓷地砖和墙砖做出保障措施否定性裁决,在调查期内未发现涉案产品的进口量绝对增加,也无法确定进口出现相对增加,且由于信息缺乏,无法确定涉案产品的进口与马来西亚国内产业损害之间存在因果关系,并决定终止对进口陶瓷地砖和墙砖的保障措施调查。

佛山市商务局助力企业抗辩应诉

佛山市商务局积极落实"双反"案件四体联动应对机制,全力支持指导佛山企业抗辩应诉工作,助力中国瓷砖行业取得胜诉。

一是立即启动"四体联动"应对机制。获悉案情后,佛山市商务局主动向上级主管部门汇报本案案情。商务部、中国五矿化工进出口商会、广东省商务厅及时组织佛山市陶瓷行业协会及主要涉案企业参加案件应诉协调会,动员全市40多家涉案企业(约占该案全部应诉企业的86.27%)积极参加中国五矿化工进出口商会组织的行业损害抗辩活动。

二是创新形势，开展全方位应诉工作。根据抗辩工作实际需要，佛山市商务局积极向上级主管部门申请设立马来西亚瓷砖保障措施调查案件行业抗辩视频听证会分会场，全力保障佛山市以及周边地市应诉企业顺利参加听证会，陈述自身意见，通过政府磋商、行业游说和媒体公关等全方位开展应诉工作，最终胜诉。

本案的胜诉，是佛山市瓷砖行业2021年以来的首场胜诉案件，也是自2020年以来佛山市瓷砖行业连续取得的第4场胜诉案件，为陶瓷行业企业应对国际贸易摩擦提振了信心，带来了积极的影响。

（资料来源：转自佛山市商务局官网，2021年2月4日）

【学习目标】

通过本章学习，可以：

1. 了解主要贸易救济措施的定义、实施条件和具体措施。

2. 理解我国陶瓷出口遭遇的主要贸易救济措施。

3. 掌握陶瓷贸易救济措施的二重性。

第一节　贸易救济措施的概念与内容

一、贸易救济措施的概念及实施现状

贸易救济措施是指国内产业受到或即将受到国际贸易损害时，主管当局对此种已发生或即将发生的损害采取的补救或预防措施。贸易救济措施是WTO成员在国际贸易中维护本国国内产业合法权益的重要工具。贸易救济措施包括三种形式——反倾销、反补贴和保障措施。

1995年至今，全球发起贸易救济原审立案累计7063起，其中，2020年共425起，同比增速为45.55%。从案件类型来看，反倾销5781起，占比83.55%；反补贴611起，占比8.83%；保障措施438起，占比6.33%；特别保障措施89起，占比1.29%。

我国一直是全球贸易救济调查的主要目标国，1995年至今，全球对中国发

起贸易救济原审立案累计 2173 起,占全球贸易救济总案件的 30.77%。其中,2020 年共 130 起,同比增速为 27.45%,占全球贸易救济总案件的 29.68%。从案件类型来看,反倾销案件 1491 起,占比 69.87%;反补贴案件 189 起,占比 8.86%;保障措施案件 365 起,占比 17.10%;特别保障措施案件 89 起,占比 4.17%。

国际贸易救济措施是贸易自由与贸易保护在动态博弈中的寻求的平衡点:一方面,国际贸易救济措施是贸易自由化的产物和保障,其价值取向的归宿是贸易自由;另一方面,国际贸易救济措施具有适度的自我保护性质,在客观上存在沦为新贸易保护主义工具的危险。正是在"贸易自由"与"贸易保护"这一矛盾体中,国际贸易救济措施才逐步形成、发展。面对金融危机下新一轮贸易保护主义浪潮的威胁,正确把握国际贸易救济措施的二重性对于我国保护国内产业安全、化解国际贸易摩擦、推动公平贸易发展具有十分重要的意义。

二、倾销与反倾销

1. 倾销与反倾销的定义

倾销,是指出口商品以低于正常价值的价格出口到另一国市场的行为。倾销一般具有以下四个特征:

(1)倾销在形式上表现为出口商以不正常的低价向另一国市场出口商品。

(2)倾销产品价格的形成往往是人为的,如一国出口商自行压低其产品在进口国市场上的价格,以非正常的价格,甚至是低于生产成本的价格在进口国市场上销售其产品。

(3)倾销往往以扩大出口、争夺国外市场为主要动机和目的。

(4)倾销的实质是不公平贸易行为,这也是各国采取反倾销措施的原因。

反倾销,是指在进口产品以低于其正常价值的方式进入一国市场,并对该国已经建立的国内产业造成实质损害或者产生实质损害威胁,或者对该国建立国内产业造成实质性阻碍的情况下,该国采取应对措施,包括临时措施、价格承诺和征收反倾销税。

反倾销法是进口国为了本国利益对倾销行为进行限制和调整的法律规范的总称。世界上最早的反倾销法是加拿大 1904 年的《海关关税法》。《倾销与反倾销协定》是 WTO 协定中的多边贸易协定,是 WTO"一揽子协定"的组成部分,凡成员方或请求加入者都必须遵守,因此具有广泛而强大的约束力。

2. 反倾销的实施条件

反倾销并不是要从根本上禁止倾销行为而是防止倾销的滥用,以促进国际贸易的健康发展。因此,《倾销与反倾销协定》规定,实施反倾销措施必须满足以下三个基本条件:

一是要存在以低于正常价值的价格在进口国倾销产品的行为,即存在倾销;

二是国内产业遭受实质损害或者产生实质损害威胁,或者对该国建立国内产业造成实质性阻碍;

三是倾销和国内产业的损害之间有因果关系。

3. 反倾销的具体措施

《倾销与反倾销协定》规定的反倾销具体措施包括三种:临时反倾销措施、价格承诺和反倾销税。

(1)临时反倾销措施。当反倾销调查初步认定倾销和损害存在时,进口方调查当局为了阻止损害的继续发生,可以在初裁时根据倾销幅度采取临时反倾销措施。临时反倾销措施包括:临时反倾销税、现金保证金和保函三种形式。其数额都不得高于预计的倾销幅度,且必须在反倾销案件正式发起调查之日起的 60 天之后才能采取。实施期限一般不得超过 4 个月,最长不超过 9 个月。

(2)价格承诺。当进口方反倾销调查当局初裁认定存在倾销、产业损害和两者之间的因果关系存在时,如果出口商主动承诺提高有关产品的出口价或者停止以倾销价格出口,并且得到进口方反倾销调查当局的同意,那么反倾销调查程序可以暂行中止或终止。当局可以和出口商达成协议,提高出口产品价格。价格承诺可以是出口商向当局申请,也可以是当局主动提出价格承诺的建议,但不能强迫出口商达成价格承诺协议。实施价格承诺后,反倾销调查中止,但若出口商不履行承诺,出口方反倾销调查当局可以重启反倾销调查并采取临时反倾销措施,甚至可以征收追溯性反倾销税。

(3)反倾销税。反倾销税是反倾销调查最终裁定存在倾销、对进口方国内产业造成损害并且两者之间存在因果关系后,由进口方政府向进口商征收的特别关税。反倾销税的税率应依据倾销幅度确定,等于或低于倾销幅度。对倾销产品征税不得存在歧视行为;反倾销的征税机关不是反倾销调查机关,而是进口方政府或其他有权机构;反倾销税的纳税人是进口商,出口商不得直接或间接替进口商承担反倾销税;反倾销税的征税对象是裁定生效之后的进口产品,一般不会溯及征收;除非进口方当局通过行政复审决定继续征收反倾销税,否则反倾销税的征收不会超过决定征收反倾销税之日起5年,即通常说的"落日条款"。为防止进口商在终裁做出前大量进口倾销产品,损害进口方国内相关产业,在一定情况下反倾销税可以溯及征收。

三、补贴与反补贴

1. 补贴的定义

补贴是政府推行国家社会经济政策的重要手段,以实现在经济、社会等方面的战略目标,本质上就是国家对经济的干预。它有多种形式,通过提供财政资助来促进或帮助特定行业或主体的发展,以实现国家政策。补贴在一定条件下会影响国际贸易的正常流向,影响国际贸易的健康发展,所以世界上很多国家和一些国际组织都对补贴加以限制,规定一定的反补贴措施,以保障国际贸易的健康发展。

WTO下现行关于补贴和反补贴的主要法律文件是乌拉圭回合通过的《补贴与反补贴措施协定》,这是国际贸易中限制不合理补贴的重要法律文件,是WTO"一揽子协议"之一,对所有成员方都具有约束力。

根据协定规定,补贴是指成员方政府或位于其境内的任何公共机构提供的财政资助或任何形式的收入或价格支持,使相关主体因此受惠的行为。补贴一般具有如下特征:

(1)补贴是政府行为,提供补贴的主体是政府,包括中央政府和地方政府,包括公共机构,包括政府干预或控制的私人机构。

(2)补贴是一种财政行为,是国家对经济的干预,不论是以何种形式出现。

(3)补贴是使被补贴方受益的行为,一般来说,对补贴的判断要考虑其效果,接受支持方获益是补贴的特征。

(4)补贴具有专向性。这是指补贴是成员方向辖区内特定产业或企业提供的补贴,只有具有专向性的补贴才受SCM协定约束。

并不是所有的补贴都会遭遇反补贴措施,反补贴措施针对的是符合一定条件的补贴。为此,协定把补贴分为禁止性补贴、可诉补贴和不可诉补贴。

禁止性补贴,又称红灯补贴,是指成员方不得实施或维持的补贴,它是严重扭曲国际贸易的专向性补贴。SCM 协定把出口补贴和进口替代补贴列为禁止性补贴。出口补贴是指以出口实绩为条件而提供的补贴,此种补贴会影响本国产品的价格,进而影响其在国际贸易中的竞争力。只要法律明确规定出口实绩是补贴的条件或条件之一,这种补贴即为禁止性补贴;即使法律中没有明确规定,以出口实绩作为给予补贴的事实要件的补贴也是禁止性补贴。进口替代补贴,是指以实用国产货物为条件而提供的补贴,此种补贴会使外国产品在竞争中处于劣势地位。进口替代补贴既可以给予使用国产货物的生产商,也可以给予使用者或者消费者。

可诉补贴,又称黄灯补贴,是指对其他成员方造成消极影响的专项补贴,但不被一律禁止。可诉补贴是 WTO 成员方之间妥协的结果,是实行国内政策和维护国际贸易秩序相制衡的结果。成员方可以在一定范围内提供可诉补贴,但若该补贴损害另一成员的国内产业,使其他成员方在 GATT 项下的利益受损或严重侵害另一成员方的利益,则受损害的成员就可以采取反补贴措施并向 WTO 争端解决机构申诉。

不可诉补贴,又称绿灯补贴,是指成员方提供的对国际贸易影响小而不被禁止、不能提交争端解决机构的补贴。它包括两种:一种是不具有专向性的补贴;另一种是虽具有专向性,但是用于科研、落后地区及环保的补贴。但 SCM 协定规定的不可诉补贴已经到期。

同时,协定还规定了对补贴的双轨制救济,即成员方政府可以向 WTO 提出申诉,通过 WTO 争端解决机制得到救济或由国内产业或成员方政府启动反补贴调查程序,通过国内程序得到救济。

WTO 体系下的救济。协定规定,成员方有理由相信另一成员方实施了禁止性补贴或可诉补贴的,可以向该成员方提出磋商的要求;若双方未能就磋商达成协议,任何一方可将该争议提交 WTO 争端解决机构解决。根据协定的规定,禁止性补贴和可诉补贴在程序上有所不同:禁止性补贴的磋商期限是提出请求后 30 天之内,可诉补贴则是提出请求后 60 天内;禁止性补贴的专家组程序期限是专家组组成及职权范围确定之日起 90 天内,而可诉补贴则是在专家组组成及职权范围确定之日起 120 天内;禁止性补贴的上诉程序期限是争端方正式通知上诉之日起 30 天内,经延长不得超过 60 天;可诉补贴则是争端方正式通知上诉之日起 60 天内,经延长不得超过 90 天;禁止性补贴申诉方无须证明损害的存在,可诉补贴申诉方须证明损害的存在并证明补贴和损害之间存在因果关系;禁止性补贴下的救济方式是立即撤销补贴,专家组应在建议中列明必须撤销该措施的时限,可诉补贴下的救济方式则是采取适当步骤,取消不利影响或撤销该补贴。

国内程序下的救济。这是通过反补贴调查来实现的,反补贴调查由国内产业或代表国内产业的主体发起,也可以由主管机关依职权发起,调查的内容包括:补贴及其金额、损害、接受补贴的进口产品与损害结果之间的因果关系。反补贴调查应在 1 年内结束,最长不能超过 18 个月。

2. 反补贴的实施条件

根据《补贴与反补贴协定》规定,实施反补贴措施必须满足以下三个基本条件:

一是存在补贴的事实;

二是国内产业遭受实质损害或者产生实质损害威胁,或者对该国建立国内产业造成实质性阻碍;

三是补贴和国内产业的损害之间有因果关系。

3. 反补贴措施

反补贴措施包括三种:临时措施、承诺和征收反补贴税。

(1)临时措施。在反补贴初步调查结果表明补贴的事实和损害存在时,为阻止损害的继续发生,有关当局可以采取临时反补贴措施。临时措施的形式包括:临时反补贴税、现金保证金、保函。适用临时措施的条件有:①已经发起调查且自发起调查之日起满 60 天;②已给予利害关系成员和利害关系方提交信息和提出意见的充分机会;③已做出存在补贴和对国内产业造成损害的初步肯定裁定;④采取临时措施对防止调查期间损害的产生是必要的。临时措施在反补贴调查正式立案起 60 天才能实施,期限不得超过 4 个月。

(2)价格承诺。这是指出口方政府或企业为了避免缴纳反补贴税,在进口方当局做出肯定的初步裁决后,自愿承诺取消或限制补贴,或提高出口产品的价格以取消补贴的损害后果。对于出口方政府或企业的承诺,进口方有关当局可以决定是否接受,其接受承诺的结果是调查程序的中止或终止,不再采取临时措施或征收反补贴税。

(3)反补贴税。这是指对在生产、加工、运输和销售过程中,直接或间接地接受任何补贴的进口商品所征收的一种进口附加税。反补贴税不得超过补贴的金额,征收的期限应以抵消补贴造成的损害所必需的时间为准,但最长不得超过5年。

四、保障措施

1. 保障措施的定义

保障措施,是指一国政府针对被认为有害于本国经济或国内直接竞争产业的进口所采取的紧急限制进口的措施,主要通过提高关税或数量限制,或两者并用来限制进口,以达到保护本国产业的目的。

在WTO和成员方的经贸和法律实践中,狭义的保障措施概念,是指当不可预见的发展导致某一产品的进口数量急剧增加,以至于对生产同类或直接竞争产品的国内产业造成严重损害或严重损害威胁时,进口方可以在非歧视原则的基础上对该产品的进口实施限制。保障措施条款也被称为逃避条款、防卫条款、免责条款、保护条款。在WTO法律制度框架下,狭义的保障措施条款仅指《1994年关税与贸易总协定》第19条、《保障措施协议》、适用于特定农产品的《农产品协议》第5条及《服务贸易总协议》第10条。

保障措施的种类有四种:WTO一般性保障措施、针对中国的特殊保障措施、关于农产品的特别保障措施、关于纺织品与服装的过渡期保障措施。

(1)一般性保障措施,是指《1994年关税与贸易总协定》第19条与《保障措施协议》所规定的保障措施,即成员方在某种产品大量增长以致其生产同类或与之直接竞争产品的产业遭受损害时,为补救国内产业而针对引起损害的进口产品采取临时的进口限制措施。一般性保障措施是不区分国别的,是非歧视的。

(2)针对中国产品的保障措施,包含在中国"入世"议定书和中国加入工作组报告书中,主要是议定书第16条规定的"特定产品过渡性保障机制",简称特保措施。该措施规定中国在加入WTO之日起12年内,如果原产于中国的产品在进口至任何WTO成员方领土时,其增长的数量或所依据的条件对生产同类产品或直接竞争产品的国内生产者造成威胁或造成市场扰乱,该WTO成员方可请求与中国磋商,包括该成员方是否应根据《保障措施协议》采取措施、征收临时性高关税或实行数量限制等进口限制措施。这种保障措施适用于所有原产于中国的产品。

(3)关于农产品的特别保障措施。

（4）关于纺织品与服装的过渡期保障措施，这种措施已经随《纺织品与服装协议》在 2005 年 1 月 1 日被废止。

2. 保障措施的特点

WTO 对保障措施实施条件的规定一方面是为进口成员方赋予了在特定条件下进行贸易救济的权利，另一方面也是为限制进口成员方滥用保障措施，以期将对自由贸易原则的损害降至最低。与反倾销、反补贴相比，保障措施具有如下特征：

（1）紧急性。保障措施只在特殊的紧急状况下被启动，是一种特殊的贸易措施，而不是在通常情况下普遍适用的常规贸易政策。总体来说，各国对保障措施实施条件的限制非常严格，特别是对于国内产业的损害和损害威胁，要求是达到"严重"级别，不能将任意的一点损害或者威胁归为"严重损害"或"严重损害威胁"，只有进口大量增加令一国政府和产业界认识到经济境况已经到了某种危机临界点的时候，保障措施才能被启动。这是在紧急状态下方能被启动的"急救"措施，紧急性是保障措施的固有特征。

（2）非歧视性。保障措施的实施应基于公平贸易的基础，即针对的对象是某种产品而不是特定的出口方。这一特点决定了保障措施的实施必须遵循非歧视原则，同时也从侧面体现了 WTO 体制下最惠国待遇的要求。由于保障措施的实施"并不以不公平进口为必然前提"，只需证明进口数量大幅增长，即使这种增长是一成员承担 WTO 义务的结果，同时由于保障措施条款本身的规定较为模糊，因而具有一定程度上的解释任意性，保障措施也比反倾销和反补贴措施更容易被滥用。由于保障措施本身的例外性质，实施保障措施的成员实际上构成对 WTO 义务的合法逃避，因此保障措施的实施条件必须十分严格，否则保障措施的任意滥用会对 WTO 法律制度造成毁灭性的冲击，这也就是保障措施"非歧视"的重要性，即保障措施只针对进口产品，而不论其来源。但是针对中国的特保条款是非歧视原则的例外。

（3）有限性。保障措施最基础的特征在于其基于公平贸易的非歧视性，出口方既没有采取倾销也没有对出口产品进行补贴，而进口方从保护本国工业出发采取进口限制措施，是一种毫不掩饰的贸易保护主义做法，因此保障措施条款不仅对保障措施的实施条件进行了极为严格的限制，而且将保障措施的实施这一行为限定在一定范围之内。这主要包括两层意思：一是实施的程度要适当,例如不能绝对禁止进口;二是对实施时间的限制、保障措施的实施不是永久持续的,在一定条件下应被解除和撤销。保障措施每次适用,其持续时间不应长于2—4年,经过延长的保障措施,其持续时间则不应超过6—8年。

3.保障措施的实施条件

根据《保障措施协议》的规定,保障措施的实施需要满足以下条件:

一是存在不可预见的发展;

二是某一产品进口大量增长;

三是对生产同类或直接竞争产品的国内产业造成了严重损害或严重损害威胁;

四是进口增长与严重损害或严重损害威胁之间存在因果关系。

4.保障措施的形式与实施

进口当局在调查、确认了进口急剧增加、原因及后果,并履行通知与磋商义务后,进口成员政府即可采取保障措施。

(1)保障措施实施方式。保障措施实施方式主要有提高关税、实行关税配额以及数量限制等。但保障措施应在防止或救济严重损害或严重损害威胁的必要限度内。

鉴于非关税措施对国际贸易的扭曲作用较大,协议对实施数量限制和配额措施做了限制规定,即实施数量限制,不得使进口数量低于过去三个有代表性年份的平均进口水平,除非进口方有正当理由表明有必要采用与此不同的进口水平。在实施配额限制时,进口方应与有利害关系的出口方就配额进行磋商。若磋商未果,则进口方应基于出口方前一有代表年份的进口份额进行分配,除非在保障措施委员会主持磋商中证明,不按该方法进行分配是有正当理由的。

(2)保障措施实施期限。协议要求,保障措施实施期限一般不应超过4年。如果需要以保障措施防止损害或救济受损害产业,有证据证明该产业正在进行调整,则可延长实施期限,但保障措施实施的全部期限(包括临时保障措施)不得超过10年。

(3)临时保障措施。协议规定,在紧急状况下,如果迟延采取措施会造成难以弥补的损害,进口方可不经磋商而采取临时保障措施。该临时保障措施的实施的条件是:①进口当局只能初步裁定进口急剧增加已经或正在造成严重损害或严重损害威胁时;②实施期限不得超过200天,且该期限计入保障措施总期限内;③应以关税形式为主,如果随后的调查不能证实进口急剧增加对国内产业已造成的严重损害或严重损害威胁,则征收的关税应迅速退还;④成员在实施前应通知保障措施委员会,在采取该措施后应尽可能与各利害关系方进行磋商。

第二节　我国陶瓷产品出口遭遇的主要贸易救济措施

一、我国陶瓷产品出口遭遇的主要贸易救济措施概况

我国陶瓷产业一直以来都是饱受海外贸易摩擦的重灾区。在澳大利亚于1980年对原产或进口于我国的陶瓷餐具启动首例陶瓷贸易救济调查后,我国陶瓷产品又陆续遭遇其他国家和地区发起的贸易救济调查,陶瓷产品出口严重受阻。这一情况在2008年以后尤为突出,随着全球经济不断下行,各国、各地区的贸易保护主义又陆续抬头,我国陶瓷产品出口遭遇国际贸易救济调查的频率呈明显上升趋势,陶瓷产品出口形势日益严峻。

中国贸易救济信息网的数据显示,截至2020年12月,我国陶瓷产业先后遭受澳大利亚、墨西哥等24个国家或地区发起的反倾销、反补贴、保障措施以及特殊保障措施等贸易救济措施案件共计54起。从时间分布来看,2008年以前16起,2008年以后至今38起;从调查结果来看,被肯定性终裁的41起,被否定性终裁或终止调查的12起,另1起正在立案调查中;从贸易救济的具体措施来看,实施反倾销的案件33起,实施保障措施的案件17起,实施特殊保障措施的案件3起,实施"双反"(反补贴和反倾销)的案件1起;从涉案产品类型来看,涉及日用陶瓷的有16起,涉及建筑卫浴陶瓷的有30起,涉及特种陶瓷的有8起;从申诉国别来看,主要集中在发展中国家,其中印度7起,阿根廷6起,厄瓜多尔5起,土耳其、印度尼西亚和约旦各4起,巴西3起,菲律宾、哥伦比亚和秘鲁各2起,马来西亚、突尼斯、摩洛哥、乌克兰、韩国、埃及、巴基斯坦各1起;从申诉国地区分布来看,贸易救济调查主要集中在东南亚、中亚和拉丁美洲等新兴陶瓷出口区域。

二、我国陶瓷产品出口遭受贸易救济措施的主要特点及影响

1. 陶瓷贸易救济措施以反倾销为主

在我国已遭受的41起肯定性终裁的陶瓷贸易救济调查中,单独实施反倾

销措施的案件有33起,"双反"案件1起,占比82.93%。其中,2008年以后遭遇的反倾销调查就有27起,被肯定性终裁的高达22起。由此可见,现阶段的陶瓷贸易救济措施仍然以反倾销措施为主。众所周知,任何产品要想开拓海外市场都非常不易,陶瓷产品也不例外。在开拓海外市场时需要长期和持续的成本投入,一旦出口产品被肯定性终裁,国外进口商往往会因为高额的惩罚性关税而转向进口其他陶瓷生产国的产品,等其他国家陶瓷产品占据一定市场份额后,我国陶瓷产品要想再重新进入该市场则会变得十分艰难。根据WTO的《倾销与反倾销协议》以及《补贴与反补贴协议》等相关协议的规定,反倾销税或反补贴税的征收一般不超过5年。但在实际运作中,当5年期满时,国外起诉方往往会申请日落复审,以期寻求更多的保护。一旦进口国或地区继续做出肯定性终裁,则反倾销税或反补贴税还将继续征收,从而导致我国陶瓷出口产品在未来的几年,甚至几十年的时间内都要持续缴纳反倾销税或反补贴税。以表13-1韩国对原产或进口于中国的瓷砖所发起的反倾销调查为例,任意的延期裁定以及高额的惩罚性关税,让原本出口韩国市场的我国陶瓷企业连续15年出口严重受阻,而其他生产同类产品的企业要想进入该市场也会十分艰难。

表13-1　韩国对原产或进口于中国的瓷砖所发起的反倾销调查

时间	事件
2005年6月22日	韩国贸易委员会发起反倾销立案调查
2006年4月1日	肯定性终裁:对原产于中国的瓷砖征收2.76%—29.41%的反倾销税率,有效期为5年
2010年8月2日	韩国启动反倾销日落复审调查
2011年7月20日	肯定性终裁:继续对原产于中国的瓷砖征收9.14%—37.40%反倾销税率,有效期为3年
2014年2月8日	韩国再次启动反倾销日落复审调查
2015年8月22日	肯定性终裁:继续对原产于中国的瓷砖征收反倾销税,有效期为3年
2017年8月22日	韩国继续启动反倾销日落复审调查
2018年7月19日	肯定性终裁:建议对涉案产品继续征收9.06%—29.41%反倾销税率,有效期为3年

(数据来源:根据中国贸易救济信息网的数据整理。)

2. 发展中国家逐渐成为陶瓷贸易救济措施的主要发起者

随着国际经济形势的日益严峻,各国和地区的贸易保护主义纷纷抬头,陶瓷贸易摩擦更是频繁发生。在我国陶瓷产品遭遇的国际贸易救济调查中,发起国不仅有澳大利亚、美国、欧洲等发达国家或地区,也有阿根廷、厄瓜多尔、哥伦比亚、墨西哥、秘鲁等发展中国家;既有欧盟、韩国等陶瓷传统出口市场,也有印度、巴西、土耳其等陶瓷新兴出口市场。从已有的数据来看,发展中国家已逐渐成为我国陶瓷产品遭遇贸易救济调查的主要发起者,在我国业已遭受的 41 起肯定性终裁的陶瓷贸易救济案件中,发展中国家的占比已高达 90%。与发达国家不同的是,发展中国家实施贸易救济措施主要是为了对本土相对“幼稚”的陶瓷产业实施保护,以完善本国陶瓷产业结构,增强本国陶瓷产品在国内和国际市场上的竞争力,从而达到与中国陶瓷产品争夺国际市场的最终目的。从现实情况来看,陶瓷产业的市场准入门槛相对较低,其他发展中国家完全有能力利用本国廉价的生产要素大力发展陶瓷生产,从而对我国陶瓷产品出口构成威胁,因此我国陶瓷企业需要特别警惕其他发展中国家陶瓷产业的崛起。

3. 陶瓷贸易救济调查涉及的陶瓷产品种类众多

目前,针对我国陶瓷产品发起的贸易救济调查所涉及的陶瓷产品类型十分广泛,日用陶瓷、建筑陶瓷、卫生洁具以及特种陶瓷,无一幸免,且同一个国家还先后对不同类型的陶瓷产品发起调查。以印度为例,印度先后于 2013 年 9 月、2015 年 1 月、2016 年 1 月、2017 年 4 月分别对原产于中国的陶瓷和玻璃制绝缘子、瓷砖、陶瓷餐具和厨具、陶瓷辊发起反倾销调查并征收高额的反倾销税率。不同类型的陶瓷产品先后遭受同一国家的贸易救济调查,对我国整个陶瓷产业影响巨大,加大了国内陶瓷产业结构调整的压力。

4. 陶瓷贸易救济调查频繁且惩罚措施重

2008 年之前,针对我国陶瓷出口产品发起的贸易救济措施只有 16 起,但到 2008 年以后迅速增至 38 起,陶瓷贸易救济调查的频率开始有所上升且日趋频繁。一方面,应诉的企业疲于应对,应诉成本高;另一方面,未应诉的企业或应诉不成功的企业又丧失了价格优势,止于出口。以日用和建筑陶瓷为例,我国陶瓷产品被调查后普遍征收的惩罚性税率高达 20% 以上,或是每千克 3 美元以上。例如,2015 年 9 月 28 日,阿根廷决定对我国的陶瓷餐具和其他家用卫生瓷器征收每千克 3.71 美元的普遍反倾销税;2020 年 4 月 30 日,海湾合作委员会宣布对我国的瓷砖产品征收 76% 的普遍反倾销税率。而在特种陶瓷方面,这一情况更加严重,被征收的惩罚性关税比日用和建筑陶瓷高得多。例如,2015 年 6 月 4 日,阿根廷决定对原产于中国的陶瓷绝缘子产品征收 227.74% 的普遍反倾销税率。频繁的贸易救济调查和高额的惩罚措施不断削弱了我国陶瓷产品的价格竞争优势,阻碍了我国陶瓷产品的出口。

5. 陶瓷贸易救济调查中的"涟漪效应"和连锁反应明显

自 2008 年后,针对我国陶瓷产品的贸易救济调查具有明显的"涟漪效应",并易产生连锁反应。例如,2012 年 2 月,欧盟对原产于中国的陶瓷餐具和厨具发起反倾销调查,并决定征收 18.3%—36.1% 的普遍反倾销税率。随后,这一调查迅速产生了"涟漪效应"和连锁反应,墨西哥、欧亚经济委员会、巴西、乌克兰等国家和组织也分别于 2012 年 8 月、2012 年 9 月、2012 年 12 月、2013 年 5 月先后对我国的陶瓷餐具和厨具发起反倾销调查。"涟漪效应"和连锁反应使得我国陶瓷行业面临的贸易摩擦渐成常态化,陶瓷企业被迫需要同时应对多起案件,出口压力倍增,同时对企业的经营管理、物力以及财力等方面也产生了一定的消极影响。

6. 陶瓷贸易救济调查存在多次立案和反复调查现象

现阶段,我国陶瓷产品出口面临的贸易救济措施存在多次立案和反复调查的现象,甚至同一国家针对同一种产品还多次发起立案调查。以印度为例,2001 年 8 月,印度决定对原产于中国的瓷砖发起反倾销立案调查并于次年 2 月裁决征收每平方米 8.28 美元的反倾销税;2008 年 10 月,印度再次对中国的瓷砖发起反倾销立案调查并于次年 10 月做出肯定性终裁;由于印度国内没有同类企业提起反倾销日落复审申请,2014 年 12 月印度决定终止对华瓷砖的反倾销措施;2015 年 10 月,印度又重新决定对中国的瓷砖发起反倾销立案调查并裁决征收每平方米 1.87 美元的普遍反倾销税。同一国家对我国同一种陶瓷产品的反复立案调查,极大地打击了陶瓷出口企业的出口积极性,出口企业疲于应对反复调查而无暇顾及生产,部分企业尤其是中小陶瓷企业甚至会因为无休止的应对而被迫放弃其原定的出口安排。

第三节　我国陶瓷产品出口频繁遭遇贸易救济措施的原因

我国陶瓷产品出口频繁遭遇出口市场发起的贸易救济调查,其原因较为复杂,既有产业内部的原因,又有产业外部的原因;既有中国自身的问题,又有出口市场自身的问题;既有市场内的因素,又有市场以外的因素,需要我们深入去思考。

1. 全球贸易保护主义的抬头以及"中国威胁论"的甚嚣尘上

陶瓷贸易摩擦的根源就是贸易保护主义。因美国金融危机所引发的全球性经济衰退,导致全球贸易保护主义的重新抬头。早在2008年12月,一些国家的贸易保护主义者就提出了本土企业回归的要求,并要求向本国业已失去竞争力的"夕阳产业",如陶瓷产业提供超额保护,从而提高本国的就业机会。这种贸易保护主义思想同时也向其他国家扩散,一些发展中国家也相继出台了一些保护国内产业和促进出口的政策。此外,随着全球宏观经济利益冲突的加剧,所谓的"中国威胁论"也甚嚣尘上,使得我国产品出口面临的国际经济政治形势更加复杂,陶瓷出口企业的生存状况也随之变得更加艰难。

2. "市场经济地位"的缺失导致我国陶瓷出口饱受不公平待遇

目前,针对我国陶瓷出口产品的多起反倾销调查案件,发起国均使用了生产成本远高于我国国内的替代国价格来判断我国陶瓷出口产品是否构成倾销的事实,这种不具备任何可比性的替代国价格人为地加大了我国陶瓷出口产品倾销的"水分",导致我国陶瓷出口饱受不公平待遇。这种不公平的待遇主要源于中国在2001年加入WTO时所提交的《中国"入世"议定书》,其中第15条规定:在对原产自中国的产品进行反倾销比较价格时,成员方应当采用中国相关产业的实际价格或成本,或者采用一种替代国方法;如果中国相关生产商不能证明清楚市场经济条件主导其所在产业,可以采用一种替代国方法。由于我国规模以上的陶瓷出口企业相对较少,大多数出口企业的财务管理较为松散,无法清楚地证明其是市场经济的主体,致使我国大多数陶瓷出口产品的实际生产成本都是以替代国的生产成本来认定的。虽然该条款被规定在中国"入世"满15年后终止,但到2016年12月11日,美、欧等国仍拒绝给予中国市场经济地位。2017 年 12 月 20 日欧盟的反倾销新规开始生效,新规规定如果在反倾销调查中发现某出口国市场存在"重要扭曲"导致有关国内价格和成本不宜使用,则调查机关可以寻找不扭曲的价格和成本构建该出口国用于比对其出口价格的正常价值,决定其是否存在倾销。"重要扭曲"的认定,其本质仍与"非市场经济"一致,未来对我国陶瓷产品出口仍将构成较大威胁。

3. 我国陶瓷出口的结构性矛盾突出

整体而言,我国陶瓷产业的准入门槛相对较低,新企业的进入较为容易。在经过近 40 年的加速发展后,我国陶瓷产能已严重过剩,其中尤以中低端陶瓷产品为甚,陶瓷企业出口被迫依赖"价格战",致使出口到国际市场上的陶瓷产品价格远低于其他陶瓷生产国,很容易给出口市场造成"倾销"的假象。目前,我国陶瓷产品的出口单价与国外同类陶瓷产品相比仍存在较大的差距,仅相当于日本同类产品的 1/3、英国的 1/7。在产品出口量约占全球陶瓷总交易量 70% 的绝对优势下,我国陶瓷产品的出口创汇仅占世界总额的 20% 左右。同时,严重过剩的陶瓷产能也导致出口企业的出口秩序极不合理。一旦某种产品在某些区域畅销,则国内所有的同类产品会集中涌向这一区域;或当一种产品因被一国征收进口附加税或惩罚性关税而被迫逐渐退出该市场时,所有厂商则蜂拥转向其他没有实施贸易救济调查的市场,出口的短时激增很容易对当地同类企业和相关企业构成损害或损害威胁,从而诱发新的贸易救济措施调查,继而产生"涟漪效应"。

4. 我国陶瓷企业的应诉能力弱且应对难度大

作为一个劳动密集型的轻工业产业,陶瓷产业的整体利润率不高,在高额的应诉成本及时间因素的影响下,企业往往有"搭便车"的心理而消极应诉,致使整体上诉率不高。同时,由于国内陶瓷企业会计基础工作的薄弱,尤其是财务状况、企业成本控制体系的不完善,导致原始财务凭证不完整、不真实,也使得陶瓷企业应诉时胜诉的概率大打折扣。上诉低、胜诉难的事实,也容易造成我国陶瓷企业软弱可欺的不良印象,客观上又进一步刺激其他 WTO 成员方对我国陶瓷出口产品发起贸易救济调查,由此引发恶性循环,打击了陶瓷企业应诉的积极性,加大了企业应诉的难度。

5. 其他陶瓷生产国和出口国的崛起

我国是世界上第一个生产瓷器的国家,很长一段时间内,我国的制瓷业在世界上保持着无可比拟的绝对优势。欧洲的科学家早在瓷器传入欧洲后便致力于研究瓷器的烧制配方,但一直没有成功,也正是因为如此,我国的陶瓷贸易才能历千年而不衰,成就"海上丝绸之路"的传奇。而如今,中国的陶瓷产业已经失去了这一巨大优势,瓷器制作的材料和配方不再为中国陶瓷产业所独有,其他国家对制瓷技术的掌握已经十分全面,甚至部分国家的制瓷技术后来居上反超中国,如英国、德国、日本等国,其陶瓷品牌效应逐渐超越我国并由此获得更多的国际市场份额。此外,一些发展中国家也开始逐渐具备陶瓷生产实力,纷纷利用本国廉价的生产要素大力发展陶瓷生产,从而对我国陶瓷产品出口构成威胁。

复习与思考

1. 为什么反倾销、反补贴和保障措施均被视为贸易救济措施?
2. 为什么世界各国多倾向于使用反倾销措施而较少使用保障措施?
3. 我国陶瓷出口遭遇的主要贸易救济措施是什么,为什么?
4. 试运用经济学原理分析贸易救济措施对我国陶瓷产品出口的影响。
5. 你认为我国陶瓷出口企业应如何积极应对国外的贸易救济措施?

第十四章　知识产权与中国陶瓷贸易

【案例导入】

打造版权高地　凝聚发展力量

景德镇因瓷立市,千年陶瓷史也是一部版权保护史。近年来,景德镇市以国家陶瓷文化传承创新试验区建设为统领,把版权工作作为陶瓷文化传承创新的核心要素和陶瓷产业发展的重要支撑,统筹推进版权创造、保护、运用、管理与服务各项工作,倾力打造版权工作新发展格局。2021年,景德镇市成功摘得"全国版权示范城市"金字招牌,成为中部地区首个、全国第13个全国版权示范城市。在此基础上,景德镇市再接再厉,努力打造版权强市和知识产权高地,版权正成为助推国家试验区建设的加速器和经济社会高质量发展的强劲动能。

高位推动,构建版权工作大格局

景德镇市高度重视建设全国版权示范城市,将全国版权示范城市建设工作纳入"十四五"规划,作为国家试验区建设重点事项,进行常态化调度。制定出台《陶瓷文化传承创新条例》《陶瓷知识产权保护管理规定》《关于强化知识产权保护工作的实施意见》《版权产业扶持办法》《版权创新创造指导办法》等系列政策法规,为优化版权保护环境、激发创新创造活力、推动版权产业高质量发展,提供强有力的政策支撑。

在原有3个版权服务站的基础上,景德镇市在各县(市、区)及高新区、昌南新区增设6个服务站,实现市、县两级全覆盖,提升全市版权基层服务能力。同时,充分发挥市非公有制维权服务领导小组的作用,成立景德镇陶瓷知识产权联盟、景德镇市版权协会、陶瓷版权专家委员会,设立陶溪川文创街区公共法律服务工作站,为全市陶瓷企业提供全方位的法治宣传、法律援助、纠纷化解等服务。

景德镇市在宣传教育、扩大版权影响力等方面持续用力,不断提升社会公众版权意识,激发了全社会创新创造热情。将《中华人民共和国著作权法》《中华人民共和国民法典》等知识产权法律法规，纳入领导干部教育培训内容，提升领导干部版权知识素养。利用传统媒体与新媒体平台，举办知识竞赛、版权保护论坛、版权作品展，开展知识产权宣传周活动，大力推动版权宣传教育进企业、进园区、进学校、进机关、进工作室，营造人人关心、人人参与版权保护的浓厚氛围。

示范引领，促进版权产业大发展

景德镇市充分发挥版权示范企业、园区（基地）在自主创新、聚焦版权要素和版权资源、促进版权产业发展上的引导作用，树立版权标杆。指导和培育重点园区、企业争创全国、省级版权示范单位或园区（基地），有效带动版权保护和运用，促进版权产业发展。近两年来，景德镇市培育出各具特色、不同类型的国家级和省级版权示范企业。陶溪川文创街区、三宝国际瓷谷荣获全国版权示范园区，景浮宫陶瓷文化有限公司、景德镇市瑞牛文化科技有限公司荣获全国版权示范单位，景德镇澐知味陶瓷文化有限公司、景德镇市春涛陶瓷包装有限公司荣获江西省版权示范单位。其中，陶溪川文创街区作为景德镇市版权领域的“领头羊”，聚集创客1.83万人，累计研发产品23万款，创立品牌3000余个，2021年版权登记数量达9285件，荣获2020年度“中国版权金奖·推广运用奖”。

与此同时，景德镇市积极探索版权质押融资路子，景德镇农商银行推出“陶瓷版权贷”，鼓励陶瓷企业和陶瓷从业人员，以陶瓷版权作为信用等级依据，发放陶瓷版权贷9笔，金额225万元。同时，积极争取省委宣传部、省国有文化资产监督管理办公室的支持，在全省率先成立中国银行陶瓷文化支行，为广大陶瓷版权企业、文创企业提供更多优质、个性化的金融服务。

在国家版权局的大力支持下，全国首个面向特定行业的国家陶瓷版权交易中心落户景德镇。该交易中心采取国有控股、市场化运营模式，组织专业的技术和运营团队，通过区块链、人工智能及大数据等技术，为全国陶瓷企业和个人提供版权登记、交易、质押、融资等特色服务，旨在打造成覆盖全省、辐射全国、面向世界的知名陶瓷版权交易市场和国家版权创新发展基地。未来五年，交易中心将重点扶持3000名陶瓷艺术家，宣传推广代理1000家陶瓷企业版权作品，努力实现1000亿元的陶瓷版权交易规模。

机制创新,推动版权权益大保护

景德镇市以陶瓷文化版权保护为突破口,创新版权保护方式方法,构建版权行政管理、司法审判、社会服务三位一体的版权全链条保护体系。

成立陶瓷版权快速维权中心。作为全国第8家、中部地区第1家知识产权快速维权中心,景德镇知识产权快速维权中心通过搭建文化执法、公安、法院等部门快速联动机制,建立陶瓷版权登记、举报受理、鉴定执法陶瓷版权维权体系,企业申请专利7天内即可获得授权。目前,景德镇市正积极向国家知识产权局申请将快速维权中心升级为保护中心。

成立知识产权法庭。这也是继宁波、苏州之后设立的全国第三家非省会城市、以陶瓷知识产权保护为重点的跨区域管辖知识产权法庭,为知识产权特别是陶瓷知识产权提供了全方位、一体化的司法保护。截至今年4月24日,景德镇知识产权法庭共受理知识产权案件401件,审结338件,结案率84.29%,调撤率70.88%。法庭审理的案件先后入选全国法院知识产权五十件典型案例和江西法院知识产权十大典型案例。2021年,景德镇知识产权法庭获评"江西省法治宣传教育基地"。

推行协同合作模式。健全跨区域、跨部门版权保护协作机制,探索由文旅、公安、市场监管、陶瓷行业协会等多部门联合的陶瓷版权工作机制。加强司法审判与行政执法衔接,推进知识产权纠纷多元化解机制建设,将侵犯知识产权案件纳入提前介入的案件范围,将审查工作前移,对案件从严、从快处理。昌江区一花纸经营部侵犯著作权案入选"2020年度江西打击侵权盗版十大案件"。

(资料来源:《景德镇日报》。作者:吴立群,2022年4月26日)

【学习目标】

通过本章学习,可以:

1. 了解知识产权概念及相关保护制度。

2. 理解与陶瓷贸易有关的知识产权类型。

3. 掌握陶瓷出口企业的知识产权保护方式。

第一节　知识产权概念及相关保护制度

一、知识产权概念

1. 知识产权的定义

知识产权是指公民或法人等主体依据法律的规定,对其从事智力创作或创新活动所产生的知识产品所享有的专有权利,又称智力成果权、无形财产权。狭义的知识产权包括工业产权与版权两大类。其中,工业产权可以分为三类:创造性成果权(发明专利权、实用新型专利权、外观设计权)、识别性标记权(商标权、服务标记权、商号权、地理标志权)、制止不正当竞争权。版权可以分为作品创作者权和作品传播者权两类。广义的知识产权还包括科学发现权、对"边缘保护对象"的保护权,以及商业秘密权等。

2. 知识产权的范围

1970 年 4 月 26 日生效的《建立世界知识产权组织公约》第 2 条第 8 款对"知识产权"的范围做了如下定义:

(1)与文学、艺术及科学作品有关的权利;

(2)与表演艺术家的表演活动、录音制品和广播有关的权利;

(3)与人类在一切领域创造性活动产生的发明有关的权利;

(4)与科学发现有关的权利;

(5)与工业品外观设计有关的权利;

(6)与商品商标、服务商标、商号及其他商业标记有关的权利;

(7)与制止不正当竞争有关的权利;

(8)一切来自工业、科学及文学艺术领域的智力创作活动所产生的权利。

世界贸易组织在《与贸易有关的知识产权协定》(TRIPS)第 1 条对"知识产权"的范围做了类似的定义。

3. 知识产权的特征

(1)权利客体的无形性。权利客体的无形性是知识产权区别于有形财产所有权最本质的特征。由于无形性这一特征,法律上有关知识产权的保护、知识产权侵权的认定、知识产权贸易等比货物贸易复杂。

（2）权利内容的专有性。权利内容的专有性包括两层含义：一是知识产权在法律规定的有效期内，权利人可以对其客体拥有排他权、垄断权；二是对于相同的智力成果或者商业标记，国家授予的某类型知识产权应是唯一的，不能再对同一智力成果授予他人同一类型的知识产权。

（3）权利效力的地域性。权利效力的地域性是指一项知识产权只在其依法产生的地域内有效。其他国家对该国的知识产权没有保护义务，如签有国际公约或双边互惠协定，则属例外。

（4）权利保护的时间性。权利保护的时间性是指知识产权仅在法定期限内受到保护，超过法定期限，权利自行消失，但作为其客体的智力成果仍然存在，只是由专有领域进入公有领域。

二、知识产权保护制度

1. 知识产权保护

狭义的知识产权保护通常是指通过司法和行政执法来保护知识产权的行为。然而，这种局限于司法和行政执法双轨制的保护体系既不能完全有效地保护知识产权，也不能构成知识产权保护所涵盖的全部内容，因此就有必要将知识产权保护的概念扩展到更广的层面。

广义的知识产权保护是指依照现行法律，对侵犯知识产权的行为进行制止和打击的所有活动。

2. 知识产权保护的国际公约

世界知识产权组织（WIPO）是根据1867年的《建立世界知识产权组织公约》于1970年成立的，1974年成为联合国的一个专门机构。世界知识产权组织管理的知识产权公约包括：

（1）《保护工业产权巴黎公约》

该公约规定了工业产权保护的三项基本原则，即国民待遇原则、优先权原则和独立原则。该公约定义的工业产权的保护对象包括专利、实用新型、外观设计、商标、服务标记、厂商名称、货源标记或原产外观设计，用以制止不正当竞争。

（2）《保护文学和艺术作品伯尔尼公约》

该公约确定了文学和艺术作品保护的三项基本原则，即国民待遇原则、自动保护原则和独立保护原则。该公约规定了受保护作品的范围，即保护文学和艺术作品,包括文学、科学和艺术领域内的一切作品,不论其表现形式或方式如何。该公约确立了作者的专有权利,规定了文学、艺术作品的作者享有的经济权利和精神权利。

(3)《保护表演者、音像制品制作者和广播组织罗马公约》

该公约给予的保护基本上由各国依其国内立法对本国表演者、音像制品制作者和广播组织给予的国民待遇构成。该公约没有明确规定表演者最低限度的权利,该公约规定的最低保护期限是 20 年,自录制完成、表演举行或广播播出之年年底起计算。

(4)《集成电路知识产权条约》(俗称《华盛顿条约》)

该条约要求每一缔约方在领土范围内对于集成电路布图设计(拓扑图)的知识产权保护应给予与其本国国民同样的待遇,而且保护期限至少为 8 年。

(5)其他条约

其他条约主要包括《专利合作条约》《商标国际注册马德里协定》《世界知识产权组织版权条约》《世界知识产权组织表演和录音制品条约》等。

3. WTO《与贸易有关的知识产权协定》的基本原则与保护范围

关税及贸易总协定乌拉圭回合谈判将与贸易有关的知识产权保护问题纳入了多边贸易体制,制定了《与贸易有关的知识产权协定》(TRIPS)。

(1)与其他相关公约并存不悖的原则

TRIPS 协定的目的只是对知识产权的国际保护进行全面的规定,而不是取代以往的国际公约。各成员依据《保护工业产权巴黎公约》《保护文学和艺术作品伯尔尼公约》《保护表演者、音像制品制作者和广播组织罗马公约》以及《集成电路知识产权条约》等条约所承担的义务不应由于本协定的规定而受到减损,而是必须继续遵守。

(2)最惠国待遇原则

TRIPS 协定规定:任一成员就知识产权保护提供给另一成员国民的利益、优惠、特权或豁免应当立即、无条件地给予所有其他成员的国民。这是 TRIPS 的创新条款,以往关于知识产权的国际公约中都没有制定最惠国待遇条款。同时 TRIPS 还规定,在以下几种情况下,最惠国待遇条款不适用于各成员。

①一成员在加入 WTO 以前已签订的司法协助及法律实施的双边或多边国际协定,允许仅适用于签订该类协定的各缔约方,而不适用于各成员国。

②根据《保护文学和艺术作品伯尔尼公约》及《保护工业产权巴黎公约》中的选择性条款,在某些国家按授权所获得的保护,可按互惠原则相互提供保护而不按最惠国待遇原则扩展到其他成员。

③该协定中未做规定的表演权、音像制品制作权和广播组织权也不受最惠国待遇条款的约束。

④《马拉喀什建立世界贸易组织协定》生效前已经生效的知识产权保护国际协议中产生的,并且已将这些协定通知与贸易有关的知识产权委员会,如果这些协定并不对其他成员构成不公平的歧视,则这类协议所产生的优惠、特权、豁免、利益可以作为最惠国待遇的例外。

⑤由世界知识产权组织缔结的有关知识产权的多边协定中所规定的优惠、特权、豁免、利益,只适用于这些协议的签字方,而不适用于 WTO 的所有成员。这一例外也适用于 TRIPS 协定的国民待遇原则。

(3)国民待遇原则

根据 TRIPS 协定的规定,凡是符合《保护工业产权巴黎公约》《保护文学和艺术作品伯尔尼公约》《保护表演者、音像制品制作者和广播组织罗马公约》以及《集成电路知识产权条约》所列明的保护标准项下的自然人或法人,是以上 4 个公约成员的国民或 WTO 成员的国民,应该享受 TRIPS 协定的国民待遇。

TRIPS 协定的国民待遇适用范围并不覆盖知识产权的所有方面,主要有以下例外:

①已在《保护工业产权巴黎公约》《保护文学和艺术作品伯尔尼公约》《保护表演者、音像制品制作者和广播组织罗马公约》以及《集成电路知识产权条约》中规定的例外。

②有关知识产权在司法和行政程序方面的例外。但是这些例外不能与《与贸易有关的知识产权协定》的义务相抵触,也不能对正常贸易构成变相的限制。

③由世界知识产权组织主持缔结的多边协议中有关获得和维持知识产权的程序方面的规定,也不适用国民待遇原则。

④《与贸易有关的知识产权协定》所规定的其他例外。

第二节　与陶瓷贸易有关的知识产权

一、知识产权与陶瓷产业发展的关系

1. 知识产权是陶瓷企业创新发展的生命线

当下是一个创新的时代,创新是深化改革的不竭源泉。党的十八大强调,"要坚持走中国特色自主创新道路、实施创新驱动发展战略",而创新离不开知识产权这一重要手段,它是经济发展的重要资源和核心竞争力,更是企业创新发展的生命线。以陶瓷企业为例,其在国际、国内市场竞争中最大的资源和优势就在于科技与人才,在于不断研发新产品。而陶瓷新品研发过程耗时耗力耗材,故其能否成功投入市场将成为企业能否获得可持续发展的重要保障。但是,如果知识产权保护不力,一些陶瓷新品开发投入市场后,前期投资成本尚未收回,仿制产品便纷至沓来,使得原创新品企业被迫卷入价格战,最后研发成本回收无望。如此一来,企业最终都热衷于凭借劳动力和制造业的廉价成本优势进行模仿,而不再致力于研发新产品,如此恶性循环只会影响整个陶瓷产业的健康发展。知识产权是陶瓷企业创新发展的关键,工业和信息化部、国家版权局、国家工商总局(今国家市场监督管理总局)和国家知识产权局四部委也认识到了陶瓷产业知识产权保护的重要意义,于2013年联合发布了《关于加强陶瓷产业知识产权保护工作的意见》,要求提升产业自我保护能力,促进陶瓷产业健康有序地发展。

2. 知识产权保护是加强陶瓷产业国际合作机制的助推器

美国在卡特政府时期就认识到本国知识产权保护不力,国外市场准入存在严重壁垒,导致美国产品进入他国市场受限,故而针对性提出"要采取相关政策提高本国竞争力,振奋企业精神",在国际经贸往来中强力推动知识产权对外战略,整合国内国际资源,形成了"合纵连横"的实施策略,从而实现自身经贸利益的最大化。北京大学陈美章教授也曾指出:"知识产权保护制度有助于一个国家引进国外先进技术,从而扩大对外开放,促进对外贸易的发展。"由此可见,当前一国选择投资场所必须考虑的一个重要因素,就是其知识产权保护水平如何。良好的知识产权保护环境有利于扶持高新技术的发展,有利于发展对外贸易和投资。"一带一路"旨在通过对沿线国家的开放与合作,实现共赢,这一倡议有利于加快我国经济的转型升级,推进服务和贸易的自由化和便利化,这对我国陶瓷产业发展来说既是机遇也是挑战。换言之,倘若不具备良好的知识产权保护战略,陶瓷产业在国外的贸易活动就会受阻,将会间接迫使海外贸易投资方转向知识产权保护环境良好的区域和国家。由此可见,良好的知识产权保护环境是开展国际贸易活动的前提,优质的知识产权保护制度是陶瓷产业加强国际合作和贸易往来的助推器。

二、与陶瓷贸易有关的知识产权

自 20 世纪 80 年代以来,随着经济全球化进程加快,知识产权成为越来越多国家的重要经济利益,1986 年开始的乌拉圭回合多边贸易谈判将知识产权纳入其议题。与贸易有关的知识产权成为 WTO 所管辖的 3 个主要多边贸易协定之一——《与贸易有关的知识产权协定》所规范的对象。随着我国"一带一路"的深入开展,知识产权对货物贸易的影响日益突出,陶瓷贸易也不例外。因此,陶瓷出口企业在出口陶瓷前,应充分关注知识产权问题。

那么,与陶瓷贸易有关的知识产权包括那些权利呢?

1. 著作权(版权)保护

著作权(版权)保护所保护的作品包括美术作品,与陶瓷产品有关的花面设计就在保护范围之内。在绝大多数国家,并且根据《保护文学和艺术作品伯尔尼公约》,版权保护自动获得,无须登记或办理其他手续。但在一些其他国家仍然设有对作品进行自愿登记的制度。这种自愿登记制度有助于解决涉及所有权或创作方的争议,并为权利的经济交易、销售、让与和(或)转让等提供便利。中国国家版权局成立以来,在各地设立了分支机构,承担了对作品的著作权登记和法定许可使用进行管理的职能。版权登记简便快捷,费用低廉,比较切合陶瓷产业的实际情况,因而在陶瓷产业比较集中的德化产区得到了较好的推广。

2. 商标权保护

商标是指能够将一家企业的商品或服务与其他企业的商品或服务区别开来的标志。文字或者文字、字母和数字的组合就可以构成受保护的知识产权。中国境内注册商标可以在商标局办理,也可以委托依法设立的商标代理机构办理。商标注册有效期为 10 年,可以交费续展。如需到国外申请注册商标,则有两种途径:一种是逐一国家注册,即分别向各国商标主管机关申请注册;另一种是马德里商标国际注册,即根据《商标国际注册马德里协定》或《商标国际注册马德里协定有关议定书》的规定,在马德里联盟成员国间所进行的商标注册。截至 2020 年 12 月,马德里联盟成员国已经有 107 个。

3. 地理标识志

WTO 的《与贸易有关的知识产权协定》单独将地理标识列为知识产权的保护对象。根据该协定,"地理标识是指识别一货物来源于一成员国领土或该领土内一地区或地方的标识,该货物的特定质量、声誉或其他特性主要归因于其地理来源"。对于地理标志的保护期,只要来源国不停止保护,则在所有 WTO 成员方将无限期受到保护。截至 2021 年 3 月,我国累计批准地理标志产品 2473 个,核准 6209 家企业和组织使用地理标志产品专用标志。其中就包括德化白瓷、唐山骨质瓷、醴陵瓷器、宜兴紫砂、龙泉青瓷、铜官陶瓷、钧瓷、汝瓷、坭兴陶、上林湖越窑青瓷、喀左紫砂、隆昌土陶、伏里土陶、无棣贝瓷、当阳峪绞胎瓷、衢州莹白瓷、耀州瓷等。

4. 专利权保护

专利权是指发明创造人或其权利受让人对特定的发明创造在一定期限内依法享有的独占使用、收益、处分其发明创造,并排除他人干涉的权利。专利具有三重作用:一是使技术的评鉴法制化。凡授予专利权的发明必须符合"三性"要求,即新颖性、创造性、实用性。因此,专利的审查实质是将技术的评鉴法制化,而且这种方式又为国际所公认。二是使技术资产化。纯技术一旦被授予专利权就变成了工业产权,形成了无形资产,具有了价值。技术发明只有申请专利,并经专利局审查后授予专利权,才能变成国际公认的无形资产。三是使技术权利化。即一项技术申请专利,经审查一旦授予专利权,就有权受到法律的保护。

专利可以分为发明和实用新型专利、外观设计专利两大类。其中,发明和实用新型专利主要保护陶瓷的新品种、生产技术、生产工艺、设计方案、生产设备等。《中华人民共和国专利法实施细则》(1985 年)第二条规定:"专利法所称的发明,是指对产品、方法或者其改进所提出的新的技术方案。专利法所称的实用新型仅限于对产品的形状、构造或者其结合所提出的适于实用的新的技术方案。"也就是说,实用新型只能是对机械、设备、装置、器具、日用品等产品的新的设计,因此,工艺方法发明不适用于实用新型专利保护。陶瓷产品也可以申请外观设计专利,但由于外观设计专利容易稍加改动,因此,确定侵权不易,在大多数情况下申请外观设计专利对陶瓷生产商而言意义不大。事实上,申请外观设计专利来保护工艺品知识产权的案例十分少见,但外观设计经申请后保护期可长达10年,还可在国外申请保护,因此对于重大的设计成果仍是有意义的。

专利的国内申请可以以书面形式或者国家知识产权局专利局规定的其他形式办理。在申请国内的发明或者实用新型专利时,申请者应当提交请求书、说明书及其摘要和权利要求书等文件。请求书应当写明发明或者实用新型的名称,发明人或者设计人的姓名,申请人姓名或者名称、地址,以及其他事项。说明书应当对发明或者实用新型做出清楚、完整的说明,以所属技术领域的技术人员能够实现为准,必要的时候,应当有附图。摘要应当简要说明发明或者实用新型的技术要点。权利要求书应当以说明书为依据,说明要求专利保护的范围。申请外观设计专利的,应当提交请求书以及该外观设计的图片或者照片等文件,并且应当写明使用该外观设计的产品及其所属的类别。

专利的国际申请,则有两种途径:一种是PCT国际申请,是指申请人依据《专利合作条约》(PCT)所规定的程序向所指定的受理单位提交国际申请的行为,在申请中,可以指定在其中的一国或几个国家获得专利权。目前《专利合作条约》(PCT)的缔约国包括美、日、英、法、德、加、澳等几乎所有发达国家以及中国等发展中国家。另一种是依据《保护工业产权巴黎公约》申请,利用在一个国家所提交的专利申请为优先权,在6或12个月内,直接向有意在其获得专利授权的国家提交专利申请的途径。

5. 未公开信息

陶瓷的知识产权中还包括不能归入上述几种的未公开信息,如设计方法、原料配制、彩绘方法、烧制方法中的诀窍等。《与贸易有关的知识产权协定》将符合"A. 属秘密的;B. 因属秘密而具有商业价值的;C. 由该信息的合法控制人,在此种情况下采取合理的步骤以保持其秘密性质"的信息定义为未公开信息,并规定,"自然人和法人应有可能防止其合法控制的信息在未经其同意的情况下以违反诚实商业行为的方式向他人披露,或被他人取得或使用"。我国法律中关于商业秘密的规定与此相对应,企业内部必须采取足够的保护措施,并且在必要时向有关部门提供充分的数据和证据,才能得到保护。

第三节　陶瓷出口企业的知识产权保护方式

随着中国陶瓷产业的不断壮大、陶瓷设计能力的不断增强,中国陶瓷品牌逐步走向世界,中国陶瓷企业对知识产权的认识也正逐步加深。陶瓷出口企业在出口陶瓷前,应充分关注国外已申请的陶瓷专利、著作权、商标等知识产权,如花色装饰图案等外观专利、商标等,避免侵权,否则会面临较大的损失。如:2003 年欧盟理事会通过《关于针对涉嫌侵犯特定知识产权的海关行为及针对侵权货物的处理措施的(EC)第 1383/2003 号部长理事会条例》,严禁来自欧盟外第三国的侵权产品进出欧盟共同关税区或转运至自由港和保税仓库。其中特别需要关注的是,该法令规定海关可直接销毁涉嫌侵权产品而不需调查是否侵权,这应引起我国陶瓷出口企业的高度重视。2004 年 8 月,德国酷尼子瓷器公司就曾向德国侵权产品受理机构举报德国另一家公司从中国进口的 10000 只茶杯仿冒其商标和图案设计,侵犯其知识产权,次月汉堡海关直接就地销毁了涉案的中国侵权茶杯。

同时,知识产权也是助推陶瓷企业自身发展走向国际化的一个重要因素。随着"一带一路"的不断深入,我国陶瓷制造业正逐渐向全球制造业成本更低和市场更广阔的国家或地区转移,陶瓷出口企业也要进一步防范自有知识产权被他国制造商侵犯的可能,并适时采取必要的措施维护自身权益。

那么,陶瓷出口企业应如何保护自有知识产权呢?

一、在目标市场进行知识产权登记

在目标市场进行知识产权登记,不仅是维护陶瓷企业的利益,同时也是维护目标市场经销商和消费者的利益。这种做法是向消费者和经销商传递中国陶瓷产品和品牌在知识产权领域的正面形象。一旦出现侵权,维权的过程可以作为品牌宣传的另一种形式,稳固自有品牌在当地市场的地位。如果维权成功,仿冒产品将在目标市场下架,这样既能有效阻止来自国内或其他国家供货商的仿冒行为,又可避免熟识的供货商在国内打官司的尴尬。

二、重视海关知识产权保护备案

知识产权海关保护备案,是指知识产权权利人,按照《知识产权海关保护条例》的规定,将其知识产权的法律状况、有关货物的情况、知识产权合法使用情况和侵权货物进出口情况以书面形式通知海关总署,以便海关在对进出口货物的监管过程中能够主动对有关知识产权实施保护。知识产权海关备案的期限为10年,不足10年的按照该知识产权权利剩余有效期计算,可续展,每次续展备案的有效期为10年。根据《知识产权海关保护条例》的规定,海关在日常监管和货物的查验中一旦发现侵权嫌疑货物,权利人可主动向海关申请采取保护措施,并支付最高不超过10万元的担保金,海关可以扣留嫌疑货物并进行查处。在陶瓷出口实践中,通过海关备案系统进行商标的保护和查验可以有效起到警告和震慑作用。

三、通过版权登记协调知识产权利益归属

国家版权局制定的《作品自愿登记试行办法》于1955年1月1日开始执行,该办法规定作品登记证书是著作权归属的初步证明。作品登记在德化陶瓷产区得到了较好的推广。当地政府通过设立专门机构鼓励陶瓷企业和创作者开展作品登记工作,大大提高了陶瓷企业的版权保护意识,减少了企业间相互仿制、抄袭、剽窃的侵权行为,促使尊重版权、鼓励创新的市场氛围初步形成。与专利权保护相比,版权保护在办理时限、办理权限、保护时效、登记费用等方面均有较强优势。例如,在办理时限方面,版权保护自作品完成创作时起享有,随时到登记中心登记或网上登记,而专利权保护则需自申请日起18个月内或3年内请求初审和实质审查;在办理权限方面,版权保护由各省版权局负责,国家版权局只负责国外及港澳台作品登记,而专利权保护则只能由国家专利局负责登记公告;在保护时效方面,版权保护时效为作者终生及死亡后50年,而专利权保护时效仅为10—20年;在登记费用方面,版权保护收费较低,而专利权保护则收费较高,且需缴纳逐年递增的年费。

表14-1 版权与专利保护优势比较

指标	版权保护	专利权保护
办理时限	自作品完成创作时即享有,随时到登记中心登记或网上登记	实用新型与外观设计专利自申请日起18个月内请求初审,发明专利3年内请求初审和实质审查
办理权限	各省版权局负责,国家版权局负责国外及港澳台作品登记	国家专利局负责登记公告

续表 14 - 1

指标	版权保护	专利权保护
保护时效	作者终生及死亡后 50 年	发明专利为 20 年,实用新型和外观设计专利为 10 年
登记费用	收费较低	收费较高,需缴纳逐年递增的年费

四、在国内外展会上进行知识产权维护

国际展览会是中国陶瓷出口企业展示自己的重要舞台。参加国际展会,不仅可以获取市场走势的信息,为经济发展把脉,还可与业务伙伴建立合作的纽带,促进交流。而专业贸易展会期间的知识产权维权执法一直被视为最有效的维权手段之一。国际展览业协会(UFI)在 2008 年 2 月编写的《展会知识产权的保护建议》中明确提出在展会前,策展方须建议参展商:

(1)提前注册商标、专利或外观设计以取得有效的知识产权;

(2)时常咨询知识产权法专家有关的知识产权保护方案及其相关法规;

(3)知悉策展国当地知识产权律师、海关、知识产权局的联系方式;

(4)当参展商知悉另一参展商疑似侵犯自己知识产权,应及时向海关提出申请,海关便可禁止该疑似侵权产品进口,没收或销毁该产品;

(5)参展商应随身携带其知识产权的证书(正本或公证后之副本),以便随时在展会时提出法律行动或向策展方之投诉单位或仲裁单位提出投诉。

在展会时,策展方须提供给参展商:

(1)可代理参展商提出申诉或法律行动的当地知识产权律师之名册;

(2)现场即随传随到的专家,以便提供是否有知识产权侵权之法律意见;

(3)中立的仲裁单位,以协助判定是否在展会时有知识产权侵权;

(4)提供现场口译人员,协助纠纷处理;

(5)尽可能在现场设立"知识产权服务桌",以协助处理知识产权的投诉或争端;

(6)鼓励参展商提供其产品已取得合法知识产权之证明。

如,中国进出口商品交易会(广交会)设有知识产权和贸易纠纷投诉接待站,现场接待和处理涉嫌侵犯知识产权的投诉。根据相关规定,广交会参展企业的展品、展品包装、宣传品及展位的其他展示部位拥有自主知识产权的,应当带上相关的权属证明文件前来参展,以备必要时接受大会的检查。被举报并被

认定侵权的参展企业不仅要承担赔偿责任,连续三届被认定侵权的参展企业将被取消参展资格。

因此,中国陶瓷出口企业在赴海外参加国际展会时,一定要做好与知识产权相关的必要准备,明确需要自我保护的产品和技术,以及潜在的侵权风险。

复习与思考

1. 何为知识产权? 简述知识产权保护的重要性。

2. 简述 TRIPS 与已有的国际知识产权公约的关系。

3. 陶瓷产业加强知识产权保护的意义有哪些?

4. 就陶瓷产品而言,版权保护和专利权保护的区别有哪些?

5. 陶瓷产业如何营造出良好的知识产权保护环境?

【知识拓展】

区块链技术助力陶瓷版权保护

在过去,陶瓷的鉴证溯源主要靠"眼睛看、经验判",在交易市场上,陶瓷作品的版权价值容易受到侵害。正在举行的 2020 年中国景德镇国际陶瓷博览会上,一家公司通过"陶瓷数字身份 + 区块链"技术,让陶瓷作品版权保护这道难题有了新的解决方案。

10 月 19 日,在景德镇陶瓷大学展区内,记者见证了一件陶瓷作品"上链"的全过程。参展商用一台外形有点像测温仪的鉴证设备对一个瓷盘进行扫描,瓷盘的材料学结构特征以数字形式被记录并上传至区块链平台留存,之后还可通过智能设备实现对陶瓷数字身份的比对验证。

"陶瓷的智能识别是建立在其烧制时形成的长时间稳定且无法伪造的材料学结构特征上的。每一件陶瓷作品的材料学结构特征都是独一无二的,如同人脸、指纹或者虹膜等唯一性特征一样。"这套陶瓷鉴证和溯源设备的研发团队负责人程昔恩介绍,团队攻克了数字与陶瓷一对一关联的难题,将陶瓷釉下气泡等微观结构特征数字化,建立起了"陶瓷指纹"。

据了解,该项目还解决了区块链上数据跟实体经济商品结合的关键难题,利用区块链技术确保陶瓷数字身份证建立后无法被篡改,并在生产者、中间商、消费者之间形成了陶瓷的溯源信息链。"未来,没有陶瓷专业知识的消费者也可以通过智能设备和区块链平台,完成对陶瓷的鉴证工作。陶瓷的流通过程也能被记录下来,让陶瓷文化传承更加有序。"程昔恩说。

景德镇是国家陶瓷文化传承创新试验区。未来这里将建成国家陶瓷文化保护传承创新基地、世界著名陶瓷文化旅游目的地以及国际陶瓷文化交流合作交易中心。根据试验区建设的实施方案,当地将完善陶瓷文化产品交易方式,加快建立陶瓷产业大数据中心,为全国陶瓷行业提供全方位信息服务。

（资料来源:新华社,2020 年 10 月 22 日,作者张兆卿、袁慧晶）

第十五章　数字经济与中国陶瓷贸易

【案例导入】

福建南安探路实体经济高质量发展

最近,记者深入福建南安传统产业生产经营一线采访发现:近年来,南安将发展经济着力点放在实体经济上,立足石材陶瓷、水暖卫浴、机械装备等传统产业优势,从生产端、设计端到销售端,通过智造化升级"强链"、文创设计"延链"、构筑平台"补链"等,向高端"智造"要利润,从产品创新中挖掘文化附加值,在平台经济上提升产销率,推动全产业链转型升级,创新打造"泛家居"产业模式,推动实体经济高质量发展成效突显。

2020年1至9月,南安规模以上工业产值完成2043.5亿元,同比增长4.8%。石材陶瓷、机械装备、塑料化工、日用轻工等重点产业规模产值均保持增长。

智造"强链"

在一个密闭的笼状空间里,一只机械手臂在一个陶瓷马桶坯体上面紧张地忙碌着,坯体是刚刚经过干燥的,在智能程序的"指挥"下,机械手臂在坯体上均匀地覆盖上釉水,原本粗糙的坯体表面很快变得油光可鉴。

这是位于南安经济技术开发区的全国卫浴龙头企业——九牧智能工厂的日常一幕。据九牧智能车间负责人介绍,在卫浴产品生产流程里,该环节称为"施釉",以往是人工操作,换成机器手臂便实现了自动施釉,可将陶瓷产品360度旋转均匀施釉,而且釉水可以到达人工难以办到的管道内壁。"只要按下自动施釉系统,机器手臂就能对不同产品的大小和型号自行调整合适的施釉方式,实现24小时全流程自动化操作。"

在九牧智能工厂,记者发现,不止施釉,"智能化生产"已贯穿了注浆、干燥、脱模、灌釉、烧制等陶瓷卫浴生产流程,在工厂顶部均设置了自动化传输带,它们成为产品在各个环节之间输送的自动管道。

九牧智能工厂是南安传统制造业"智能化转型"的缩影。走入现在南安的工厂车间，不管是全国最大的水暖厨卫产业，还是全球最大的石材产业和占国内半壁江山的陶瓷产业，或者是在福建省行业内举足轻重的机械装备产业，"智能化生产"已蔚然成风。

对智能化转型的趋之若鹜，是南安传统制造业在人口红利逐渐消失、传统加工制造利润减少等形势下的应对之举，更是源于向产业链"生产端"高质量发展要利润的内在需求。

九牧智能工厂负责人介绍，以一只智能马桶生产为例，传统制造成本为1500元，采用智慧智造化流水线仅需要900元，智能制造降低的成本达到40%左右。

据统计，九牧"云制造"数字化工厂制造能耗下降50%，生产效率提升30倍，质量一次合格率提升20%，物流周期缩短60%，生产线人员节约600人，实现了效率和品质的双重提升。

说到智能化带来的利好，德林智能科技有限公司董事长陈建团也是深有感触："以磨砂抛光这个环节而言，以前需要至少10个工人，现在一台机器一个人就可以，原来车间至少100个工人，现在20人不到，人工成本下降了，工作效率却提升了。"陈建团将省下的成本投入研发创新中，目前每年保证销售额10%以上的资金投入研发。

传统制造智能化生产转型的成效，离不开当地政府的助推。近年来，南安推行"外力＋内力"产业赋能模式，探索运用合同管理引导企业实施智能改造、机器换工、人工智能。目前，南安拥有2000多条自动化生产线，实现机器换工17.6万多人，年节约用工成本约140亿元，年新增产值超130亿元。

平台"补链"

如果要一站式采购与"家居"相关的产品，位于福建成功国际会展中心的海丝泛家居平台体验中心或许是最合适的选择。记者看到，在体验中心设点的企业，几乎涵盖了石材、陶瓷、水暖、厨卫、家私、安防、装饰、设计、物流、装潢等10多个涉及家居的行业。不止线下，企业还通过搭建泛家居线上平台进行展示和销售。

南安市委书记林荣忠表示，近年来，南安从当地传统产业实际出发，寻找石材、陶瓷、水暖、厨卫、机械等传统产业之间的关联度，推行"政府＋联盟＋企业"

泛家居产业模式,依托工业互联网平台,通过产业抱团联盟、渠道整合拓展、模式创新提升、线上线下结合等方式,整合关联产业资源,补齐产业链上下游,打响泛家居品牌。

要集聚泛家居产业抱团发展,首先是要构建核心组织。为此,南安成立了海丝泛家居产业联合会,整合推动泛家居发展各类资源,以政府来引导,出台《关于加快泛家居产业联盟发展的若干措施》等政策,为泛家居产业企业营造良好的政策环境;以联盟来运作,组建了南安市海丝泛家居产业联盟,形成互利互惠的利益联合体;以企业来主导,通过联盟平台开展洽谈合作,得到更多优质订单和采购渠道,补齐完善自身产业链条。

据泛家居产业平台负责人肖星瑜介绍,目前,会员企业已和 Z-Wave 联盟、世贸中心、国贸中心、中建院、中合联、中国物流、国检集团、丝路产能合作中心、中国武夷、东兴证券等多家贸易组织、央企、金融机构签订一系列战略合作协议。

肖星瑜介绍,自泛家居产业平台运行以来,截至目前,泛家居产业联盟已吸引 1200 多家企业加盟,2019 年泛家居会员企业产销率达 100.8%,成本费用利润率达 9.89%,产成品库存同比下降 15%,产成品存货周转天数减少 0.3 天,利润总额同比增长 25% 左右,企业利润空间不断扩大。

(资料来源:节选自《经济日报》,2020 年 12 月 4 日,作者林锦旺、许泽龙)

【学习目标】

通过本章学习,可以:

1. 了解数字经济的主要内涵。

2. 理解数字经济与陶瓷贸易的关系。

3. 掌握数字经济对陶瓷贸易的影响。

第一节　数字经济的内涵及数字经济发展战略

一、数字经济的起源及概念

自美国学者唐·塔斯考特（Don Tapscott）于 1994 年首次提出"数字经济"一词，数字经济开始逐渐进入人们的视野。1998 年，美国商务部《浮现中的数字经济》研究报告描述了在 IT 技术扩散和渗透的推动下，从工业经济走向数字经济的发展趋势，并将数字经济的特征概括为"因特网是基础设施，信息技术是先导技术，信息产业是带头和支柱产业，电子商务是经济增长的发动机"。

2002 年，美国学者金范秀（Beomsoo Kim）将数字经济定义为一种特殊的经济形态，指出数字经济的活动本质为"商品和服务以信息化形式进行交易"。随着信息技术的发展成熟及经济社会数字化程度不断提升，"数字经济"的内涵和范畴在早期基础上进一步扩大。

2016 年，加拿大政府将数字经济定义为通过数字技术应用于商品生产、分配和消费等环节，从而提高生产效率和商品质量。同年，经济合作与发展组织（OECD）指出数字经济的内涵包括数字技术以及在其之上衍生出的经济和社会活动。在 G20 杭州峰会上发布的《二十国集团数字经济发展与合作倡议》指出，数字经济是指以使用数字化的知识和信息作为关键生产要素、以现代信息网络作为重要载体、以信息通信技术的有效使用作为效率提升和经济结构优化的重要推动力的一系列经济活动。

综合《二十国集团数字经济发展与合作倡议》《中国数字经济发展与就业白皮书》以及学者们对数字经济的内涵界定，本书为数字经济做如下定义：数字经济是以使用数字化的信息和知识作为关键生产要素，以数字技术为核心动力，以现代信息网络为载体，通过数字技术与实体经济深度融合，不断提高经济社会的数字化、网络化、智能化水平，加速重构经济发展与治理模式的新型经济形态。数字经济主要包括四大部分：一是数字产业化，即信息通信产业，具体包括电子信息制造业、电信业、软件和信息技术服务业、互联网行业等；二是产业数字化，即传统产业由于应用数字技术带来生产数量与生产效率的提升，其新增产出构成数字经济的重要组成部分；三是数字化治理，包括治理模式创新，利用数字技术完善治理体系、提升综合治理能力等;四是数据价值化。其中,数字产业化与产业数字化是数字经济发展的核心。

二、数字经济的主要特征

数字经济作为一种新型经济形态,具备以下主要特征。

1.直接快捷性。数字经济是一种快捷性经济,通过网络化平台,突破了时间与空间上的约束,使信息传输、经济活动等能够直接快速进行。

2.边际效益递增性。数字经济与传统经济不同,因为数据作为一种新兴要素,随着对它不断地挖掘与累积,形成了已有数据可被重复利用,新增数据可作为有效补充并产生更有价值的信息的优势局面。因此数字经济表现为边际成本较低且递减,并具有累积增值性。

3.外部经济性。一是数字产品在使用时自身存在外部经济性特点;二是数字产品的使用者越多,每个用户在使用该产品时得到的效用就越大。

4.可持续性。数字经济的发展可有效避免资源过度消耗、环境污染与生态恶化,是实现可持续发展的重大机遇。

5.自我膨胀性。数字经济中,优势或劣势一旦出现并达到一定程度,就会出现"强者更强,弱者更弱"的"赢家通吃"的垄断局面,即网络经济中的马太效应。

6.高渗透性。由于数字技术本身具备极高的渗透性,使得数字经济蕴含极大的辐射潜力,不断向经济社会各个领域全面渗透。其主要表现一是突破经济边界,模糊三大产业界限,促进三大产业相互渗透、相互融合;二是打破传统企业边界与商业模式,加速企业数字化转型与多维度突破。

7.高融合性。一是技术体系的高融合,表现为新一代信息技术与实体经济深度融合;二是生产体系的高融合,表现为数字技术在经济生产领域的应用与创新,聚焦数字化设施与全产业链布局,实现产业数字化转型与融合创新;三是政策体系的高融合。

三、主要国家数字经济发展战略

鉴于数字经济的影响,当前世界各国高度重视数字经济对本国经济发展的重要引领作用,并相继开始布局本国数字经济发展战略。

美国主要发布了《数据科学战略计划》。同时,在发布的《美国国家网络战略》和《美国先进制造业领导力战略》中也明确提到了促进数字经济发展的相关内容。

欧盟主要发布了《欧洲人工智能战略》《通用数据保护条例》《非个人数据在欧盟境内自由流动框架条例》《促进人工智能在欧洲发展和应用的协调行动计划》和《可信赖的人工智能道德准则(草案)》等一系列政策。同时,其发布的《地平线欧洲》计划提案中也阐述了推动数字经济发展的举措。

英国主要发布了《数字宪章》《产业战略:人工智能领域行动》和《国家计量战略实施计划》等一系列行动计划。

德国主要发布了《联邦政府人工智能战略要点》和《人工智能德国制造》。同时,其发布的《高技术战略2025》中也明确提出将推动人工智能技术的应用。

法国主要发布了《法国人工智能发展战略》《5G发展路线图》和《利用数字技术促进工业转型的方案》等一系列与数字经济相关的前沿技术政策。

日本主要发布了《日本制造业白皮书》《综合创新战略》《集成创新战略》和《第2期战略性创新推进计划(SIP)》等战略和计划,其中详细阐述了推动数字经济发展的行动方案。

俄罗斯主要发布了《俄罗斯联邦数字经济规划》,在年度《国情咨文》和《关于2024年前俄罗斯联邦国家发展目标和战略任务》总统令中也强调了要促进数字经济相关领域的发展。

韩国主要发布了《人工智能研发战略》。同时,其发布的第四期《科学技术基本计划(2018—2022)》和《创新增长引擎》五年计划中也着重指出推动数字经济发展的优先举措。

印度主要发布了《数字印度》。

党中央、国务院也高度重视发展数字经济,党的十九大报告专门提到"数字经济""数字中国"。2016年G20杭州峰会提出数字经济发展与合作倡议,2017年数字经济首次写入政府工作报告,2019年中央经济工作会议中明确提出"大力发展数字经济",开启了我国推进数字经济发展的新征程。中国信息通信研究院发布的《全球数字经济白皮书》显示,2020年,全球47个国家数字经济规模总量达到32.6万亿美元,同比名义增长3.0%,占GDP比重为43.7%。其中,中国数字经济规模为5.4万亿美元,位居世界第二;同比增长9.6%,位居世界第一。2020年以来,中央和地方开始频繁出台有关数字经济的具体举措,逐步落实数字经济的顶层设计。

第二节 我国陶瓷出口数字化发展的必要性

1. 数字经济是助推我国陶瓷出口高质量发展的重要动力

陶瓷文化时空跨度长、地域面积广、文化遗产类别多,是承载中华文明基因、民族文化的重要途径,而陶瓷产品赋予陶瓷文化"活态"的价值。当前我国陶瓷产品出口仍以货物贸易为主,陶瓷服务贸易以及陶瓷知识产权交易所占比重并不高,其中,货物贸易中又以建筑陶瓷和日用陶瓷出口为主,而功能陶瓷、陈设艺术陶瓷等其他陶瓷种类的出口比重一直较低,陶瓷出口始终存在同质化竞争严重、品牌效应弱、优质产品少等问题。如何开辟陶瓷产业的新蓝海以及助推陶瓷产业高质量发展已成为"十四五"时期我国陶瓷产业发展的重点。而数字经济的出现,为陶瓷产业的发展带来了全新的发展机遇。依托数字技术,陶瓷产业实体经济可以与虚拟经济深度融合在一起,重新塑造陶瓷产业的生产模式、服务模式、创新模式等,为陶瓷产业的发展赋予新的内涵和新的发展路径。

2. 数字经济有助于催生新的陶瓷出口消费增长点

2020年以来,我国陶瓷产量有所减少,产品出口规模也明显下滑,出口方式及出口产品种类也有所改变。就产品而言,非触碰式的智能陶瓷产品以及装配式产品需求明显增加。与此同时,陶瓷企业也在陆续提升采购、生产、销售、仓储、物流等一系列环节的智能化水平。此外,数字技术也在潜移默化中改变了消费者的消费习惯和消费模式。当前,陶瓷产品的消费习惯由固定化向碎片化演变,消费模式由大众化向个性化转变,消费渠道由线下向线上转移,其中消费者对生产端的影响也日益深刻。从消费结构上看,传统陶瓷产品的供给比重仍然较大,新兴陶瓷产业的消费还有待培育。而大数据、云计算、物联网、区块链、人工智能和5G通信等数字技术的出现,不断弱化陶瓷产业各领域的边界,助推了陶瓷产业与文化、旅游、教育等的融合发展,不断开辟出陶瓷产业的新蓝海,催生陶瓷贸易的新业态新模式,从而催生出新的陶瓷出口消费增长点。

3. 数字经济是陶瓷产品出口供给侧结构性改革的重要推手

自古以来,陶瓷产品是我国竞争优势较强的传统出口产品之一。海关数据显示,近5年我国陶瓷产品出口数量呈持续下降态势,由2015年的2526万吨下降至2019年的2122万吨。通过恒定市场理论的假设推导,自2006年以来,我国陶瓷产品供给与国际市场需求的匹配度呈下降态势,这说明我国陶瓷产品出口与国际市场日益增长的陶瓷产品需求存在显著匹配错位。究其原因有三:一是国际市场对高端陶瓷产品的需求日益增长,而长期以来我国陶瓷产品出口以中低端为主,高端产品较少;二是在产品品质意识上,国外消费者还没有走出30多年前中国陶瓷出口产品品质不高的阴影,对我国高端陶瓷产品并不够信任,致使我国高端陶瓷产品的出口量远远低于同期意大利、德国、西班牙等欧洲陶瓷强国的陶瓷出口量;三是各国的民族文化、宗教信仰、政策法规和消费习惯又略有不同,而基于规模经济效应,通过标准化、流水线的刚性生产方式所生产的同质化产品内容、形式与设计很难满足不同市场日益增长的陶瓷产品需求。而随着数字经济的发展,智能制造、个性化定制、精准营销、协作创新、网络共享等新模式成为未来陶瓷产品生产的主流。这些新模式一方面可以满足各国消费者日益增长的个性化和多样化的消费需求,从而提升陶瓷企业的生产效率和服务质量;另一方面又可以使陶瓷企业与消费者、供应商、渠道商等社会资源的连接更加紧密,形成企业的外部价值系统,大大扩展了企业的生产可能性边界和经营边界,从而推动陶瓷产业供给侧结构性改革。

第三节　数字经济对陶瓷贸易模式的影响

从全球产业结构的变迁历程来看,产业结构的转型和升级离不开技术创新。技术创新通过新技术向传统产业传播和渗透,引导传统产业结构不断变革,继而产生新的业态和新的模式,对传统产业的发展产生深远的影响。当前,数字经济对陶瓷产品出口的影响也十分深远。

1.在出口优势上,数字化比较优势将逐渐替代传统的劳动力比较优势

在数字经济时代,随着数字技术的发展,数字要素逐渐从劳动、资本、技术中独立出来成为新的生产要素,并在整个国民经济和社会生活中的作用日益突显。对陶瓷出口企业而言,积极应用数字技术,可以培育出新的数字化比较优势,增强陶瓷出口产品的核心竞争力。一方面,数字技术的应用推动着陶瓷出

口活动由线下转向线上,通过各个环节的数据联通和反馈以及大数据分析,可以实时追踪全球陶瓷消费者的实际消费需求,全方位应对国际陶瓷市场的需求变化,从而优化陶瓷产品出口的供应链管理。另一方面,随着数字技术的不断发展,全球价值链的长度和增加值结构也发生变化。其中协作创新、网络共享、个性化定制、精准营销等新模式推动着陶瓷全球价值链增加值向上游的陶瓷产品研发创新和下游陶瓷产品的营销服务转移,而精准制造等数字化生产又促使陶瓷产业全要素的生产效率升级,提升了陶瓷产品制造阶段的增加值。

2. 在出口方式上,全球数字平台正逐渐兴起并成为新的贸易方式

以速卖通、亚马逊、敦煌网等为主的全球数字平台,为全球陶瓷消费者和生产者提供了新的交易场所,极大地促进了陶瓷产品的跨境交易。数字平台的独特算法可以提高其对跨境交易数据的处理和分析能力,从而能够准确预测和分析全球陶瓷消费者的消费需求变化,并后向关联地促进陶瓷出口企业出口行为的优化。与传统贸易方式相比,跨境电商等数字化交易方式所面临的汇兑、信用等贸易风险大大降低,有利于陶瓷产品的出口。

3. 在出口产品结构上,未来定制服务类的陶瓷产品比重将显著增加

随着数字技术的发展,陶瓷企业可以利用数字技术实现对传统劳动力的替代,从而有效降低单位产品的劳动力投入,未来陶瓷企业间的劳动力比较优势差异逐渐变小,货物类陶瓷贸易的可贸易性逐渐降低。但是随着视频会议技术、实时翻译等数字技术的发展,面对面的交易成本不断降低,未来陶瓷服务类贸易的可贸易性反而增加,如陶瓷创意交流服务、陶瓷知识产权保护服务、可视化陶瓷产品设计优化服务、营销策划服务等。

在货物类陶瓷产品结构方面,规模化制造的传统陶瓷产品也将被规模化定制的特色陶瓷产品所取代。在数字技术应用前,陶瓷出口企业为了实现规模经济效应,只能采用标准化、流水线的刚性生产方式。而随着数字技术的应用,智能制造、个性化定制、精准营销、协作创新、网络共享等新模式逐一出现,可以通过快速连接市场、共享市场信息来满足全球高度差异化的消费者需求,极大地拓展了陶瓷企业的生产可能性边界和经营边界。

4. 在出口主体上,中小陶瓷企业及小微陶瓷企业的竞争优势逐渐增强

当前我国陶瓷产品出口仍以规模以上陶瓷企业为主,中小企业,尤其是小微企业所占比重并不高。随着数字经济的不断发展,其产生的网络效应和集聚

效应则有助于改变原有的出口主体结构。其中,能够对小规模市场需求进行快速反应的中小陶瓷企业和小微陶瓷企业,可以利用数字平台和数字技术直接对接国外消费者,细分陶瓷出口市场,培育独具特色的竞争优势。与此同时,智能制造和个性化定制也使得产业链更加接近终端消费市场,从而推动能够满足定制化需求的中小企业和小微工厂加速发展。

5.在出口交易成本上,数字技术的应用大大降低了陶瓷产品出口的交易成本

一般而言,经济距离、文化距离和地理距离影响着产品的贸易流量。数字技术的应用,一方面提高了原材料和中间产品向最终成品的转换,以及最终产品向需求终端转移的效率,减少了陶瓷产品的流通和运输时间,从而降低了地理距离对陶瓷产品出口的不利影响;另一方面又促进了供需双方协调沟通成本的下降,从而缩小了经济距离和文化距离对陶瓷产品出口的不利影响。同时,数字技术的应用也改变了陶瓷企业的创新流程,可以充分利用全球陶瓷消费者的差异化消费偏好助推企业创新,提升企业创新效率,降低企业的创新成本。

复习与思考

1. 什么是数字经济?

2. 与传统经济形态相比,数字经济具有哪些特点?

3. 数字经济对国家乃至产业发展有何重要意义?

4. 数字经济对我国陶瓷贸易有何影响?

5. 我国陶瓷产业或企业应如何抓住数字化转型机遇?

参 考 书 目

1. 冯先铭. 中国陶瓷[M]. 上海:上海古籍出版社,2001.

2. 高士国. 民国瓷器[M]. 扬州:广陵书社,2013.

3. 吴秀梅. 传承与变迁:民国景德镇瓷器发展研究[M]. 北京:光明日报出版社,2012.

4. 方李莉. 中国陶瓷史[M]. 济南:齐鲁书社,2013.

5. 叶喆民. 中国陶瓷史[M]. 3 版. 北京:生活·读书·新知·三联书店,2020.

6. 沈光耀. 中国古代对外贸易史[M]. 广州:广东人民出版社,1985.

7. 陈帆. 中国陶瓷百年史(1911—2010)[M]. 北京:化学工业出版社,2014.

8.《世界经济史》编写组. 世界经济史[M]. 北京:高等教育出版社,1970.

9. 薛荣久. 世界贸易组织概论[M]. 北京:清华大学出版社,2018.

10. 张玉荣. 世界贸易组织:规则与运用[M]. 北京:清华大学出版社,2020.

11. 薛荣久. 国际贸易[M]. 7 版. 北京:对外经济贸易大学出版社,2020.

12. 韩玉军. 国际贸易学[M]. 2 版. 北京:中国人民大学出版社,2017.

13. 刘淼,胡舒扬. 沉船、瓷器与海上丝绸之路[M]. 北京:社会科学文献出版社,2016.

14. 郭杰忠. 海上丝绸之路:陶瓷之路[M]. 北京:中国社会科学出版社,2017.

15. 谢明良. 贸易陶瓷与文化史[M]. 北京:生活·读书·新知三联书店,2019.

16. 杨文新. 宋代市舶司研究[M]. 厦门:厦门大学出版社,2013.

17. 戚聿东,肖旭. 数字经济概论[M]. 北京:中国人民大学出版社,2022.

18. 孙玉琴,常旭. 中国对外贸易通史:第一卷[M]. 北京:对外经济贸易大学出版社,2018.

19.孙玉琴,陈晋文,蒋清宏,等.中国对外贸易通史:第二卷[M].北京:对外经济贸易大学出版社,2018.

20.曲韵,王微微,郑春芳,等.中国对外贸易通史:第三卷[M].北京:对外经济贸易大学出版社,2018.